劳动教育通论

韩作生　曾庆田　主　编
李全海　齐　敏　张　刚　副主编

电子工业出版社
Publishing House of Electronics Industry
北京·BEIJING

内 容 简 介

本书包含上篇、中篇、下篇。上篇主要体现马克思主义劳动观的核心内容。中篇以中国古代优秀传统文化中的劳动精神为内核，涉及劳动育人、劳动诗词歌赋、家风中的劳动精神传承等内容。下篇主要从社会发展层面，讲述劳动形态的发展演变，以及劳动发明与劳动创造对社会发展的积极作用，还有随着数字劳动、智能劳动的兴起，未来劳动形态的创新发展等。

本书注重理论与实践相结合，将劳动文化传承与劳动育人原理相结合，在教材设计及实际应用中强化实践教学，引导学生通过手脑并用的方式加深对劳动的理解，鼓励学生通过具体的劳动实践，在身体力行中成为劳动的主体，从而增强劳动育人的实效性和持久性。

本书坚持以马克思主义劳动观为指导，将劳动文化融入劳动教育体系之中，以人文精神涵养当代大学生的劳动情怀，注重劳动文明的传承发展，进一步丰富新时代劳动教育的内涵。本书适合作为普通高等学校劳动教育的通识必修课教材。

未经许可，不得以任何方式复制或抄袭本书之部分或全部内容。
版权所有，侵权必究。

图书在版编目（CIP）数据

劳动教育通论 / 韩作生，曾庆田主编. -- 北京：电子工业出版社，2024. 6. -- ISBN 978-7-121-48793-4
Ⅰ．G40-015
中国国家版本馆CIP数据核字第202412SV94号

责任编辑：路　越
印　　刷：三河市良远印务有限公司
装　　订：三河市良远印务有限公司
出版发行：电子工业出版社
　　　　　北京市海淀区万寿路173信箱　邮编：100036
开　　本：787×1092　1/16　印张：14　字数：336千字
版　　次：2024年6月第1版
印　　次：2024年12月第2次印刷
定　　价：55.00元

凡所购买电子工业出版社图书有缺损问题，请向购买书店调换。若书店售缺，请与本社发行部联系，联系及邮购电话：（010）88254888，88258888。
质量投诉请发邮件至zlts@phei.com.cn，盗版侵权举报请发邮件至dbqq@phei.com.cn。
本书咨询联系方式：luy@phei.com.cn。

劳动教育丛书编委会

编委会主任：
  韩作生（山东管理学院校长）
  曾庆田（山东科技大学校长）

编委会副主任：
  邹坤萍（山东管理学院副校长）
  龙希利（山东女子学院副校长）
  李全海（山东管理学院教务处处长）

编委会成员：
  张茂聪（山东师范大学副校长）
  田　梗（滨州医学院副校长）
  张佃波（山东体育学院副校长兼教务处处长）
  耿　磊（齐鲁医药学院副校长）
  刘　玉（齐鲁工业大学（山东省科学院）副校（院）长）
  白咸勇（滨州医学院副校长）
  张玉梅（青岛农业大学教务处处长）
  吕慎金（临沂大学教务处处长）
  侯金奎（潍坊学院教务处处长）
  栗献忠（山东政法学院马克思主义学院院长）
  齐　敏（山东管理学院马克思主义学院院长）
  闫　伟（菏泽学院马克思主义学院院长）
  刘丙泉（中国石油大学（华东）经济管理学院副院长）
  李高建（泰山学院二级教授）
  鞠　兵（山东省总工会组织部副部长）
  乔翠霞（山东师范大学教务处处长）

张玉成（山东政法学院教务处处长）

马泽刚（青岛大学教务处副处长）

刘　冰（山东科技大学教务处副处长）

刘　臻（中国石油大学（华东）教务处副处长）

柴　超（青岛农业大学教务处副处长）

解文斌（青岛大学团委书记、创业学院副院长）

肖俊茹（山东管理学院副教授）

金　鑫（临沂大学教务处科长）

刘　洋（青岛大学教务处教学研究办公室主任）

张　刚（山东管理学院人文学院副院长）

前言 PREFACE

在高等院校中加强劳动教育，引导学生树立正确的劳动观念和劳动态度，热爱劳动和劳动人民，养成积极参与劳动的习惯，是德智体美劳全面发展的主要内容之一。在全国大中小学加强劳动教育，全面构建德智体美劳全面培养的教育体系，是当前全面贯彻党的教育方针的重点工作之一。在新时代培养社会主义建设者和接班人，加强劳动教育，党和国家也提出了一系列新的要求。

一、充分认识劳动教育的重大意义

自中国共产党诞生以来，劳动教育一直受到高度重视，无论是在革命战争年代，还是在社会主义建设时期，劳动教育都被置于极为重要的位置。长期以来，各地各学校坚持教育与生产劳动相结合，在实践育人方面取得了显著成效。近年来在一些青少年群体中出现了不珍惜劳动成果、不想劳动、不会劳动的现象，劳动的独特育人价值在一定程度上被忽视，其地位正被淡化、弱化、边缘化。因此，我们要高度重视，并采取切实有效的措施切实加强劳动教育。

针对这一现象，国家从顶层设计层面加强劳动教育体系建设，不断丰富劳动教育的内涵。在全社会范围内，积极引导人人参与劳动、人人爱劳动的良好氛围，引导树立劳动最光荣、劳动最伟大、劳动最美丽的良好风尚。当前，劳动教育已经成为中国特色社会主义教育制度的重要内容。无论从国家发展还是社会进步，加强劳动教育都具有重大的现实意义。

二、从我国优秀文化中汲取劳动智慧

劳动是人类的本质活动，是推动人类社会进步的根本力量。劳动光荣、创造伟大。劳动奠定了人类文明进步的基石。在中华民族的历史长河中，劳动深深植根于中华民族的血脉之中，正是劳动创造了中华民族，造就了中华民族的辉煌历史。

加强劳动教育，需要从中华优秀传统文化中汲取劳动智慧，需要从由革命红色文化、社会主义先进文化等构成的当代中国文化体系中寻找答案。我国56个民族、14亿多华夏儿女，有着共同的社会主义核心价值观。从中华民族优秀文化中，我们能寻找到劳动所蕴含的时代精神与精神内核。把劳动教育融通贯穿于中华优秀传统文化的创造性转化与创新性发展、红色革命文化的新时代弘扬以及社会主义先进文化的时代跃进中，能够更加深刻地培植中华民族勤劳勇敢、不惧任何风浪勇毅前行的崇高品质。

三、牢牢把握劳动育人的原则基调

劳动育人，需要牢牢把握育人的导向原则。劳动育人，主要着力于提升学生综合素质，促进学生全面发展、健康成长。在劳动教育中，就需要把准劳动教育价值取向，引导学生树立正确的劳动观，崇尚劳动、尊重劳动，增强对劳动人民的感情，报效国家，奉献社会。

在全面落实国家有关劳动教育精神及遵循教育规律的基础上，针对当代大学生的特点，本教材编写将理论与实践相结合，将劳动文化传承与育人原理相结合，有以下几个特性。

（一）注重实践参与

劳动教育是否成功，直接决定社会主义建设者和接班人的劳动精神面貌、劳动价值取向和劳动技能水平。本教材内容注重引导学生对我国传统劳动形态进行深入的了解与体验；在教材设计及实际应用中强化实践教学，引导学生通过手脑并用的方式加深对劳动的理解，鼓励学生通过寻访身边的劳模、探索劳动中的民俗文化、体验劳动过程、探索劳动发明，让学生在身体力行中成为劳动的主体，从而增强劳动育人的实效性与持久性。

（二）注重文化浸润

从本质上来讲，劳动育人不仅是掌握某种劳动技能或理解劳动理论，更重要的是要感悟劳动精神，体会劳动之美，通过劳动文化的浸润，涵养新时代大学生的劳动素养。

随着科学技术的发展和智能化发展趋势，新时代的劳动形态也发生了巨大变化，我们一方面要关注新兴技术对社会发展的支撑以及社会服务的新变化，另一方面更要引导大学生通过劳动文化的浸润，快速适应时代变化，适应新时代劳动教育方式，将培养科学精神与新时代劳动精神相结合，进一步提高大学生的创造性劳动能力。

在教材编写中，我们还拓宽了劳动教育的途径，设计了家庭家风教育、音乐、体育、非物质文化遗产等相关劳动教育内容。通过与社会化劳动相结合，实现劳动教育的常态化和多样化，形成家庭、学校和社会多位一体的协同育人格局。

（三）注重劳动文明传承

本教材编写坚持以马克思主义劳动观为指导，坚持全员、全方位、全过程设计，将劳动文化融入劳动教育体系之中，以人文精神涵养当代大学生的劳动情怀，注重劳动文明的传承发展，进一步丰富新时代劳动教育的内涵。

新时代劳动教育贯穿于家庭、学校、社会各方面，与德育、智育、体育和美育相互融合，体现在经济社会发展变化的各个方面。其中，劳动文明的传承是贯穿整个劳动教育的一条主线，也是检验劳动教育实效的必要元素。

本书分为上、中、下三篇。上篇主要体现马克思主义劳动观的核心内容。中篇以中国古代优秀传统文化中的劳动精神为内核，涉及劳动育人、劳动诗词歌赋、家风中的劳动精神传承等内容。下篇主要从社会发展层面，讲述劳动形态的发展演变，以及劳动发明与劳动创造对社会发展的积极作用，还有随着数字劳动、智能劳动的兴起，未来劳动形态的创新发展等。

本教材前言由山东管理学院韩作生老师编写，第一、二、四章由山东管理学院马克思主义学院齐敏老师和邵珠平老师负责编写，第三章由山东科技大学曾庆田负责编写，第五章由山东管理学院赵纪娜老师负责编写，第六章由山东管理学院尹玲玲老师负责编写，第七章由山东管理学院王亚老师负责编写，第八章由山东管理学院韩作生老师编写，第九章由山东管理学院李全海老师负责编写，第十章由山东管理学院张刚老师负责编写，绪论及第十一章由山东管理学院刘丰伟老师负责编写；第十二章由山东管理学院葛亮老师负责编写。本教材最后由韩作生老师和曾庆田老师统稿。

本教材系山东省 2022 年度本科教学改革研究项目（重大专项）"山东省高校劳动教育体系构建研究"［项目编号：D2022005］阶段性成果。

本教材的编写得到了山东省普通高校劳动教育教学指导委员会的大力支持和专业指导。为丰富教材内容，帮助学生开拓视野，编写组编辑了大量的阅读材料，以二维码的形式呈现在教材中，方便学生随时查阅和学习。同时，我们还吸收了部分专家的研究成果，在此谨向他们表示真挚的感谢。

本书编写组
2024 年 6 月

目 录 CONTENTS

绪论　新中国成立以来的劳动教育 ……………………………………… 1
　第一节　社会主义革命时期劳动教育的孕育初塑（1949—1956 年）…3
　　一、新中国成立初期劳动教育的探索 ………………………………3
　　二、社会主义革命时期劳动教育的特点 ……………………………5
　第二节　社会主义建设时期劳动教育的实践探索（1956—1978 年）…6
　　一、结合新形势确立新的教育方针 …………………………………6
　　二、坚持"两条腿走路"的办学方针 …………………………………7
　　三、推行半工半读，探索"两种制度" ………………………………7
　　四、落实"八字方针"稳步发展劳动教育 ……………………………8
　第三节　改革开放和社会主义现代化建设时期劳动教育的创新
　　　　　发展（1978—2012 年） ……………………………………… 9
　　一、改革开放时期的劳动教育 ………………………………………9
　　二、新世纪初期的劳动教育 ……………………………………… 10
　第四节　中国特色社会主义新时代劳动教育的完善确立
　　　　　（2012 年至今） ……………………………………………… 11
　　一、劳动教育纳入学生核心素养之列 …………………………… 12
　　二、劳动素养成为评价学生的重要指标 ………………………… 12
　　三、劳动教育列入"五育"重新取得独立地位 …………………… 12
　思考与实践 …………………………………………………………… 14

上　篇

第一章　劳动与劳动观 ………………………………………………… 17
　第一节　劳动 ………………………………………………………… 19
　　一、劳动的含义 …………………………………………………… 19
　　二、劳动的特征 …………………………………………………… 20
　　三、劳动的分类 …………………………………………………… 21

第二节 劳动观 ... 26
一、劳动观的内涵 ... 26
二、古代劳动观 ... 26
三、近代劳动观 ... 28

思考与实践 ... 31

第二章 马克思主义劳动观 ... 32
第一节 马克思主义劳动观的形成历程及基本内容 ... 34
一、马克思主义劳动观的形成历程 ... 34
二、马克思主义劳动观的基本内容 ... 36

第二节 马克思主义劳动观的历史意义及当代价值 ... 39
一、马克思主义劳动观的历史意义 ... 39
二、马克思主义劳动观的当代价值 ... 42

思考与实践 ... 44

第三章 中华优秀传统文化中的劳动思想 ... 45
第一节 中华传统文化中关于劳动的基本观点 ... 47
一、典籍中的劳动思想 ... 47
二、中国传统节日中的劳动观 ... 49

第二节 优秀传统文化中的劳动教育实践 ... 51
一、劳动育人制度探源 ... 51
二、我国古代耕读育人理念及影响 ... 53
三、我国古代劳动育人的价值体现 ... 54
四、耕读文化的传承与发展 ... 55

第三节 传统文化中劳动育人的价值内涵 ... 56
一、提倡"知行合一",重视劳动实践 ... 56
二、劳动教育对社会道德有重要的提升作用 ... 58
三、创造了灿烂的劳动文化 ... 59

拓展阅读 ... 62

思考与实践 ... 62

第四章 中华民族的劳动精神 ... 63
第一节 劳动精神 ... 65
一、劳动精神的文化基因 ... 65
二、劳动精神的科学内涵 ... 66

第二节 劳模精神 ... 70

一、劳模精神薪火相传 ………………………………………… 70
　　二、劳模精神的内涵 …………………………………………… 75
第三节　工匠精神 ………………………………………………… 78
　　一、工匠文化源远流长 ………………………………………… 79
　　二、工匠精神的当代内涵 ……………………………………… 80
思考与实践 ………………………………………………………… 82

中　篇

第五章　家风中的劳动精神传承 ………………………………… 85
第一节　劳动精神在家风文化中的体现 ………………………… 87
　　一、家风及其重要性 …………………………………………… 87
　　二、家风的传承性 ……………………………………………… 89
第二节　在家风文化中传承劳动精神 …………………………… 90
　　一、家书中的劳动精神传承 …………………………………… 91
　　二、家训中的劳动智慧 ………………………………………… 94
　　三、古典文学与故事中的家风传承 …………………………… 95
第三节　优秀家风中的劳动格言赏析 …………………………… 96
拓展阅读 …………………………………………………………… 100
思考与实践 ………………………………………………………… 100

第六章　中华诗词中的劳动文化 ………………………………… 101
第一节　劳动歌谣的起源 ………………………………………… 103
　　一、原始歌谣的口头性 ………………………………………… 103
　　二、原始歌谣歌舞一体的综合性 ……………………………… 104
　　三、原始歌谣歌唱劳动情景 …………………………………… 105
第二节　劳动号子 ………………………………………………… 106
　　一、劳动号子简述 ……………………………………………… 106
　　二、劳动号子赏析 ……………………………………………… 107
第三节　中国古代文学中的劳动 ………………………………… 108
　　一、百科全书式的劳动生活画卷 ……………………………… 108
　　二、在劳动中体验田园之美 …………………………………… 110
　　三、反映劳动的艰辛与快乐 …………………………………… 110
　　四、古诗词中的劳动技能与古代工匠 ………………………… 111
第四节　古代劳动诗词赏析 ……………………………………… 113

拓展阅读 ·· 115
思考与实践 ·· 115

第七章 文艺作品中的劳动美学 ·· 116

第一节 红色文学中的劳动思想 ·· 118
一、红色文学的定义 ·· 118
二、红色文学中劳动场景的书写 ······································· 120

第二节 红色影视中的劳动美学 ·· 121
一、红色影视剧的劳动美学 ··· 121
二、深挖红色影视作品的劳动精神 ···································· 123

第三节 阅读红色经典，传承劳动精神 ································· 125
一、红色文学的当代价值 ·· 125
二、以劳动精神培育促进社会主义核心价值观的认同与践行 ··· 126

思考与实践 ·· 127

第八章 新媒体时代的劳动宣传 ·· 128

第一节 新媒体时代的劳动宣传概述 ······································ 130
一、新媒体的概念与特征 ·· 130
二、劳动宣传的内涵及意义 ··· 132

第二节 新媒体时代劳动宣传面临的机遇和挑战 ····················· 134
一、新媒体时代劳动宣传面临的新机遇 ····························· 134
二、新媒体时代劳动宣传面临的新挑战 ····························· 135

第三节 新媒体时代劳动宣传的新焦点 ································· 136
一、宣传内容：以弘扬新时代的劳动精神、劳模精神和工匠精神为核心 ·· 136
二、宣传方式：技术赋能的创新性表达 ····························· 138
三、体制机制：构建多方参与协同配合的传播体系 ············· 139
四、宣传理念：以人为本讲好劳动故事 ····························· 140

思考与实践 ·· 141

下 篇

第九章 劳动工具及社会发展 ·· 145

第一节 劳动工具发展所经历的几个阶段 ······························· 147
一、简单工具阶段 ··· 147
二、复合工具阶段 ··· 148
三、天然动力工具阶段 ··· 149

四、蒸汽机阶段 ··· 149

　　五、电气阶段 ··· 150

第二节　劳动工具创造了劳动文明 ··· 150

　　一、古代劳动工具在生活中的应用 ··· 150

　　二、劳动工具延续了农业文明 ·· 154

第三节　劳动工具对经济社会的推动 ·· 155

　　一、劳动工具让社会分工更加科学 ··· 155

　　二、促进从劳动到体育、美育的"跨界"结合 ··························· 157

拓展阅读 ··· 159

思考与实践 ··· 159

第十章　劳动发明与劳动创造 ·· 160

第一节　劳动发明概述 ·· 162

　　一、劳动工具发明探源 ·· 162

　　二、劳动发明的创造性发展 ·· 163

　　三、劳动工具体现出的古人智慧 ··· 164

第二节　劳动人民是发明创造的主体 ·· 166

　　一、劳动人民是发明创造的主体 ··· 166

　　二、劳动人民在发明创造中体现出非凡智慧 ···························· 167

第三节　劳动发明的价值 ··· 168

　　一、社会价值 ··· 168

　　二、经济价值 ··· 168

　　三、文化价值 ··· 169

　　四、科技价值 ··· 170

　　五、军事价值 ··· 171

思考与实践 ··· 172

第十一章　现代社会的劳动形态 ··· 173

第一节　机器劳动 ·· 175

　　一、机器劳动的概念 ·· 175

　　二、机器劳动的发展历程 ·· 176

　　三、机器劳动的当代形态 ·· 178

第二节　数字劳动 ·· 179

　　一、数字劳动的概念 ·· 179

　　二、数字劳动的形式 ·· 180

　　　　三、数字劳动的特征 ………………………………………………… 180
　第三节　智能劳动 …………………………………………………………… 182
　　　　一、智能劳动的定义 …………………………………………………… 182
　　　　二、智能劳动的发展历程 ……………………………………………… 183
　　　　三、智能劳动的意义 …………………………………………………… 184
　第四节　劳动与产业发展 ………………………………………………… 186
　　　　一、当代中国的劳动形态：多元并存 ………………………………… 186
　　　　二、新时代产业的发展方向：创新劳动 ……………………………… 187
　思考与实践 ………………………………………………………………… 188

第十二章　新时代劳动文明实践 …………………………………………… 189
　第一节　劳动与文明 ……………………………………………………… 191
　　　　一、劳动与精神文明 …………………………………………………… 191
　　　　二、劳动与生态文明 …………………………………………………… 192
　第二节　新时代文明实践 ………………………………………………… 194
　　　　一、文明实践的内涵 …………………………………………………… 194
　　　　二、新时代文明实践中心 ……………………………………………… 195
　第三节　文明实践与时代新人 …………………………………………… 197
　　　　一、文明实践与志愿服务 ……………………………………………… 197
　　　　二、劳动精神与青年志愿服务 ………………………………………… 199
　思考与实践 ………………………………………………………………… 201

结语　未来劳动新发展 ……………………………………………………… 202
　　　　一、新型劳动工具 ……………………………………………………… 202
　　　　二、新型劳动形式 ……………………………………………………… 202
　　　　三、新兴职业 …………………………………………………………… 204

参考文献 ……………………………………………………………………… 207

绪论　新中国成立以来的劳动教育

本章思维导图

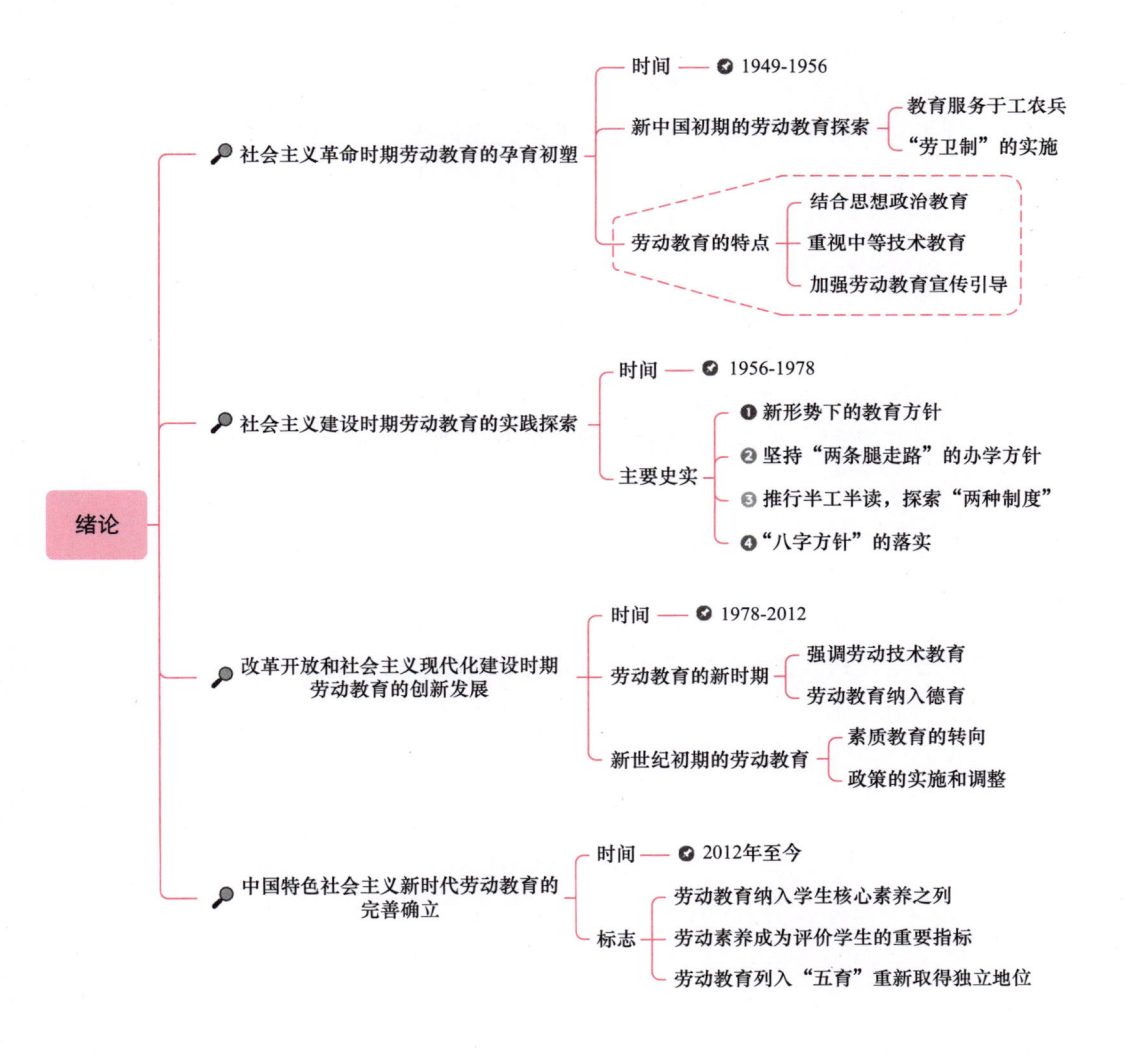

- **绪论**
  - 社会主义革命时期劳动教育的孕育初塑
    - 新中国初期的劳动教育探索
      - 时间：1949-1956
      - 教育服务于工农兵
      - "劳卫制"的实施
    - 劳动教育的特点
      - 结合思想政治教育
      - 重视中等技术教育
      - 加强劳动教育宣传引导
  - 社会主义建设时期劳动教育的实践探索
    - 时间：1956-1978
    - 主要史实
      - ❶ 新形势下的教育方针
      - ❷ 坚持"两条腿走路"的办学方针
      - ❸ 推行半工半读，探索"两种制度"
      - ❹ "八字方针"的落实
  - 改革开放和社会主义现代化建设时期劳动教育的创新发展
    - 劳动教育的新时期
      - 时间：1978-2012
      - 强调劳动技术教育
      - 劳动教育纳入德育
    - 新世纪初期的劳动教育
      - 素质教育的转向
      - 政策的实施和调整
  - 中国特色社会主义新时代劳动教育的完善确立
    - 时间：2012年至今
    - 标志
      - 劳动教育纳入学生核心素养之列
      - 劳动素养成为评价学生的重要指标
      - 劳动教育列入"五育"重新取得独立地位

注：本书思维导图仅提取部分重点内容，未与目录对应。

▶▶▶ 劳动教育通论

学习要点

　　劳动教育作为贯彻落实国家教育方针的重要途径和关键举措，始终与国家和时代发展同向同行。自中华人民共和国成立以来，我国劳动教育的发展演变历程呈现出阶段性、连续性和继承性等特征。

　　在过去的七十多年里，劳动教育政策与实践经历了社会主义革命、社会主义建设、改革开放和社会主义现代化建设、中国特色社会主义新时代四个时期。在这漫长的探索历程中，我国积累了丰富的经验，为新时代劳动教育的政策制定和教育实践提供了宝贵的参考和借鉴。

知识目标

1. 掌握自新中国成立以来劳动教育政策的发展脉络及实践探索。
2. 掌握国家在不同发展阶段，对劳动教育所提出的相关政策和具体要求。
3. 理解劳动教育对促进个体全面发展和社会进步的意义。

能力目标

1. 通过参与劳动实践活动，提升个人劳动实践能力。
2. 通过深入学习，培养创新思维和分析问题、解决问题的能力。
3. 通过学习与实践，增强团队协作精神，提升协同合作能力。

思政目标

1. 通过学习，培养和树立正确的劳动价值观。
2. 培育社会责任感和使命感，弘扬践行社会主义核心价值观。
3. 实现个人的全面自由发展，为未来的职业生涯打下坚实的基础。

绪论　新中国成立以来的劳动教育

新中国成立以来，党和国家不断深化对教育事业发展和人才培养的规律性认识，充分认识到劳动育人的作用，在中小学、各类大中专院校中开设不同形式的劳动教育课程，同时在劳动教育形式、制度等方面都进行了有益探索。在不同的发展阶段，党和国家总能根据当时的经济社会发展需要，制定相应的劳动教育政策，以更好地服务社会，也为培养德智体美劳全面发展的社会主义人才提供了有力保障。

第一节　社会主义革命时期劳动教育的孕育初塑（1949—1956 年）

（扫二维码观看本节视频）

一、新中国成立初期劳动教育的探索

从新中国成立至 1956 年是我国社会主义革命时期，这一时期的工作重心是促进国防建设巩固和国民经济恢复，为此教育部明确提出了"培养劳动者"的教育目的，以生产技术教育为主抓手，以"为工农服务，为生产建设服务"为总基调，以服务于社会主义革命为政策指向。

（一）教育为工农兵服务

"这种新教育是民族的、科学的、大众的教育，其方法是理论与实际一致，其目的是为人民服务，首先为工农兵服务，为当前的革命斗争与建设服务。"1949 年 12 月 23 日，时任教育部副部长钱俊瑞在第一次全国教育工作会议总结报告中表示，他所说的"新教育"是指新中国成立后建立的包括劳动教育在内的教育制度的探索与改革。

中华人民共和国成立之初，国内局势基本稳定，迫切需要提高我国的经济水平，重点就是发展工业，这就需要一大批人员去发展生产，需要一大批投身实践、参与生产的劳动者。为此党和政府提出实行"工农兵学"，强调劳动与教育的结合，使学生在学习文化知识的同时，也能够参加生产劳动，培养自己的劳动技能和劳动观念。

（二）"劳卫制"

"劳卫制"全称为"劳动人民体育运动制度"，是我国在 1954 年至 1964 年期间实施的一项体育锻炼制度，旨在通过运动项目的等级测试，促进国民特别是青少年积极参加各项体育运动，以提高全民的身体素质和劳动热情，培养人们成为健康、勇敢、乐观的祖国保

3

卫者和社会主义建设者。

"劳卫制"起源于前苏联。1931年3月14日，根据列宁共青团的倡议，苏联部长会议体育运动委员会颁布第一个"准备劳动与保卫祖国体育制度"，即通过运动项目的等级测试，促进国民特别是青少年积极参加各项体育运动，以提高身体的体力、耐力、速度、灵巧等素质。1951年，北京、上海先后实施与"劳卫制"相仿的《体育锻炼标准》。1954年5月，中央人民政府体育运动委员会等单位联合发布了《准备劳动与卫国体育制度暂行条例》《关于在中等以上学校中开展群众性体育运动的联合指示》，由此在全国各地掀起了"劳卫制"锻炼的热潮。

"劳卫制"分为一级、二级、三级和少年级四个等级，每个等级都有相应的体育锻炼标准和测试项目。其中一、二级运动项目测验及格者由各级体委颁发证书和证章，证章分一、二级两种（见图0-1）。凡获得证书、证章者，如有犯罪和严重道德不良行为时，其证书、证章则被没收。

图0-1 "劳卫制"一级、二级证章

据当年的参与者、武汉的姜树仁老人回忆："当时无论男生女生都要参加100米、1500米、10000米的测试，根据成绩分为优秀、及格和不及格。每天早上天还没亮，我和同学们就在体育老师的带领下跑步。晚上下了自习之后，班主任还会组织同学们练习'垫上运动'，就是前滚翻、后滚翻。当时好多女生为了练好这个项目，脖子练得酸痛，膝盖也会淤青。不少同学为了练习非常标准的引体向上，甚至练到了吃饭都拿不动筷子的地步。"通过"劳卫制"的高强度的体育锻炼，不少人都获得了健康的体魄。

"劳卫制"的实施对于提高我国人民的身体素质和健康水平起到了积极的作用。当时许多学校、企事业单位和社区都开展了丰富多样的体育活动，如广播体操、长跑、游泳等，使得广大人民群众都能参与到体育锻炼中来。如今，"劳卫制"虽已远去，但所倡导的劳动和体育锻炼精神是不会消失的。

二、社会主义革命时期劳动教育的特点

（一）将劳动教育与思想政治教育结合起来

1949年9月，中国人民政治协商会议第一届全体会议通过的共同纲领将"爱劳动"确立为国民应有的优良品德，明确要"注重技术教育，加强劳动者的业余教育和在职干部教育，给青年知识分子和旧知识分子以革命的政治教育"。自新中国成立以来，劳动教育一直是中小学教育的重要组成部分。1950年5月，时任教育部副部长钱俊瑞在《人民教育》杂志创刊号上发表《当前教育建设的方针》，指出劳动教育应"树立尊重劳动和热爱劳动的正确观点与习惯"，应"为工农服务，为生产建设服务"。1955年，教育部发布《小学教学计划及说明》，第一次明确将手工劳动纳入小学教学科目。此后三年间，中小学相继增设"手工劳动科""工农业基础知识科"以及"农业常识"等综合技术教育类学科课程，许多学校创办了教学工厂和实验园地。系统的劳动教育课程以及劳动实践活动有效地保证了受教育者劳动观念、劳动态度、劳动知识和劳动技能的培养。

（二）注重发展中等技术教育

新中国成立之初，百废待兴，需要培养大批的技术人才和产业工人，职业教育建设被提上重要日程。1951年3月，教育部第一次全国中等教育会议指出，中等教育是国家教育建设的重要环节，必须为国家建设更有效地服务，当前对于中等技术学校要采取整顿和积极发展的方针。1951年8月，政务院发布的《关于改革学制的决定》指出："我们原有学制有许多缺点，其中最重要的，是工人、农民的干部学校和各种补习学校及训练班，在学校系统中没有应有的地位……这些缺点亟须改正"。正是针对原有学制的弊端，新学制建立起了幼儿教育、初等教育、中等教育和高等教育四级学校教育系统。各类中等技术学校如雨后春笋般涌现，设立林业、农业、交通、工业等学科门类，同时将实习锻炼、校企交流等纳入职业教育的培养体系中，体现了新中国成立初期国家教育制度的重要变革与创新。

（三）加强劳动教育宣传引导

受当时客观条件的制约以及教育事业缺乏计划性，尚未完备的教育体系无法满足所有学生的升学需求，致使1953年暑假在全国范围内出现了高小和初中毕业生升学"紧张"事件。当时我国正处于恢复和发展的阶段，教育资源有限，为了解决这个问题，培养受教育者正确的劳动观，1954年中央宣传部发出了《关于高小和初中毕业生从事劳动生产的宣传提纲》，明确了中小学教育的目的和任务，指出现阶段中学教育的任务，除为上一级学校输送新生以外，就是为国家各项建设事业输送劳动力。在此号召影响下，各地以教育

▶▶▶ 劳动教育通论

行政部门为主,通过"思想教导"的方式,鼓励毕业生积极参加社会主义工农业劳动生产。党和国家的宣传教育还激发了一批热血青年的革命热情,他们积极响应毛泽东"到农村去,到边疆去,到祖国最需要的地方去""农村是一个广阔的天地,在那里是可以大有作为的"号召,上山下乡参加劳动生产,涌现出了一大批劳动模范。

一系列政策措施的颁布实施标志着我国建立了劳动教育的课程制度,为建立新中国社会主义教育制度奠定了基础。然而,由于当时经济条件的制约,劳动教育一定程度上被视为国家缓解升学压力的手段,实质上仍以体力劳动为主,所开设的劳动课教学计划并没有得到真正贯彻落实。

第二节　社会主义建设时期劳动教育的实践探索（1956—1978年）

从1956年社会主义基本制度建立到1978年改革开放前夕,中国共产党领导全国各族人民进行了全面的、大规模的社会主义建设。在此过程中,教育领域也经历了一段探索和发展的过程。起初,我国在教育领域采取了"以苏联为师"的方针,借鉴了苏联的教育经验。虽然这一做法取得了一定的成效,但我们也意识到苏联经验并不都是成功的,并不完全适合中国的国情。为了寻找适合中国的劳动教育之路,自1956年起,党和国家开始不断强化劳动教育和学校各类课程、工矿企业、农村的联系,开展多种形式的劳动教育实践。

（扫二维码观看本节视频）

一、结合新形势确立新的教育方针

1956年9月,中共八大在北京召开。会议对我国国内的主要矛盾进行了深入的剖析和阐述,指出我国人民对于建立先进的工业国的要求与当时落后的农业国的现实之间存在着矛盾;同时,人民对于经济文化迅速发展的需要与经济文化不能满足人民需要的状况之间也存在着矛盾。这些论述表明,我国的主要任务已经由解放生产力转变为在新的生产关系下保护和发展生产力。

发展生产力离不开大批具有社会主义觉悟、具备现代生产技能的劳动者。为保持教育与经济发展和社会发展的协调一致,更好地完成恢复国民经济、进行社会主义建设等重要任务,1957年2月,毛泽东在《关于正确处理人民内部矛盾的问题》中提出:"我们的教育方针,应该使受教育者在德育、智育、体育几方面都得到发展,成为有社会主义觉悟的有文化的劳动者"。这是新中国成立以来党和国家领导人第一次将"德育"放到教育方针的首位，第一次明确提出了培养"劳动者"的目标。

1958年9月，中共中央、国务院颁布了《关于教育工作的指示》，提出了"教育必须为无产阶级政治服务，必须同生产劳动相结合"的基本原则。同时，指示还明确了教育工作的主要任务，包括提高全民族的科学文化水平，培养社会主义建设的各类人才，以及加强思想道德教育等。这不仅明确了"教育与生产劳动结合"是国家的教育方针，推动了我国教育的全面发展，也为社会主义建设提供了有力的人才支持。

二、坚持"两条腿走路"的办学方针

在社会主义建设时期，我国坚持"两条腿走路"的办学方针。"两条腿走路"发展教育是一种形象化的说法，指在中国这样一个幅员辽阔、人口众多、情况复杂的大国，发展教育除了依靠国家办学这一条"腿"，还要依靠群众办学的另一条"腿"。其核心思想是普及与提高并重，实行国家办学与厂矿、企业、农业合作社办学并举，普通教育与职业（技术）教育并举，试图兼顾公平与质量，通过平衡数量和质量的发展来推动教育事业的进步。

"两条腿走路"是我国自新中国成立初期就实施的一种教育策略。新中国成立后，毛泽东认为发展教育事业必须从实际出发考虑国情，要继承革命战争年代办学的优良传统，在依靠国家发展教育的前提下，还要发动群众来积极办教育，称之为"两条腿走路"。1958年9月19日，中共中央、国务院下发的《关于教育工作的指示》指出，办学"既要有中央的积极性，又要有地方的积极性和厂矿、企业、农业合作社、学校和广大群众的积极性，为此必须采取统一性与多样性相结合，普及与提高相结合，全面规划与地方分权相结合的原则"。1977年，邓小平强调"办教育要两条腿走路，既注意普及，又注意提高。要办重点小学、重点中学、重点大学"。

除了国家办学，厂矿、企业、农业合作社等单位也被鼓励参与办学，探索多渠道多形式办学，即"国家办学与厂矿、企业、农业合作社办学并举，普通教育与职业（技术）教育并举，成人教育与儿童教育并举，全日制学校与半工半读、业余学校并举，学校教育与自学并举，免费教育与不免费的教育并举"。例如，1958年，江苏省海安县双楼乡创办首所民办农业中学，主要传授农业知识技能，并很快在全国得到推广，从此诞生了农村职业教育。到1965年，全国农业中学已约有54332所，在校生数达316万余人。

三、推行半工半读，探索"两种制度"

为解决教育经费紧张的问题，1957年，毛泽东基于革命战争时的劳动教育经验，提出以"勤工俭学""半工半读""群众办学"等形式开展劳动教育。

1958年1月，共青团中央发布了《关于在学生中提倡勤工俭学的决定》，倡导和组织学生分别参加农业生产劳动、农村副业和手工生产劳动、基本建设工地和运输业的劳动、校内外的服务性的劳动、工业生产劳动等，视之为"使学校教育与生产劳动相结合的重要措施之一"，明确了半工半读、勤工俭学的教育模式。随后，在同年2月，教育部也下发《关于大力支持团中央"关于在学生中提倡勤工俭学的决定"的通知》，规定从秋季起在初、高中和师范学校各级普遍开设生产劳动课，要求各科教学和课外活动都应注意结合教学内容适当进行劳动生产教育。

1958年5月，刘少奇在中共中央政治局扩大会议上作《我国应有两种教育制度、两种劳动制度》的讲话，提出两种劳动制度与两种教育制度的思想。一种是"全日制的学校教育制度和现在工厂里面、机关里面八小时工作的劳动制度"，另一种是"半工半读的学校教育制度和半工半读的劳动制度"。1964年5月，中央工作会议进一步明确要实行两种劳动制度、两种教育制度。于是，各级各类学校开设了丰富多彩的生产劳动课，这些劳动，除一部分是属于义务性质的以外，多数都有一定的报酬。学生们通过劳动获得了报酬，解决了部分学习费用上的困难，改善了生活，国家也培养了大量满足社会各条战线需求的人才。

四、落实"八字方针"稳步发展劳动教育

从1958年9月开始，整个教育改革随国民经济"大跃进"开展了3年的"教育革命"，以大中学校占用大量课时开展全民大炼钢铁和"三秋"运动为标志，劳动教育事业得到了快速发展。但这种半工半读的劳动教育因政治斗争的教育目的被严重夸大，逐渐演化成了"以劳代学""以劳代教"，出现教学质量明显下降等不合理现象，极大地削弱了劳动教育的质量。

为了纠正"大跃进"运动中的错误，使国民经济得到恢复和发展，1960年7月，中央提出国民经济执行"调整、巩固、充实、提高"的"八字方针"。在"八字方针"的指引下，教育战线继续积极探索教育教学改革。1963年，教育部颁布执行的《全日制小学暂行工作条例（草案）》和《全日制中学暂行工作条例（草案）》，指出劳动教育应适应以农业为基础、以工业为主导的总方针，全日制中小学应设置生产知识和常识课程，划定了参加生产劳动时间的适当性要求、明确劳动不是惩罚学生的手段、不组织劳动竞赛等新规定，短期内从政策上扶正了劳动教育的方位。同年6月，《人民日报》发表了《坚持不懈地好好组织学生参加生产劳动》社论文章，认为组织学生参加生产劳动是我国教育工作中一项长期的根本任务。而后各级各类学校组织参加城乡社会主义教育运动，试行两种劳动制度、两种教育制度，学生的生产劳动和实习时间明显增多。

总的来说，从1956年到1978年，我国在教育领域进行了一系列的探索和实践，努力

寻找适合中国的劳动教育之路，取得了明显成效。学生们通过参与劳动实践，不仅学到了实际技能，还培养了良好的品德和价值观。这些劳动教育成果为我国的社会主义建设做出了积极贡献。但在"大跃进"及文革期间，劳动教育的作用和意义被盲目扩大，甚至出现"唯劳动，读书无用"的极端倾向，劳动教育逐步成为阶级斗争的牺牲品，教劳结合的制度探索严重偏离主线。

第三节　改革开放和社会主义现代化建设时期劳动教育的创新发展（1978—2012年）

1978年12月召开的党的十一届三中全会是党的历史上具有深远意义的伟大转折，开启了改革开放的新征程。在改革开放和社会主义现代化建设新时期，中国共产党总结经验教训，将加快社会主义现代化建设作为党和国家的工作重心，为经济体制改革和政治体制改革迈出了决定性的一步，由此对劳动精神的弘扬和培育也进入一个新时期。

一、改革开放时期的劳动教育

改革开放以后，经济社会发展更迫切需要懂科技的人才，所以劳动教育开始强调劳动技术方面的教育。1978年4月，邓小平在全国教育工作会议上指出"为了培养社会主义建设需要的合格的人才，我们必须认真研究在新的条件下，如何更好地贯彻教育与生产劳动相结合的方针。"党的十一届三中全会后，党和国家的工作重心从以阶级斗争为纲转移到以经济建设为中心，教育目标也随之调整为培育合格建设人才，教育事业随之进入改革发展的新阶段。

1978年，教育部为贯彻经济领域的"八字方针"，提高教育教学质量、恢复中小学劳动教育优良传统，采取了积极措施。1月印发了《全日制十年制中小学教学计划（试行草案）》，重新确定了中小学的基本学制和课程设置。同时，恢复了初三、高三的"农基"课，并对中小学生的"学工""学农"以及小学生参加"生产劳动"做了系统安排。

1981年，教育部颁发了《全日制六年制重点中学教学计划（试行草案）》，其中要求在中学阶段开设劳动技术课，进行劳动技术教育。1982年，教育部发布了《关于普通中学开设劳动技术教育课的试行意见》，明确了开设劳动技术教育课应遵循的原则、内容和要求、时间和组织安排、成绩考核、师资培训、大纲和教材、劳动场地等。

劳动教育通论

1987年,《全日制普通中学劳动技术课教学大纲(试行稿)》提出开设专门的劳动技术课,这意味着劳动教育在劳动技术教育的推进和加强中走向制度化和规范化。1993年,《中国教育改革和发展纲要》提出:"教育必须为社会主义现代化建设服务,必须与生产劳动相结合,培养德、智、体全面发展的建设者和接班人。"这表明劳动教育在强调社会目标的同时,更加注重综合素质的提升。1998年发布的《关于加强普通中学劳动技术教育管理的若干意见》,使劳动教育从实施到评估都有了制度保障。

在此期间,劳动教育开始纳入德育之列,例如《关于小学开设思想品德课的通知》(1981年)、《全日制小学思想品德课教学大纲》(1986年)、《关于进一步加强中小学德育工作的几点意见》(1990年)、《关于正式颁发中学德育大纲的通知》(1995年)中均把劳动教育作为品德教育的重要手段,以劳育德的观念初步形成,这些举措有力地推动了我国教育事业的恢复和发展。

二、新世纪初期的劳动教育

为使我国基础教育事业更高水平、更加均衡发展,1999年,中共中央、国务院作出《关于深化教育改革,全面推进素质教育的决定》,释放出劳动教育转向素质教育的重大信号。

2001年5月,国务院作出《关于基础教育改革与发展的决定》,明确"坚持教育必须为社会主义现代化建设服务,为人民服务,必须与生产劳动和社会实践相结合,培养德智体美等全面发展的社会主义事业建设者和接班人。"指出要改革原有课程体系,努力构建符合素质教育发展需求的新课程体系。为了更好地贯彻上述决定,6月,教育部印发的《基础教育课程改革纲要(试行)》取消以往中小学独立开设的劳动技术课和劳动课,从小学至高中新增"综合实践活动"必修课,包括"社会实践"和"劳动与技术教育"。由此看出,劳动教育多通过综合实践活动课程中的"劳动与技术"教育开展,这也意味着以往系统开设的中小学劳动教育课程失去了独立的地位。2010年《国家中长期教育改革和发展规划纲要(2010—2020)》再次提出要加强中小学劳动教育,劳动教育再次被国家大政方针所强调。

以上政策的实施明晰了该阶段劳动教育的价值取向和实践形态,劳动教育政策从关注劳动对政治经济的推动作用转向对社会发展和个人成长的综合作用,强调通过劳动教育促进个人的全面发展。

延伸阅读: 我国台湾地区高校的劳动教育

我国台湾地区高校的劳动教育,最早可追溯到1955年东海大学实施的劳作教育(Labor Education)。20世纪50年代初,随着美国"服务学习"理念东渐,我国台湾地区高校开始关注劳作教育,不仅注重培养学生生活所必需的知识技能,还注重学生生活技能方面的培育，将服务学习与专业教育相结合，增强学生的情境体验，形成了独具特色的劳动教育模式。

为提高学生劳动生产技能，1952年，台湾地区教育主管部门相继出台了《中小学实施生产技能训练办法大纲》《各级学校加强生产训练及劳动服务实施纲要》，要求"应当使儿童了解劳动服务的意义，掌握劳动服务的初步知识与技能；中学、师范学校及非技术性质的专科以上院校，应当使学生掌握劳动生产的知识与技能，培养劳动生产的兴趣，养成刻苦耐劳手脑并用的良好习惯，并以训练'一人一技'为原则"。由此可见，当时所提倡的劳动服务以提高学生的劳动技能为目的，局限于生产训练以便学生就业，这与当时"以农养工，以工促农"的经济发展战略相契合。

东海大学自1955年建校之初就开始实施劳作教育，开启了台湾地区高校劳作教育之先河。依据东海大学1957年推出的《私立东海大学劳作章程草案》，规定劳作教育分为基本劳作和工读劳作。大学一年级须完成宿舍和校园清理、厨房洗碗以及劳作室助理等工作，并由劳作导师和劳作室职员进行等级评定，不及格者次年重修。工读劳作为有偿劳作，学生自愿申请，学生通过劳动可以获取报酬，减轻经济负担。

为促进台湾高校服务学习的顺利推进，台湾地区教育主管部门于2007年颁布《大专校院服务学习方案》，建议通过"做中学"和结合专业等方式，提高服务学习的质量和效果。2014年台湾地区教育主管部门颁布《服务学习推动方案》，鼓励各级学校成立服务学习专责推动单位，强化服务学习体验与学习经验。21世纪以来，我国台湾地区多数高校将劳作教育设为必修课程，内容包括"基础劳作""助学劳作"和"服务学习"等，采用课堂讲授与劳动实践相结合的方式，通过开设服务学习课程、讲座、参观访问、影片观赏等形式进行丰富和拓展，在理论和实践之间搭建了一座桥梁。

第四节 中国特色社会主义新时代劳动教育的完善确立（2012年至今）

党的十八大以来，在习近平新时代中国特色社会主义思想的指引下，我国教育改革围绕培养什么人、怎样培养人、为谁培养人这一根本问题，不断深化对教育事业发展和人才培养的规律性认识，特别是在促进人的全面发展和推进劳动教育实施方面提出了新理念、新观点，劳动教育也在党中央的科学指引下进入全新启航时期。

一、劳动教育纳入学生核心素养之列

劳动教育作为我国构建全面培养的教育体系的重要内容，是学生成长的"必修课"。党的十八大以来，劳动教育的育人价值逐渐受到关注，十八大报告强调了营造劳动光荣、创造伟大的社会氛围，指出要加快确立人才优先发展战略布局，推动我国由人才大国迈向人才强国。党中央和教育部还相继出台了系列文件和政策，劳动教育政策迎来全面新生，例如《关于加强中小学劳动教育的意见》（2015年）、《中国学生发展核心素养》（2016年）、《中国教育现代化2035》（2019年）、《关于全面加强新时代大中小学劳动教育的意见》（2020年）等均要求将劳动教育纳入人才培养方案，要采取系列措施加强劳动教育，充分发挥劳动教育在树德、增智、强体、育美方面的综合育人作用。

二、劳动素养成为评价学生的重要指标

劳动素养特指与劳动有关的素养，是度量个体在劳动意识、劳动情感以及劳动能力基础之上所形成的综合性的劳动技能，是新时代人才培养的重要内容。教育部多次印发的劳动教育政策均提出"将劳动素养纳入学生综合素质评价体系"，要全面培养学生的劳动素养，在《教育部关于推进中小学教育质量综合评价改革的意见》（2013年）、《关于深化考试招生制度改革的实施意见》（2014年）、《深化新时代教育评价改革总体方案》（2020年）、《大中小学劳动教育指导纲要（试行）》（2020年）、《义务教育质量评价指南》（2021年）、《劳动课程标准》（2022年）等政策的指导下，劳动素养成为衡量学生全面发展的最终价值取向和评价指标，并作为评优评先及高一级学校录取的重要参考或依据。

三、劳动教育列入"五育"重新取得独立地位

面对社会发展对创新人才释放出的需求信号，习近平总书记在2018年全国教育大会上提出要培养德智体美劳全面发展的社会主义建设者和接班人。2021年新修订的《中华人民共和国教育法》以法律的形式对比予以明确。《2021年政府工作报告》将构建德智体美劳全面培养的教育体系作为人才培养的重要基石，劳动教育取得了与德智体美各育的同等地位。同时，专门的劳动教育政策也相继出台，例如，2020年3月中共中央、国务院颁布的《关于全面加强新时代大中小学劳动教育意见》、2020年7月教育部印发的《大中小学劳动教育指导纲要（试行）》和10月《关于全面加强和改进新时代学校美育工作的意见》等文件都明确指出，"把劳动教育纳入到人才培养全过程，贯通大中小学各学段，贯穿家庭、社会、学校各个方面，与德育、智育、体育、美育有机融合"。《义务教育劳动课程标准（2022年版）》将劳动从综合实践活动课程中独立出来，构建了

以任务群为基本单元的劳动课程内容，是20多年第一份有关劳动教育教学内容的指导方案。这些政策文件的颁布为新时代全面开展劳动教育提供了指导方向。

总之，随着经济社会的不断进步以及劳动教育理论的深入发展，我国不同时期的劳动教育在目标指向、形式内容、地位评价等方面不断进行调适，也将随着时代的发展变迁而更加丰富，并逐步回归其本体意蕴。

延伸阅读： 蔡元培与"五育并举"

蔡元培（1868—1940年）（见图0-2），字鹤卿，浙江绍兴府山阴县人。中国近现代著名教育家、革命家、政治家，曾任中华民国首任教育总长。在任北京大学校长期间，他革新北大，开"学术"与"自由"之风。民国初年主持制定了中国近代高等教育的第一个法令——《大学令》。他的许多教育主张都对后世产生了重大影响，被尊为"学界泰斗，人世楷模"。

图0-2 蔡元培

1912年年初，蔡元培发表了《对于教育方针之意见》一文，从"养成国民健全之人格"的观点出发，提出军国民教育、实利主义教育、公民道德教育、世界观教育和美感教育"五育并举"的教育思想。

军国民教育主张将军事引入学校和社会教育之中，让学生和民众受到一定的军事教育和训练，强调学生生活的军事化，特别是体育的军事化等，其主要目的是强健体魄；实利主义教育即"以人民生计为普通教育之中坚"，密切教育与国民经济生活的关系，加强职业技能的培训，使教育能发挥提高国家经济能力和改善人民生活水平的作用；公民道德教育的主要内容是资产阶级的自由、平等、博爱。同时蔡元培也主张尊重继承中国传统文化，汲取有利于资产阶级道德建设的养分，将二者结合，培养国民的道德感；世界观教育为蔡元培所独创，并作为教育的最高境界，旨在培养人们

▶▶▶ 劳动教育通论

立足于"现象世界",但又超脱"现象世界"而贴近"实体世界"的观念和精神境界;美感教育与世界观教育紧密相联,指利用美感教育陶冶、净化人的心灵,是世界观教育的主要途径。

蔡元培认为"五育"不可偏废。其中军国民教育、实利主义教育、公民道德教育偏于"现象世界"之观念,隶属于政治教育;世界观教育和美感教育以追求"实体世界"之观念为目的,为超越政治之教育。蔡元培认为在五育中,军国民教育为体育,实利主义教育为智育,公民道德教育为德育,美感教育可以辅助德育,世界观教育将德、智、体三育合而为一,是教育的最高境界。五育尽管各自的作用不同,但都是"养成国民健全之人格"所必需的,是统一整体中不可分割的有机部分。

蔡元培提出的"五育"并举的教育方针,是中国教育史上第一个完整的民主主义教育方针,也是我国近代对德智体美和谐发展教育方针最全面的论述。

思考与实践

1. 掌握不同时期劳动教育的特点,思考不同时期劳动教育政策方式有所区别的原因。
2. 寻访身边的大国工匠和劳动模范,采访其先进事迹和感人故事,并制作一则三分钟的短视频。

上篇

第一章 劳动与劳动观

本章思维导图

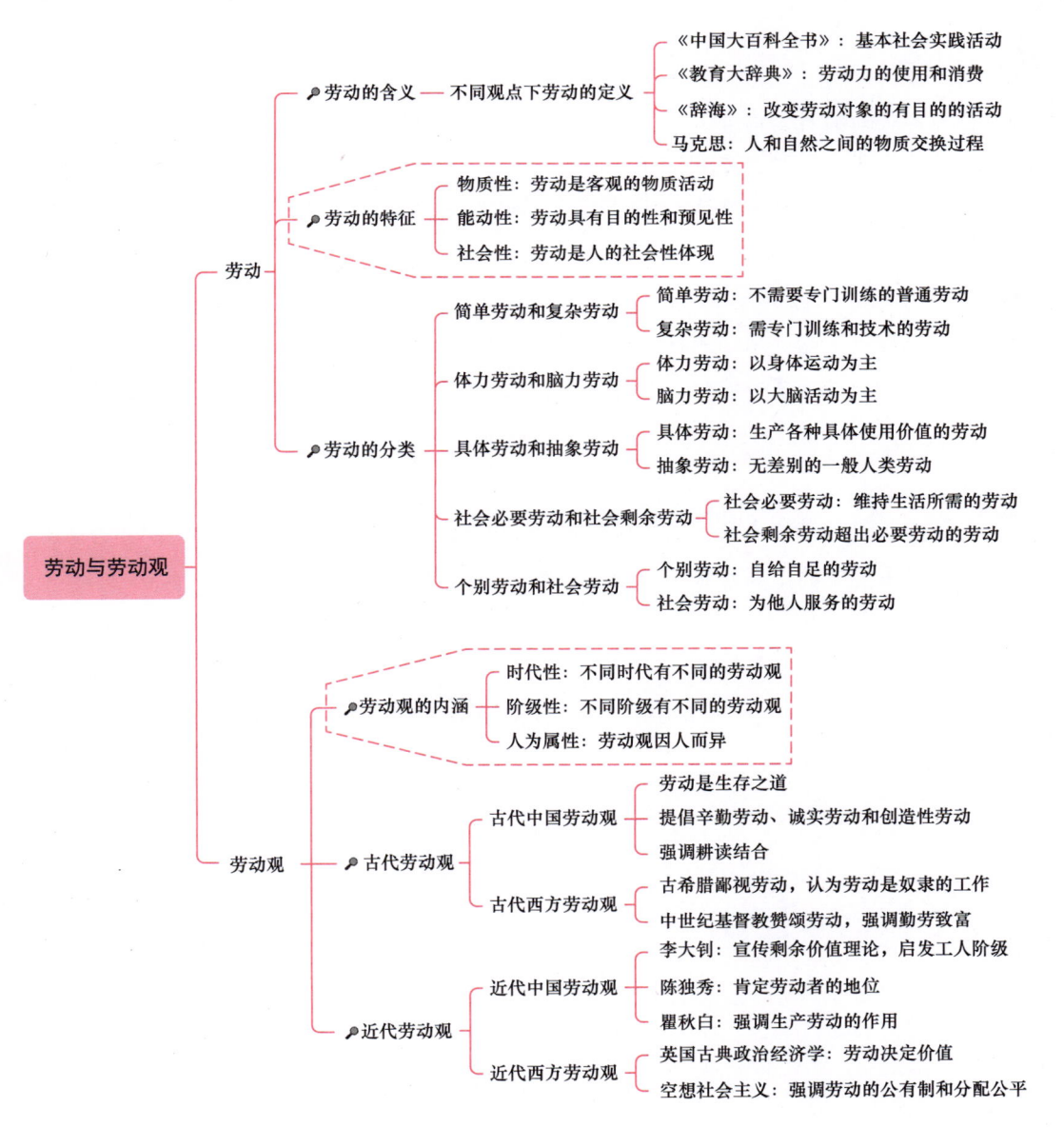

- 劳动与劳动观
  - 劳动
    - 劳动的含义 —— 不同观点下劳动的定义
      - 《中国大百科全书》：基本社会实践活动
      - 《教育大辞典》：劳动力的使用和消费
      - 《辞海》：改变劳动对象的有目的的活动
      - 马克思：人和自然之间的物质交换过程
    - 劳动的特征
      - 物质性：劳动是客观的物质活动
      - 能动性：劳动具有目的性和预见性
      - 社会性：劳动是人的社会性体现
    - 劳动的分类
      - 简单劳动和复杂劳动
        - 简单劳动：不需要专门训练的普通劳动
        - 复杂劳动：需专门训练和技术的劳动
      - 体力劳动和脑力劳动
        - 体力劳动：以身体运动为主
        - 脑力劳动：以大脑活动为主
      - 具体劳动和抽象劳动
        - 具体劳动：生产各种具体使用价值的劳动
        - 抽象劳动：无差别的一般人类劳动
      - 社会必要劳动和社会剩余劳动
        - 社会必要劳动：维持生活所需的劳动
        - 社会剩余劳动超出必要劳动的劳动
      - 个别劳动和社会劳动
        - 个别劳动：自给自足的劳动
        - 社会劳动：为他人服务的劳动
  - 劳动观
    - 劳动观的内涵
      - 时代性：不同时代有不同的劳动观
      - 阶级性：不同阶级有不同的劳动观
      - 人为属性：劳动观因人而异
    - 古代劳动观
      - 古代中国劳动观
        - 劳动是生存之道
        - 提倡辛勤劳动、诚实劳动和创造性劳动
        - 强调耕读结合
      - 古代西方劳动观
        - 古希腊鄙视劳动，认为劳动是奴隶的工作
        - 中世纪基督教赞颂劳动，强调勤劳致富
    - 近代劳动观
      - 近代中国劳动观
        - 李大钊：宣传剩余价值理论，启发工人阶级
        - 陈独秀：肯定劳动者的地位
        - 瞿秋白：强调生产劳动的作用
      - 近代西方劳动观
        - 英国古典政治经济学：劳动决定价值
        - 空想社会主义：强调劳动的公有制和分配公平

17

▶▶▶ 劳动教育通论

学习要点

劳动是人类赖以生存和发展的基础，是人类有目的地、能动地借助于一定的生产工具作用于劳动对象的社会实践活动。劳动对人类社会发展起推动作用，具有物质性、能动性、社会性特征。根据现代社会发展，劳动可以分为简单劳动和复杂劳动、体力劳动和脑力劳动、具体劳动和抽象劳动、社会必要劳动和社会剩余劳动、个人劳动和社会劳动等类型。中国古代思想家认识到劳动对于生存的价值、对于思想道德修养的价值，形成了耕读结合的劳动教育形态。西方古代思想家一开始鄙视劳动，中世纪转而赞颂劳动。近代以来，西方资产阶级思想家和空想社会主义思想家结合资本主义生产方式，加深了对劳动的认识，提出了剩余价值理论等劳动理论，分析资本主义社会的劳动现象。马克思主义的劳动观传入中国后，对近代人们思想的解放起到推动作用。

知识目标

1. 理解劳动的科学内涵，掌握劳动的特征，认识各种类型的劳动。
2. 理解古代中国和西方劳动观的内容和发展。
3. 理解近代西方劳动观的具体内容。

能力目标

1. 能够辨识劳动的不同类型，对某一具体劳动进行归类。
2. 结合近代劳动观，能够分析资本主义社会的剥削本质和当今社会的热点问题。

思政目标

1. 科学认识劳动的内涵，体悟劳动对于人类社会、人类本身的重要性。
2. 培养劳动素养，在日常生活中热爱劳动、崇尚劳动。

第一章　劳动与劳动观

> 劳动是人类关注的永恒话题。劳动看似简单，其内涵却十分丰富。从哲学意义上讲，劳动的特征十分鲜明。根据现代社会的发展，劳动又有多种类型。人们对于劳动的观点就形成了各种劳动观。在古代，东方和西方的思想家都阐述了对于劳动的认识。近代以来，随着资本主义发展，西方资产阶级思想家和空想社会主义思想家对于劳动的认识更加深刻，特别是马克思主义剩余价值理论等劳动学说传到中国之后，启迪了人们的思想，推动了社会的变革。

第一节　劳动

（扫二维码观看本节视频）

一、劳动的含义

什么是"劳动"？从不同的视角有不同的理解。《中国大百科全书》将劳动定义为："人类特有的基本的社会实践活动。人通过有目的的活动改造自然对象，并在这一活动中改造人自身的过程。劳动体现了人与自然、人与人两方面关系的统一。"《教育大辞典》中将劳动定义为："劳动力的使用和消费。人以自身活动来引起、调整和控制人和自然之间的物质变换过程。制造和使用生产工具，并在一定的社会关系中进行劳动，是人和动物的本质区别。"《辞海》中对劳动的定义为："人们改变劳动对象使之适合自己需要的有目的的活动，即劳动力的支出或使用，是人类社会存在和发展的最基本条件，在人类形成过程中起了决定性作用。人类的祖先类人猿经过长期劳动实践，才变成能制造工具的人。劳动在不同的社会制度下具有不同的社会属性。在奴隶制度、封建制度和资本主义制度下，劳动者的劳动表现为奴隶劳动、农奴劳动和雇佣劳动，这是不同性质的受剥削的劳动；在社会主义公有制下，劳动者成了国家和企业的主人，不再受剥削；进入共产主义后，劳动不仅是谋生的手段，而且将成为人们生活的第一需要。"《50000词现代汉语词典》中将劳动解释为："人类创造物质或精神财富的活动。"《文史哲百科辞典》指出，劳动是"人们使用工具改造自然物，使之适合自己需要的有目的的活动，即劳动力的使用或消费，包括脑力劳动和体力劳动"。

马克思将劳动定义为："劳动首先是人和自然之间的过程，是人的自身的活动来引起、调整和控制人和自然之间的物质交换的过程。"马克思对劳动概念的理解，存在着哲学和经济学两种不同的解释。从哲学上，强调劳动是人的本质、人的自我实现。从经济学上，强调劳动是人类改造自然的物质活动，是满足人的需要、创造物质价值的活动。

综上，我们可以将劳动理解为人类赖以生存和发展的基础，是人类有目的地、能动地借助于一定的生产工具作用于劳动对象的社会实践活动，对人类社会发展起推动作用。在从猿到人的进化过程当中，劳动起着十分重要的作用，随着生产力的发展逐渐出现了自然分工，形成了一定的生产关系，从而创造了人类社会。劳动是价值和财富的源泉，人们所需要的一切都是经过劳动创造出来的。劳动是人的自由全面发展的途径，实现自由全面发展的前提和基础是劳动生产力的高度发达。

劳动及劳动过程要能够形成，它所需要的简单要素必须是：劳动者以及劳动资料和劳动对象，可称之为生产资源，它们的有机结合才能形成任何一种现实的劳动过程。

首先，劳动力因素是劳动过程能动的条件，是加之于物质之上的主观因素。劳动力的使用，即劳动成为生产劳动，它外化于生产资料之上，最终生产出了劳动产品。在具体社会的生产过程中，会形成特定时代的生产关系。其次，生产资料是劳动过程受动的客观条件。生产资料的不同发展时期标志着社会生产力的不同发展水平。劳动工具的发展促进人类改造自然的能力提高，也必然要求人类劳动借以进行的社会生产关系与之发生相应的变革。最后，劳动对象是劳动者在劳动过程中，借助劳动资料，对其进行加工，使之发生预期的变化，生产出满足自身某种需要的产品。劳动对象可以分为两类：一类是天然存在的劳动对象，如土地的自然生长物，人类通过自己的劳动，把它们与土地分离，使之成为自己的劳动果实。另一类劳动对象是已经被人类劳动改造过的产品，可称之为原料。

劳动过程就是上述这三类基本要素有机结合并发挥作用的过程。在这一过程中，劳动者是能动的主体因素，劳动对象和劳动资料是受动的客体因素。劳动者同物的要素相结合而进行生产的方式，在人类历史发展的不同时期是不相同的。例如，在封建社会，劳动者的劳动力甚至是整个人身都属于封建地主所有；在资本主义社会，劳动力成为商品，从而形成了依赖于资本利润的资产阶级和依赖于自己的劳动力商品的无产阶级相互依存和斗争的新型经济关系；在社会主义社会，劳动者与劳动资料实现了统一，联合劳动成为未来新社会的主要劳动形式，从而推动人类由社会主义向共产主义的跨越。

二、劳动的特征

人类从动物世界独立出来后，便以社会的形式同自然界并存，但是人类需要的各种物质资料都需要从自然界来索取。劳动是人类最基本的社会实践活动，人类劳动的本质特征有以下几点。

第一，劳动是一种客观的物质性活动。在劳动中起主导作用的是人，人是物质世界的一部分，是现实的物质的人；人类进行劳动所依赖的条件是客观物质条件；人类劳动的目的性是在对物质世界的客观性的认识中产生的，必然受到客观规律的制约。所以，劳动过程就是一个客观的物质性过程。

第二，劳动是一种有目的的能动性活动。人类为了满足自己的需要而进行的劳动，同动物求生的本能活动的本质区别在于，人类进行劳动是具有目的性和预见性的。人类在开始进行生产劳动之前，就能设定预见到劳动的结果，劳动过程就是人类按照预定的目标有计划地运用一定的方法来消耗自己脑力和体力的过程。而劳动的能动性主要表现为劳动的创造性。人类能够积极发挥主观能动性，用自身的力量或者借助自然的物质力量改造自然。此外，劳动的能动性还表现为人类在劳动过程中表现出来的自我约束性，随着人类社会的发展，人类的劳动已经发展成为社会化大生产下的劳动，这就需要人们遵循一定的规章制度和秩序，来保证劳动过程有序进行。

第三，劳动是一种社会性的活动。人类劳动的社会性最初是人类在改造自然的过程中产生的，人类要能动地改造自然，就必须将单个的人联系起来，结成人与人之间的关系，形成一种集体力量。人同动物的本质区别是，人是在劳动的过程中结成的社会性的动物。马克思指出："人的本质不是单个人所固有的抽象物，在其现实性上，它是一切社会关系的总和。"真正把人和动物区别开来的，并不是人的特殊的生理结构，而是人类所特有的社会性，只有人所具有的社会性才构成人的特殊本质。人类是通过在一定的社会关系下的劳动来实现自身的本质的，人类进行社会实践活动的目的和人类劳动需要的满足都只有在一定的社会关系中才能充分表现出来。并且，人类通过劳动不断创造出新的社会本质，人类的社会关系既是人类区别于其他一切动物的本质特征，同时也体现着人类在不同发展阶段自身的特殊本质。

三、劳动的分类

（一）简单劳动和复杂劳动

生产商品的劳动，根据科学技术层次的差别，可以分为简单劳动和复杂劳动。简单劳动是在一定的社会条件下不需要经过特别的专门训练，每个普通劳动者都能从事的劳动。复杂劳动是"简单劳动"的对立，是指具有一定技术专长的劳动，而获得这些技术专长和知识，需要经受专门的培养和训练。

复杂劳动等于倍加或自乘的简单劳动，需要经过专门学习和训练，从而在技术上比简单劳动复杂的劳动。它等于强化了的简单劳动。在生产商品的同等时间里，复杂劳动可以比简单劳动创造更多的价值。其原因在于：从事复杂劳动的劳动力需要花费更多的劳动才能被生产和再生产出来，是一种较高级的劳动力，所以少量的复杂劳动可以等于多量的简单劳动。复杂劳动与简单劳动的比例是在商品交换过程中自发形成的。

马克思认为，商品价值量由社会必要劳动时间决定，是就同种商品而定的，生产各种不同的商品的劳动复杂程度是不同的，价值量是通过把一定量的复杂劳动转化为多倍的简单劳动来实现的。"少量的复杂劳动等于多量的简单劳动"，少量的复杂劳动的产品可以和多量的简单劳动的产品相交换。

简单劳动和复杂劳动的本质区别在于，所从事的劳动背后的精神内容和精神支配的简单性和复杂性。所谓"不需要经过专门培养和训练"和"经过专门培养和训练"的区别，实质上是精神素质的区别，即精神支配能力和精神创造能力的区别。简单劳动并不必然地表现为劳动动作的简单性，而在根本上表现为精神支配的浅显性和简易性。例如，生产汽车零部件或组装汽车的创造性劳动，看起来似乎很复杂，具有多重复杂的工序，然而，其背后的精神运动则是比较简单的，只要具备了基础的生产知识，就能比较容易地按照生产图纸和要求，把零部件制造出来或组装起来，是一种较为简单的创造性劳动。复杂劳动并不必然地表现为劳动动作的复杂性，而在根本上表现为精神支配的深刻性和复杂性。例如，绘制复杂设计图纸的创造性劳动，其背后的精神运动是抽象的思维过程，是一种极为复杂的创造性劳动。

在简单劳动与复杂劳动之间，并不存在不可逾越的鸿沟。它们之间的分离或分工，一方面是人类精神本身最大限度地发展社会生产力的内在要求的必然产物，即在物质条件仍然有限的社会条件下，社会生产力如果要不断进步乃至迅猛发展，客观上必然要求由社会中的某一部分人员从事较为复杂的认识活动和信息产品的创造活动，而由社会中的另一部分人员从事较为简单的认识活动和实物产品生产活动；另一方面，这又是社会生产力发展不充分的必然产物，即社会生产力还未达到这样的高度，以至于还不能使大多数的社会成员普遍地从烦琐的、约束性的简单劳动中摆脱出来，去从事更加自由、更加具有认识性和创造性的复杂劳动。随着社会生产力的迅猛发展，随着物质资料的极大丰富和自动化机械的普遍使用，简单劳动与复杂劳动之间，在劳动形态上的差距将会日益缩小并彻底消亡，从而最终消除简单劳动者与复杂劳动者的区分和差别。

（二）体力劳动和脑力劳动

根据劳动方式的不同，劳动分为脑力劳动和体力劳动。脑力劳动是劳动者以大脑神经系统为主要运动器官的劳动，其特征在于劳动者在生产中运用的是智力、科学文化知识和生产技能，故也称为"智力劳动"。脑力劳动是人脑的无形的、不可见的活动，是人的心理力量、精神力量的生成实现过程，脑力劳动的规律主要是人的精神力量发挥作用的规律，例如所掌握的知识的水平如何，知识的结构是否合理，具有什么样的信念，情感状态怎样，意志力如何，都直接影响脑力劳动的过程和结果。

体力劳动是劳动者以运动系统为主要运动器官的劳动。体力劳动主要是人的体力支出，是人体的生理力量、物质力量的生成实现过程，是人体的有形的、可见的活动，体力劳动的规律主要是人体的物质力量发挥作用的规律，例如身体的强壮与否，身体的灵活程度如何，物质能量对身体的供应状况怎样，都规定了体力劳动的时间限度与效率。

体力劳动和脑力劳动之间的分化，早在原始社会向奴隶社会过渡的时候就已经开始形成，并随着社会生产力的发展而逐渐深化和扩大化，甚至发展到阶级对抗的地步。在社会主义社会中，生产资料的公有制和普遍实行按劳分配原则，使得体力劳动者与脑力劳动者之间的共同利益较好地统一起来，尽管两者仍然存在一定程度的差别，但在本质上并不是对抗和对立的，而是可以随着社会生产力的迅猛提高而日益缩小的。"随着阶级和分工的消灭，城乡对立、脑力劳动和体力劳动的对立也将消失"。在理想的共产主义社会中，人类精神及其创造力的高度发展使人们普遍地从约束性的体力劳动中解放出来，从而得以普遍地从事日益深刻广泛的认识性劳动和创造性劳动，并因此成为真正意义上的知识劳动者。只有达到了这样的高度，体力劳动者和脑力劳动者的区别和分离最终才会消失。

（三）具体劳动和抽象劳动

从劳动范畴的社会性质角度来看，可将劳动分为具体劳动和抽象劳动，也被称为"劳动的二重性"。具体劳动指生产活动的目的、操作过程、劳动对象、劳动手段和劳动产品的具体形态各不相同的劳动。人类在任何时候首先要生存，必须进行各种劳动，改造自然界，生产出产品，以其使用价值满足人类不同的需要。它体现着人和自然的关系，是人类社会生存发展的首要条件，不以社会形态不同为转移，也是与人类同时存在的永恒范畴。随着社会生产力、科学技术的进步，具体劳动也将日益复杂化和多样化。千差万别的具体劳动分门别类，形成了社会分工体系。旧的、落后的具体劳动形式被淘汰，新的、先进的具体劳动形式不断涌现，使人类社会获得更多更好的使用价值。

抽象劳动是指抽象掉各种具体形式的、一般的无差别的人类劳动。抽象劳动是生产商品的劳动的社会属性，它反映着人与人之间的一定的经济关系或社会关系，是一个历史的范畴，存在商品经济中，是由商品的交换过程决定的。其不是独立的劳动形式，而是将各种具体劳动的具体形式抛开，从中抽取出共同的、没有质的区别的属性。生产商品所耗费的一般人类劳动凝结在商品体中，形成商品的价值。正因为各种商品的价值都是由一般人类劳动凝结而成的，各种具体劳动生产出来的不同商品才在社会形态上具有相同的质，才能在商品交换中相互作量的比较。抽象劳动不仅仅是纯生理意义的一般人类劳动耗费，它实质上是商品生产者之间相互交换劳动的经济关系。

抽象劳动与具体劳动是同一劳动过程中劳动力消耗的两种形式，不是时间和空间不同的两次劳动。任何具体产品都是由一定的具体劳动和一定的抽象劳动共同创造的。

（四）社会必要劳动和社会剩余劳动

社会必要劳动和社会剩余劳动是马克思主义的重要范畴，它们深刻揭示了资本主义社会中劳动工人受剥削、受压迫的根源，洞悉了作为资本主义社会根基的经济运动的全部秘密。在社会主义制度下，社会必要劳动和社会剩余劳动仍将存在，但是它们反映的是一种新型的社会关系。

社会必要劳动是劳动者用来维持本人及其家庭的生活，延续劳动力再生产所必须进行的劳动，它在任何社会形态下都存在，是社会再生产的基础。从事这种劳动的时间称为必要劳动时间，在此时间内生产的产品称为必要产品。必要劳动时间的长短，取决于生产力水平的高低。在原始社会，生产力水平十分低下，人们全部劳动时间都是必要劳动时间。随着社会生产力的逐步提高，必要产品有了剩余，从而才有必要劳动和剩余劳动的划分。

社会剩余劳动是劳动者超出必要劳动范围所进行的劳动。劳动者在生产劳动中，除生产维持自己及其家属生活需要的产品外，还生产剩余产品。生产剩余产品所消耗的劳动称为剩余劳动，从事这种劳动的时间称为剩余劳动时间。在人类历史上，剩余劳动的出现，为私有制和剥削的产生提供了条件。在资本主义社会，必要劳动和剩余劳动的矛盾是对抗性的，是无产阶级和资产阶级两个阶级的尖锐对抗。一切剥削制度的共同点是剥削阶级无偿占有劳动者的剩余劳动，区别点是占有剩余劳动的形式有所不同。资本家为了追求剩余价值，对剩余劳动的剥削主要是：在必要劳动时间不变的情况下，绝对延长工作日的长度，从而延长剩余劳动时间，这是绝对剩余价值的生产，再就是在工作日长度不变的情况下缩短必要劳动时间，相对地延长剩余劳动时间，这是相对剩余价值的生产。在资本主义条件下，劳动力成为商品，必要劳动不直接表现为必要产品，而是作为劳动力价值，它不仅能够再生产出劳动力自身的价值，而且能够生产出超出劳动力自身价值额度的价值，并以工资形式表现为有酬劳动，这就掩盖了必要劳动和剩余劳动的界限。资本主义的劳动过程正是由社会必要劳动和剩余劳动组成的，必要劳动和剩余劳动深刻体现着资本主义的生产关系。

在任何社会生产中，劳动者的劳动都必然划分为必要劳动和剩余劳动两个部分。在社会主义制度下，由于劳动者共同占有的劳动产品，一部分用于满足个人需要，一部分用于满足社会公共需要和进行扩大再生产的需要。因而社会主义劳动者的劳动也划分为两部分：一部分是生产满足劳动者及其家庭消费需要的劳动产品的必要劳动，一部分是生产满足社会公共需要和扩大再生产需要的产品的剩余劳动。

社会主义与资本主义的剩余劳动有着根本不同的性质。社会主义的剩余劳动是劳动者为整个社会所提供的劳动，剩余劳动所创造的社会纯收入，是整个社会的公共财产，用于扩大再生产和提高全体社会成员的物质文化生活水平，所以，在社会主义条件下，劳动者的必要劳动和剩余劳动从根本上来说是一致的。劳动者的剩余劳动所创造的产品，归根到底也是用来满足包括自己在内的全体劳动者的需要并体现劳动者的长远利益。但是，社会主义的必要劳动和剩余劳动在根本一致的基础上还存在着差别，即必要劳动主要体现劳动者的个人利益和眼前利益，剩余劳动主要体现劳动者的集体利益和长远利益。这种差别并不反映阶级利益的对立。因此，社会主义的必要劳动和剩余劳动反映的是社会主义社会劳动者之间没有剥削、为共同利益而进行劳动的新型社会关系。

（五）个别劳动和社会劳动

从社会作用的意义上说，劳动可划分为两种社会形态，即"个别劳动"和"社会劳动"。从自然的角度看，劳动作为人类的一种能动活动，其最基本的作用在于，通过改造外部事物创造生产出人类生活所需要的物质财富。然而，人类生活并不是一个没有具体社会性质的抽象概念。在现实的社会生活中，人类生活不仅包含每个人自身的个人生活，而且包含每个人自身之外作为社会生活的他人生活，是个人生活和社会生活的对立统一。因此，从产品的使用或者消费者与产品的生产者之间关系的意义上，可以把劳动范畴区分为个别劳动和社会劳动。所谓"个别劳动"，就是产品最终为作为生产者自己所使用、所消费的劳动，或者说，就是生产者直接为了满足自身的个人生活需要而生产创造物质资料的劳动。所谓"社会劳动"，就是产品最终为非生产者的他人所使用、所消费的劳动，或者说，就是生产者直接为了满足他人的社会生活需要而生产创造物质资料的劳动。

在人类社会中，每个人都是作为相对独立的个人经济主体而存在的，同时，每个人又是作为社会经济主体中的细胞和分子而存在的；任何个人都不能脱离社会而存在，而社会则只能由相对独立的每一个人所组成。在个人与社会的对立统一体中，任何个人生活的存在和发展，都会以其特定的存在方式，影响和制约着社会生活的存在和发展；反之，任何社会生活的存在和发展，也会以特定的存在方式，影响和制约着个人生活的存在和发展。因此，个人与社会之间的这种对立统一、相互影响、相互制约的辩证关系，是人类社会发展运动的最基本的关系和规律之一。当这种关系和规律反映到个别劳动和社会劳动的问题上时，由于每一个人的个别劳动，必然都会通过自身个人生活的存在和发展去决定或影响自身社会劳动的存在和发展，从而最终间接地服务于他人的社会生活；同时，每一个人的社会劳动又必然都会通过他人社会生活的存在和发展，从而最终间接地服务于自身的个人生活。因此，任何人的任何劳动都同时具有个别劳动和社会劳动的双重性质，称为"劳动的社会二重性"。劳动的社会二重性和劳动的自然二重性（具体劳动和抽象劳动）一样，都是任何劳动统一体内部所具有的普遍性质，不同的是，劳动的社会二重性，指劳动对个人生活和社会生活所具有的对立统一的二重作用，而劳动的自然二重性则指的是劳动内部的质与量对立统一地决定产品生产，从而对立统一地决定产品价值的二重作用。

从某种意义上说，个别劳动和社会劳动互相转化的原理，是个人与社会对立统一的历史唯物主义观点在劳动范畴中的体现。

商品经济从无到有、从小到大的历史发展，使得人们直接为自己服务的个别劳动，越来越多地转化为直接为社会服务的社会劳动。在这一过程中，社会分工日益细化又使越来越多的社会劳动作为一种机械循环、枯燥无味、缺乏创造性的"约束性劳动"而成为谋生手段。然而，日益细化的社会分工所带来的巨大生产力，又使人们从日益深化的约束性劳动中获得了日益扩大的财富自由和精神发展空间。随着人们生产技术设备的日益进步和完善，人们得以从那些具有较大约束性的社会劳动中摆脱出来，从而获得更多由自己独立支配的个别劳动，去主观能动地从事那些富于创造性和符合自我兴趣的生活实践，从而实现精神充分自由的发展。

第二节　劳动观

一、劳动观的内涵

劳动观是人们关于劳动的根本看法和观点。劳动观揭示了劳动的内涵、价值及地位，反映了在劳动中人与物之间、人与人之间的关系，包括劳动价值观、劳动实践观等观点。

（扫二维码观看本节视频）

（一）劳动观具有时代性

随着社会实践的发展，人们对于劳动的认识是不断向前发展的，这就决定了每个时代有该时代对于劳动的认识，具有不同的劳动观。从这个层面来讲，可以把劳动观分为原始社会劳动观、封建社会劳动观、资本主义社会劳动观、社会主义社会劳动观。

（二）劳动观具有阶级性

出于维护本阶级利益的需要，社会中的每个阶级都有关于劳动的分工、劳动的价值、劳动的分配等观点、政策或措施。从这个层面来讲，劳动观可以分为统治阶级的劳动观和被统治阶级的劳动观。在我国社会主义国家，广大劳动人民是国家的主人，人们在正确劳动观的指引下，正以饱满的劳动热情投入实现中华民族伟大复兴的劳动实践中。

（三）劳动观具有人为属性

古往今来，有许多人对劳动进行研究，提出了很多有重要价值的观点和看法。在学术领域或者思想界，人们习惯以某个人或者其中的代表人物命名其研究成果。例如马克思和恩格斯论述了唯物史观，论述了劳动对于人类社会、对于人、对于物质价值的重要作用，其关于劳动的一些观点或看法，被称之为马克思主义劳动观。

二、古代劳动观

（一）古代中国劳动观

在中华民族辉煌悠远、亘古不断的历史长河中，历代先贤对劳动的认识不断深刻。这些认识充满了哲理和智慧，潜移默化地影响了一代代中华儿女，也是新时代劳动育人理念的文化渊源。

在劳动价值方面，古人指出劳动是生存之道。古代中国是农业大国，农业部门是国家最基本的生产部门。要满足人们的生存发展的需要，就必须鼓励人们从事生产劳动。墨子教育弟子说，"故圣人作诲，男耕稼树艺，以为民食""食者，国之宝也""民无食，则不可事，故食不可不务也"。意思是说，民不可无食，食必须通过劳动获得。明代学者吕坤说："一年不务农桑，一年忍饥受冻。"这句话也是在强调不勤务务农，就缺衣少食。这些观点指出了农业劳动的基本价值。清代政治家曾国藩将这种劳动谋生观点加以发展，提出："卫身莫大于谋食。农工商，劳力以求食者也；士，劳心以求食者也。"同时，古人宣扬劳动对于实现人生价值的重要意义。在满足了最基本的生存条件之后，人们会追求新的更高的需求。而这些需求的满足也离不开劳动。春秋时期的敬姜在教育儿子时说："夫民劳则思，思则善心生；逸则淫，淫则忘善，忘善则恶心生。"这句话说出了劳动对于培养高尚品德的重要性。清代学者汪辉祖在批判"幼小不宜劳力"观点时指出："欲望子弟大成，当先令其习劳。"他认为，古往今来成功的将相，没有一个是软弱不耐劳苦的。

在如何劳动方面，古人倡导进行辛勤劳动、诚实劳动和创造性劳动。中华民族素以勤劳的品质享誉世界。我国优秀传统文化就大力倡导人们辛勤劳动。《尚书·周书·周官》指出："功崇惟志，业广惟勤。"诚实劳动反对的是不劳而获或不切实际的获取利益的途径。揠苗助长的故事和守株待兔的寓言就生动地讽刺了那些不诚实劳动却想取得成功的行为。众所周知，古代中国的科技成就在世界上一直处于领先的地位。这与古代的科学家、发明家的创造性劳动是分不开的。靠"智造"流芳千古的鲁班、用智慧铸就千古工程——都江堰的李冰、用创新垒出世界最早石拱桥——赵州桥的李春等人，都是创造性劳动的代表，是人们学习的榜样。

在劳动教育方面，中华优秀传统劳动文化强调耕读结合。所谓耕读结合，就是把农田劳作与读书结合起来的一种生活方式。古代先民将耕和读结合起来，希望拥有耕读结合的生活方式，因此白天从事农业生产活动与晚上挑灯读书共同构成了我国独特的耕读教育思想。耕读思想不仅推动了古代农业的发展，提高了古人的文化素养，也是我国劳动教育的雏形。

（二）古代西方劳动观

在古希腊时期，人们对劳动的态度只限于满足基本需要方面的努力，满足人们生存需要的劳动被视为一种奴隶似的职业，是与市民身份不相符的，因而不能参与公共事务。劳动者不被视为市民，不是因为他（她）们是妇女和奴隶，而是因为"劳动意味着受必然性奴役"，所以它们才会由妇女和奴隶来完成。只有那些像奴隶一样的人才会选择生存而不是自由，才会接受这种奴役，而这又正好证明了他们的奴隶般的本质。此外，古代希腊思想家的价值观念体系是反物质生活追求、崇尚精神和道德情操的。这样的价值观念体系建立在物质资源由上天赐予，物质财富应大体由全体人民共同享用的基础之上。一个人希望通过劳动获得更多个人财富，是违反公平正义的；商品交换不可能做到完全的等价交换，在一定程度上，它也是不公平的；货币加剧了交换的不平等，而且出现了以货币赚取更多货币的借贷行为，更不符合公平正义。所以，古希腊思想家对劳动、财富、货币和商业采取了鄙视的态度，对人们的经济行为设置了诸多限制，在劳动并不高尚的价值观念体系下，奴隶的劳动自然被人所看不起。

柏拉图主张对社会上的人们进行劳动分工，从而使得不同职位的人能够各司其职。在柏拉图的劳动分工体系中，他把哲学当然地排在最高等级，而劳动或贸易则被置于肮脏和卑贱可耻的地位。

亚里士多德在《政治学》一书中相对系统地提出了自己的劳动观。他在古希腊城邦制度的框架内看待奴隶，从奴隶的身份层面界说劳动，从严格意义上来说，这是劳动的政治观和伦理观。他关于人的两个定义很著名，至今还在被无数学者所沿用，即人是政治动物和人是能言说的动物。但人们在沿用这两个定义时忘记了亚里士多德对人的进一步分类："世上有些人天赋有自由的本性，另一些人则自然地成为奴隶，对于后者，奴役既属有益，而且正当"。在亚里士多德看来，奴隶只不过是公民财产的一部分，是有生命的财产，是有生命的工具，因为奴隶完全不具备思虑（审议、言说）的机能。也正是因为如此，掠夺奴隶的战争是正义的。基于对奴隶的看法，亚里士多德把奴隶的劳动蔑称为"鄙事"，在这种界说的字里行间透露出奴隶主阶级的劳动观。亚里士多德进一步认为，"凡是对人身体最有害的一定是最卑贱的职业；凡是使用体力最多的一定是最劳苦的行业；凡是最缺乏善德的一定是最可耻的行业"。"最卑贱""最劳苦"和"最可耻"的用词充分反映和表达了亚里士多德对劳动者尤其是体力劳动者及其劳动的态度。

与亚里士多德对于劳动的看法相反，中世纪时期的人们遵照基督教经典《圣经》的教导，开始赞美为了工作而工作，他们不是鄙视劳动，而是不断地称颂劳动，号召人们要不辞劳苦地劳作。"手懒的，要受贫穷；手勤的，却要富足""耕种自己田地的，必得饱食，追随虚浮的，却是无知""不劳而得之财必然消耗，勤苦积蓄的必见加增"，这些箴言基于现实的生活经验而来，具有教育意义。

三、近代劳动观

（一）近代西方劳动观

现代意义上的劳动范畴是随着工场资本主义的出现而出现的。因而在这之前，"劳动"指的都是农奴的辛劳以及日复一日地为生活而进行的不能积累的消费品和服务的生产。而在工场手工业出现以后情况就出现了变化，工场手工业工人生产的产品是可以积累的，并且一般不是由自己或后代使用的，而是用来销售供他人使用的。劳动在近代欧洲所发生的巨大变化使得近代欧洲思想家开始关注和思考劳动范畴所存在的价值和意义。

英国古典政治经济学的创始人是威廉·配第，发展者是亚当·斯密，完成者是大卫·李嘉图。劳动决定价值的思想最初就是由他们所提出来的。古典政治经济学家看到了直接劳动能够创造价值，物化劳动是价值的转移等。英国古典政治经济学家们还指出工人的工资只是工人劳动产品的一部分，生产物价值大于工资的价值，从而肯定了剩余价值的存在；他们认为劳动所创造的价值是工资、利润和地租的源泉，从而肯定了生产资料占有者对一部分劳动产品价值的无偿占有。尽管他们只是看到了这种现象，并没有区分出必要劳动与剩余劳动，因而没有认识到这就是剩余价值，但他们毕竟不自觉地猜测到了剩余价值的存在。此外，他们还看到了社会各阶级的经济对立，指出了地主阶级、资产阶级和工人阶级是英国社会的三个基本阶级，揭示了他们之间在经济上是对立的。英国古典政治经济学家们主要研究了资本主义制度下物与物的关系，并没有揭示出隐藏在商品生产和商品交换中的人与人的关系；在揭示物与物的关系时，在理论上也有许多混乱和错误。

空想社会主义劳动学说从产生到发展，经历了以下三个阶段。

1．16世纪到17世纪为形成时期

当时的空想社会主义代表人物揭露资本原始积累的社会矛盾，虚幻地描绘了消灭剥削制度和实行财产公有的理想社会，创立了早期的空想社会主义劳动学说。他们学说的主要内容有：废除私有制，实行公有制，生产资料和个人消费品都属于全民所有；建立公社组织，由社会组织生产和分配；由于产品的丰富和人们自觉性的提高，个人消费品按需分配；人们住在城市进行手工业生产，并分批轮流到农业区从事义务劳动，没有固定的农业人口；主张人人参加劳动，没有游手好闲的人，业余时间学习文化和研究科学；不存在商品货币关系，生产是直接满足社会全体成员需要的产品，人们鄙视金银，用金银做便桶溺器和长镣大铐。

2．18世纪为发展时期

这一时期的主要代表著作有法国摩莱里的《巴齐里阿达》和《自然法典》、格拉古·巴贝夫的《给福塞的信》和《给歇尔曼的信》。摩莱里劳动学说的主要内容有：生产资料归社会所有，但进行日常劳动的生产工具归个人所有；每个公民应各尽所能地为社会贡献出全部力量；社会生产基本上分为农业和工业两大部门；生产资料和个人消费品都不作为商品交换，由公共仓库或公共市场直接分配，对外援助和接受外援采取商品交换的方式；社会公民消费方式分为集体和家庭两种等。格拉古·巴贝夫注重对资本主义经济现象的分析，并试图以此说明资本主义社会的阶级关系。他从资本对劳动力的购买上描述了资产者对无产者进行剥削的事实，正确指出了饥饿和失业是资本强加在无产者身上的东西，并初步猜到了竞争和无政府状态同生产过剩的经济危机之间的联系，提出了经济计划化的思想，主张"平均分配"。

3. 19 世纪初为发展的最高时期

这一时期的主要代表作有法国圣西门的《论实业制度》和《实业家问答》、沙利·傅立叶的《关于四种运动和普遍命运的理论》和《宇宙统一论》，以及英国罗伯特·欧文的《致拉纳克郡的报告》和《新道德世界书》等。圣西门设想的未来理想制度是一种"实业制度"，其不同于前人的地方在于："实业家"和学者掌握社会政治、经济、文化各方面的权力；在分配方面主张"按能力评定报酬，按业务评定才能"，保留私有财产及其取得收入的权力；提出未来社会必须有计划地组织生产和生活，发挥银行调节流通和生产的作用；国家的作用将从对人的统治变为对物的管理和对生产的指导。沙利·傅立叶的与众不同之处在于：把经济因素作为划分历史时期的标志，指出了资本主义制度下的贫富对立和经济危机的必然性。他设想的社会基层单位是"法郎吉"（Phalanx），在"法郎吉"里人人都参加劳动，劳动者和资本家都可投资入股，收入以劳动、资本、才能（包括知识）三者为标准，按一定比例进行分配；他认为未来社会的劳动竞争将被竞赛所代替，旧式分工将被新型分工和自由选择工种所代替，鼓励人们劳动热情的将不是物质报酬，而是竞赛和精神力量；他还首次提出妇女解放的程度是普遍解放的尺度的观点。罗伯特·欧文以李嘉图的劳动价值理论为依据，提出劳动者有权占有自己的全部劳动生产物，并要求取消私有制。他批判了马尔萨斯的人口论，认为劳动者的贫困不是由人口增长的自然规律造成的，而是由资本主义制度造成的，呼吁必须以合理的制度代替资本主义制度。

（二）近代中国劳动观

清末民初，中华民族深受帝国主义、封建主义、官僚资本主义的压迫，中华民族的出路必须建立在反对帝国主义的殖民压迫与反对封建主义对人民的压迫的基础上，寻找中华民族独立、人民解放的正确道路，这是中华民族面临的时代主题。在这样的时代背景下，马克思列宁主义传入中国，成为中华民族仁人志士寻找救国救民真理的理论武器。由于受到特定的历史环境的制约，马克思列宁主义劳动思想产生的影响成为马克思列宁主义在中国产生的影响主旋律，马克思列宁主义劳动思想是清末民初反帝反封建的理论武器，也是中国人民寻找民族独立、国家富强、人民解放道路的理论指南。

1. 李大钊宣传了剩余价值理论

在《我的马克思主义观》与《马克思的经济学说》（在北京大学马克思学说研究会上的演讲）等理论文献中，李大钊说："马氏的'经济论'有二要点：一'余工余值说'，二'资本集中说'。前说的基础，在交易价值的特别概念。后说的基础，在经济进化的特别学理。"李大钊所说的"余工余值说"，指的就是剩余价值论。李大钊后来在多种场合宣讲马克思的剩余价值论，启发中国的工人阶级认识到自己受剥削的根源，进而起来为维护自己的利益进行坚决的斗争。

2. 陈独秀肯定了劳动者的地位

在《劳动界》发刊词中，陈独秀说："劳动是什么？就是做工。劳动者是什么？就是做工的人。劳动力是什么？就是人工。世界上若是没有人工，全靠天然生出来的粮食，我们早已饿死了。而且把粮食收下来和运到别的地方，也都非人工不行。地下生长的许多有用的矿产，更非用人工去开采，不会自己出来的。砖瓦不用说是人工做成的，木料生在山上，不用人工砍伐搬运，他自己也不会跑到砖瓦一块，自然替我们凑成功一个房屋。我们穿的衣服，自从种棉养蚕以至纺纱缫丝织成布匹，那一样离得了人工？"既然生产物质生活资料必须依靠人工，那么做工的人（劳动者）才是社会的主宰，是社会的主人。在《劳动者底觉悟——在上海船务栈房工界联合会演说》中，陈独秀说："这世界上若是没有种田的、裁缝、木匠、瓦匠、小工、铁匠、漆匠、机器匠、驾船工人、掌车工人、水手、搬运工人等，我们便没有饭吃，没有衣穿，没有房屋住，没有车坐，没有船坐。可见社会上各项人，只有做工的是台柱子，因为有他们的力量才把社会撑住；若是没做工的人，我们便没有衣、食、住和交通，我们便不能生存。"陈独秀从物质生活是全部社会生活的前提中去定位劳动者，把做工的人的劳动看成是全部社会生活的起点与前提，是"台柱子"，在全部社会生活中起着决定性的作用。

3. 瞿秋白肯定了生产劳动的作用

瞿秋白说："原始时代的人初向自然进攻，便制成极粗的工具，如石斧以至于弓箭，那时便是技术的开始，亦就是文明的开始。"人类使用工具与自然界进行斗争以谋求生存，这便是劳动。瞿秋白实际上是把人会制作劳动工具作为人与动物的区别，与马克思的劳动思想是一致的。瞿秋白还认为，人在劳动中产生了社会关系。他说："人类的战胜自然的方法，本在于结合互助。既有结合，则个人劳动同时就是社会劳动：一个人的能力很小，许多人的能力便大，因为可以从生存竞争的经验里发现种种分工协作的方法——人类社会的生产量便能增加起来。"人与人在劳动中形成的分工与协作的关系便成为社会关系的基础。瞿秋白十分重视物质资料的生产在社会发展中的作用，他指出："人类所组成的社会生长在自然界之中，必须以劳力采制自然界的物质以为营养，人类社会方能存在。"而"这种'以劳力采制自然界的物质'之过程便是所谓生产。"从事物质资料的生产的生产劳动是社会存在与发展的基础，人类总是在生产劳动中不断走向进步。

思考与实践

1. 请结合自身实践，思考体力劳动与脑力劳动的异同。
2. 请结合劳动的定义，简要谈谈对"诚实劳动"的理解。

第二章 马克思主义劳动观

本章思维导图

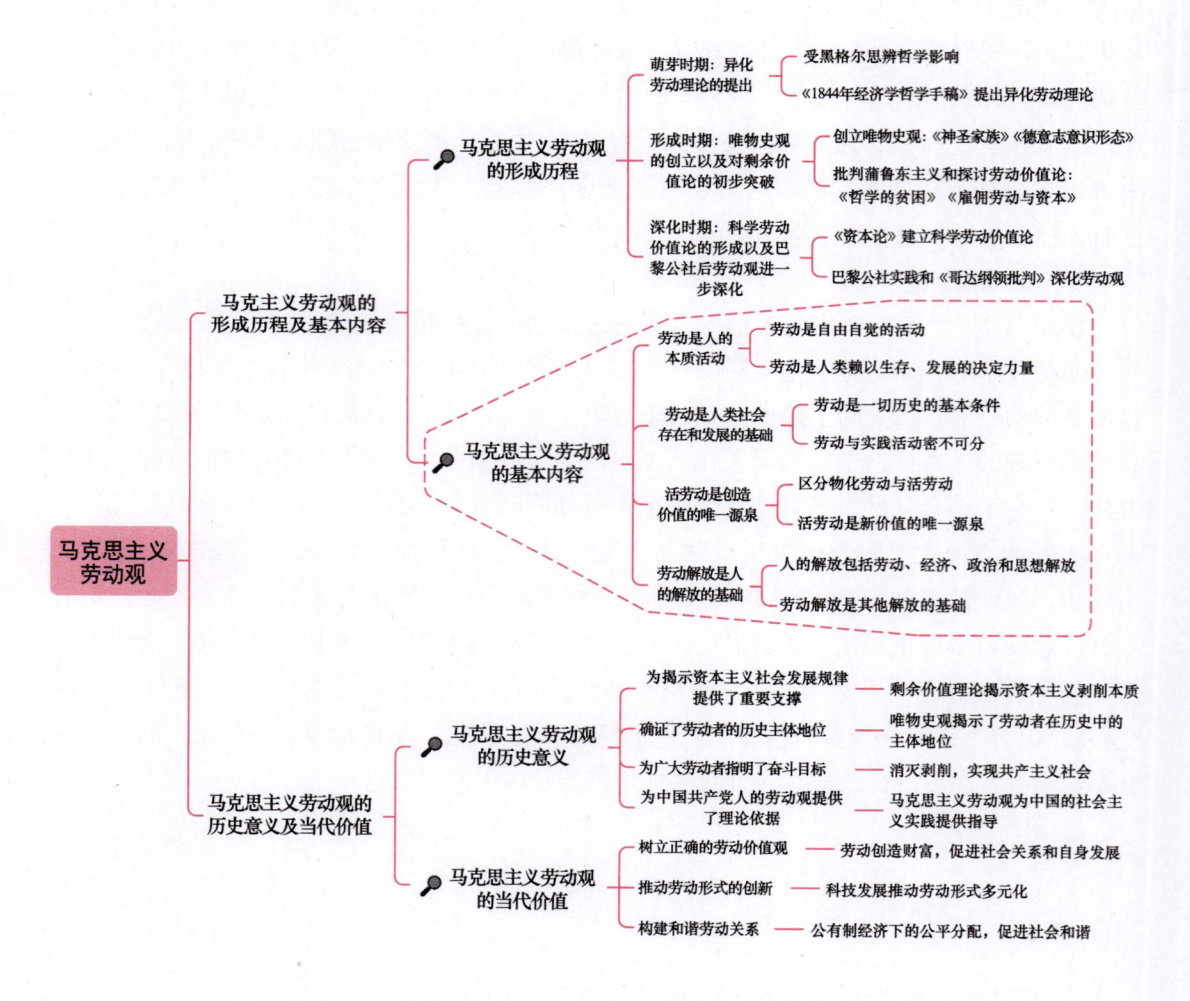

- **马克思主义劳动观**
  - **马克思主义劳动观的形成历程及基本内容**
    - 马克思主义劳动观的形成历程
      - 萌芽时期：异化劳动理论的提出
        - 受黑格尔思辨哲学影响
        - 《1844年经济学哲学手稿》提出异化劳动理论
      - 形成时期：唯物史观的创立以及对剩余价值论的初步突破
        - 创立唯物史观：《神圣家族》《德意志意识形态》
        - 批判蒲鲁东主义和探讨劳动价值论：《哲学的贫困》《雇佣劳动与资本》
      - 深化时期：科学劳动价值论的形成以及巴黎公社后劳动观进一步深化
        - 《资本论》建立科学劳动价值论
        - 巴黎公社实践和《哥达纲领批判》深化劳动观
    - 马克思主义劳动观的基本内容
      - 劳动是人的本质活动
        - 劳动是自由自觉的活动
        - 劳动是人类赖以生存、发展的决定力量
      - 劳动是人类社会存在和发展的基础
        - 劳动是一切历史的基本条件
        - 劳动与实践活动密不可分
      - 活劳动是创造价值的唯一源泉
        - 区分物化劳动与活劳动
        - 活劳动是新价值的唯一源泉
      - 劳动解放是人的解放的基础
        - 人的解放包括劳动、经济、政治和思想解放
        - 劳动解放是其他解放的基础
  - **马克思主义劳动观的历史意义及当代价值**
    - 马克思主义劳动观的历史意义
      - 为揭示资本主义社会发展规律提供了重要支撑 —— 剩余价值理论揭示资本主义剥削本质
      - 确证了劳动者的历史主体地位 —— 唯物史观揭示了劳动者在历史中的主体地位
      - 为广大劳动者指明了奋斗目标 —— 消灭剥削，实现共产主义社会
      - 为中国共产党人的劳动观提供了理论依据 —— 马克思主义劳动观为中国的社会主义实践提供指导
    - 马克思主义劳动观的当代价值
      - 树立正确的劳动价值观 —— 劳动创造财富，促进社会关系和自身发展
      - 推动劳动形式的创新 —— 科技发展推动劳动形式多元化
      - 构建和谐劳动关系 —— 公有制经济下的公平分配，促进社会和谐

学习要点

马克思主义劳动观的主要内容包括：劳动是人的本质活动，劳动是人类社会存在和发展的基础，活劳动是创造价值的唯一源泉、劳动解放是人的解放的基础。马克思主义劳动观作为指导无产阶级解放的学说，具有深刻的历史意义。我们应当将马克思主义劳动观理论与实际相结合，探讨马克思主义劳动观的当代价值。

知识目标

1. 理解马克思主义劳动观。
2. 掌握马克思主义劳动观的历史意义。
3. 深刻理解马克思主义劳动观的当代价值。

能力目标

1. 能够利用马克思主义劳动观分析社会热点问题。
2. 在日常生活中践行马克思主义劳动观。

思政目标

1. 理解并树立马克思主义劳动观。
2. 提高劳动素养，做新时代优秀劳动者。

▶▶▶ 劳动教育通论

> "劳动"不仅作为马克思主义理论体系的重要范畴,还在其中占据着举足轻重的地位。马克思、恩格斯对劳动的研究是在他们撰写的著作中逐渐深入的,立足于对社会现实的剖析,通过对前人相关理论的批判,结合哲学、政治经济学、科学社会主义,从而对属于人的真正的劳动进行了揭示,最终形成了科学的马克思主义劳动观。通过对劳动的分析,马克思、恩格斯揭示了劳动是人的本质活动,也揭秘了可以认知整个人类历史存在和发展的秘钥。

第一节　马克思主义劳动观的形成历程及基本内容

（扫二维码观看本节视频）

一、马克思主义劳动观的形成历程

马克思主义劳动观总体而言是与马克思和恩格斯对资本主义批判的不断深入而逐渐深化的。他们对前人的哲学和经济学思想进行了扬弃,把理论研究与实践相结合,经过历史的沉淀、实践的验证才得以建立富有严密逻辑的马克思主义劳动观,所以马克思主义劳动观的形成经历了一个十分漫长的历程,可以以萌芽、形成、深化三个时期来分别阐述。

（一）萌芽时期:异化劳动理论的提出

早期,马克思深受黑格尔思辨哲学的影响,开始研究异化理论,其中,马克思的博士论文里就有对异化理论的初次尝试。后来费尔巴哈的"宗教异化"对宗教进行了深刻批判,坚定世界的物质性,马克思受到感染。彼时,也象征着马克思开始由客观唯心主义向唯物主义转变。

1843年,马克思撰写的《黑格尔法哲学批判》批判了黑格尔"国家决定市民社会"的观点,马克思认为要理解人类历史,不能从"大厦之顶"的国家中寻找,而是从"市民社会"寻找。要真正了解人类社会,仅仅从思辨哲学出发研究远远不够,必须进行国民经济学实证批判性研究。1844年2月,恩格斯发表《政治经济学批判大纲》,指出资本主义社会终将走向自我毁灭和转向社会主义,这一观点直接启发了马克思。

除了思想上的根本转变,还有社会现实中工业革命的推动,资本主义的发展,社会矛盾的激化,三大工人起义的发生,引起各种社会主义流派的研究相继出现。于此背景下,马克思立足于唯物主义和共产主义,撰写了《1844年经济学哲学手稿》,其中对马克思主义劳动观研究影响最为深远的是异化劳动理论的提出。马克思受到古典经济学家和黑格尔的劳动观的影响，吸收了费尔巴哈"宗教异化"的合理内核，建立了异化劳动理论。马克思基于对异化劳动的分析，在对资本主义雇佣劳动制度本质的揭秘下，进一步对资本主义的未来终将是走向共产主义进行了阐明。异化劳动理论是马克思主义劳动观的重要组成部分，而且异化劳动理论也被众多学者认为是马克思主义劳动观的最初形态和理论成果。有学者直接指明："没有马克思的异化劳动理论，就没有马克思的唯物史观和剩余价值理论的产生。"

（二）形成时期：唯物史观的创立以及对剩余价值论的初步突破

继《1844年经济学哲学手稿》之后，马克思、恩格斯已经站在唯物主义立场进行研究，后来，他们实现了对费尔巴哈的旧唯物主义的超越，创立了唯物史观。唯物史观的诞生也象征着马克思主义劳动观的进一步发展。1845年2月底，马克思、恩格斯出版《神圣家族》，著作中批判了青年黑格尔派的错误思想，促进了唯物史观的形成。1845年3月，马克思为了驳斥当时德国有名的经济学家李斯特的唯心主义生产力论的观点，撰写了《评弗里德里希·李斯特的著作〈政治经济学的国民体系〉》，书中阐述了唯物主义生产力观点。同年，马克思撰写了《关于费尔巴哈的提纲》，标志马克思正式摆脱旧唯物主义，提出了实践观点，走向了新唯物主义。

到1846年，马克思、恩格斯在合著的《德意志意识形态》中系统地阐述了新的世界观，标志着唯物史观的基本成立。19世纪中期，蒲鲁东主义思潮流行，其从小资产阶级立场出发，主张个体小生产者私有制，而且反对工人革命，希望通过改良实现平等，鼓吹改良主义和无政府主义。1847年，马克思撰写了《哲学的贫困》，在这一著作中不仅对蒲鲁东主义进行了系统且坚决的批判，还全面阐述了马克思主义哲学原理，用唯物史观揭示资本主义的生产力和生产关系的运动规律。《哲学的贫困》另一重大意义还在于批判了蒲鲁东的价值论，比较科学地阐释了马克思主义劳动价值论，初步接近揭示剩余价值的来源。同时，同年的著作《雇佣劳动与资本》则对剩余价值的研究更加深入和具体。

1848年，马克思、恩格斯所写的《共产党宣言》问世。《共产党宣言》贯穿唯物史观，不仅对资本主义社会的劳动进行了剖析，也对未来共产主义劳动进行了阐述，认为共产主义社会下的劳动从本质上取缔了剥削，消灭了异化，所以是实现自身回归的劳动，更是还原了符合人本质的劳动的本来面目。

概而言之，在《1844年经济学哲学手稿》至《共产党宣言》的发表这段期间，马克思、恩格斯关于劳动对历史作用的探究，对剩余价值论的初步突破，亦或是对未来共产主义劳动的展望，都无疑是马克思主义劳动观内容的进一步形成和发展。

（三）深化时期：科学劳动价值论的形成以及巴黎公社后劳动观进一步深化

欧洲大革命（1848年）失败后，马克思重续因革命中断的政治经济学研究。此时，他早前发表的《哲学的贫困》和《雇佣劳动与资本》，为后续的政治经济学研究奠定了基

▶▶▶ 劳动教育通论

础。马克思于 1850—1865 年继续写了一系列笔记和经济学手稿，这一系列笔记和手稿直接作为马克思 1867 年出版《资本论》第 1 卷的前期理论铺垫。《资本论》第 1 卷是马克思在扬弃古典劳动价值论的基础上，建立了科学的劳动价值论，同时科学劳动价值论的创立也标志着马克思主义劳动观迈向成熟。

科学成熟理论终究是要指导实践，马克思和恩格斯致力于将马克思主义与工人运动相结合。1871 年巴黎公社起义爆发后，马克思和恩格斯积极指导工人运动，随着巴黎公社的失败，各种小资产阶级社会主义和机会主义等错误思潮涌现，马克思和恩格斯也相继投入到与错误思潮斗争的过程中。马克思于 1875 年撰写了《哥达纲领批判》，"着重从经济的角度对共产主义社会的主要特征进行了针对性的概括，对社会发展、共产主义的生产以及资本主义到共产主义的过渡等问题进行了深入的研究。"同时，这也意味着深化和发展了马克思主义劳动观。

恩格斯在此时期也开始写《自然辩证法》，主要针对于自然科学的研究，其中一篇论文是 1876 年 5 月至 6 月撰写的《劳动在从猿到人的转变过程中的作用》，此文基于哲学层面对马克思主义劳动观进行了深入研究。恩格斯立足于唯物主义，揭示了人类的起源，科学地阐释了劳动对人从猿到人的转变中的决定作用。因为杜林从 1775 年就开始歪曲马克思主义的科学论见，恩格斯认为必须要针对杜林所谈论内容作出针对性批判，于是，恩格斯于 1876 年 9 月至 1878 年 6 月撰写了《反杜林论》以反击杜林，全面阐述了马克思主义理论，系统地论述了马克思主义政治经济学，在一定程度上也是对马克思主义劳动观的更进一步丰富和发展。毫无疑问，马克思和恩格斯在与错误思潮做斗争的过程中继续深化了马克思主义劳动观。

二、马克思主义劳动观的基本内容

马克思主义劳动观的内容十分丰富，从异化劳动、劳动价值论再到劳动解放论，是贯穿马克思主义哲学、政治经济学到科学社会主义全部理论的一条红线。要想对马克思主义劳动观进行深入研究和探索，就必须了解和认识马克思主义劳动观的基本内容。本书结合马克思主义原著和相关理论成果，对马克思主义劳动观的基本内容进行概括和阐述，主要包括：劳动是人的本质活动；劳动是人类社会存在和发展的基础；活劳动是创造价值的唯一源泉；劳动解放是人的解放的基础。

（一）劳动是人的本质活动

马克思在《1844 年经济学哲学手稿》中指出："正是在改造对象世界中，人才真正地证明自己是类存在物。这种生产是人的能动的类生活。通过这种生产，自然界才表现为他的作品和他的现实。因此，劳动的对象是人的类生活的对象化：人不仅像在意识中那样理智地复现自己，而且能动地、现实地复现自己，从而在他所创造的世界中直观自身。"人的本质是自由自觉的活动，即劳动，这也是人与动物相区别的最根本的标志。"一个种的全部特性、种的类特性就在于生命活动的性质，而人的类特性恰恰就是自由的自觉的活动。"动物的生命活动仅仅是一种生存活动，只是以自己的本能去适应环境而获得生存权，"动物不把自己同自己的生命活动区别开来。它就是这种生命活动"。而人类的生命活动则是一种生活活动，是以劳动的方式去主动改变这个世界以满足自己物质和精神的需求，与此同时自己也获得了发展。正是劳动，彻底将人与猿区别开来。

恩格斯在《劳动在从猿到人转变过程中的作用》中指出，"其实劳动和自然界一起才是一切财富的源泉，自然界为劳动提供材料，劳动把材料变为财富。但是劳动还远不止如此。它是整个人类生活的第一个基本条件，而且达到这样的程度，以致我们在某种意义上不得不说：劳动创造了人本身"。

人在劳动中不仅改变对象，也改造、发展并确证着自己的本质力量。在劳动过程中，人们把自己的知识、技能、意图物化到对象中，由此占有对象，在此过程中也发展了自己的本质力量。马克思在谈到资本主义大工业时，"把工业看成人的本质力量的公开的展示"，认为"工业的历史和工业的已经产生的对象性的存在，是一本打开了的关于人的本质力量的书"。马克思还认为，"全部人的活动迄今为止都是劳动"。正是在改造对象世界的劳动过程中，人才真正地证明自己是类存在物，自然界才表现为他的作品和他的现实。因此，人的全部劳动活动及其劳动成果，都是人的本质力量的表现和确证。在劳动发展的同时，人的本质力量和人的创造力也得到了极大的发展。所以，劳动是人的本质活动，劳动是人类赖以生存、发展的决定力量。

（二）劳动是人类社会存在和发展的基础

马克思在《德意志意识形态》一书中指出，"我们首先应当确定一切人类生存的第一个前提，也就是一切历史的第一个前提，这个前提是：人们为了能够'创造历史'，必须能够生活。但是为了生活，首先就需要吃喝住穿以及其他一些东西。因此第一个历史活动就是生产满足这些需要的资料，即生产物质生活本身，而且这是这样的历史活动，一切历史的一种基本条件，人们单是为了能够生活就必须每日每时去完成它，现在和几千年前都是这样"。因此在马克思看来，劳动是一切历史的基本条件，有了人类的劳动，有了满足人类生存必需的前提，才产生了生活和历史。马克思从唯物主义立场出发，充分肯定了劳动对于整个人类和人类历史的重要意义。他进一步强调这一简单事实："任何一个民族，如果停止劳动，不用说一年，就是几个星期，也要灭亡，这是每一个小孩都知道的。"

无论是自然界、人类社会还是人的思维都在不断地运动、变化和发展；发展的实质是事物的前进和上升；人类社会的发展是前进性与曲折性的统一。实践是指人能动地改造客观世界的物质活动，是人所特有的对象性活动。人的实践活动具有自主性，人通过实践不但能够认识客观规律，而且能够利用客观规律，使客观规律为人所用。同时，实践还具有创造性，它创造出按照自然规律本身无法产生或产生的概率几乎等于零的事物。实践的自主性和创造性一起，共同体现了人的主体性特征。

马克思以异化劳动理论为基础，尖锐批判了资本主义社会的异化扭曲人的本质。在私有制条件下，本应是"自由自觉的活动"的生产劳动却变成了异化劳动，劳动本身成为劳动者的一种异己的力量。从本质上看，劳动异化折射出的恰恰是因私有制而导致的无产阶级和资产阶级的对立。在马克思看来，在未来的共产主义社会里消灭了旧式的社会分工，消灭了异化劳动，将人的本质重新还给人，从而实现人的自由全面发展。正是在以上论述的基础上，马克思深刻指出，生产劳动同智育和体育相结合，它不仅是提高社会生产的一种方法，而且是造就全面发展的人的唯一方法。

（三）活劳动是创造价值的唯一源泉

马克思在其经济学说中指出，当劳动产品转化为商品之后，商品就具有二因素，即商品的使用价值和商品的价值。一切的劳动包括两个方面："一方面是人类劳动力在生理学意义上的耗费"，它是商品价值形成的源泉；"另一方面是人类劳动力在特殊的有一定目的的形式上的耗费"，它产生商品的使用价值。即在生产商品的劳动实际中，社会的、相同的或抽象的劳动创造出这种商品的价值，个人的、具体的劳动则创造出这种商品的使用价值。总的来说，生产劳动就是二者的有机统一。而深入了解马克思的劳动价值论，必须要对"物化劳动（死劳动）"和"活劳动"这一对重要的范畴进行区分。物化劳动是价值的凝结，是指凝结在劳动产品中的人的抽象劳动，是劳动完成以后的结果。活劳动是指人体力与脑力的支出与耗费。物化劳动与活劳动，都是价值创造与价值形成过程中的必要条件，但是只有活劳动是创造价值的劳动，是新价值的唯一源泉。

人作为活劳动的主体，是创造商品价值的源泉，而生产资料则是物化劳动，活劳动需要借助生产资料来发挥作用。马克思"活劳动是创造价值的唯一源泉"这一判断，深刻揭示了广大工人、劳动群体在价值创造中的积极作用。这对我们今天弘扬劳动者最伟大的价值观念具有重要启发意义。

（四）劳动解放是人的解放的基础

人的解放，就是指人要摆脱对人的束缚。从宏观来看，束缚着人类的因素主要有自然和社会，微观上，就是人类个体本身。首先，自然有着不以人类意识为转移的客观规律。不同于动物的生命活动，人受动于自然也能作用于自然，在尊重客观规律的前提下，通过劳动可以改造自然物质结构、功能以满足自身生存和发展的需求，人类生存和发展了才能有社会的存在和发展。所以，人如何从自然的束缚中获得解放也是人们从古至今以来研究、实践的不朽话题。但是，人从自然获得解放并非是说人和社会成为独立于自然的单独存在，而是人们通过劳动能够对自然有更深入以及更科学的认识，从而在认识的指导下更富有规律的改造自然为人和社会谋取发展便利。所以，人的解放包括劳动解放。

其次，人总是在一定社会条件下进行生活，所以社会对人也产生束缚。社会对人的束缚主要来自于经济方面和政治方面。一方面，现实的经济在一定时期内保持着相对稳定性，人们的生产内容、工具、方式会受到一定社会条件的限制。另一方面，生活在压迫和阶级严明的政治体制下，人们无论现实生活还是思想内容都是被规定的，人的解放更无从谈起。纵观人类社会历史，每一个新社会都是靠阶级斗争取得的，人民群众通过革命推翻旧的、落后的、压迫人的统治，为创造一个美好的、宽松的、包容的社会环境而斗争。所以，结合社会对人的束缚，人的解放还应当包括经济和政治解放，而且经济解放和政治解放分别是实现人的解放的现实保障以及社会支撑。

最后，人类本身也会不自觉地束缚自己，其束缚来自于思想方面。人是有思想有意识的，所以人的行为会受到认知的提示和支配。不同的认知水平会呈现不同的行为活动，加上人们的生产活动会受到自然和社会的束缚，所以人们的思想也会处于一种相对被动的状态。例如在自然科学不发达的年代，人们认为自然是神秘的，所以才会有鬼怪之说。而在压迫人的社会历史环境中，人们的思想总是受到权力的压制。所以，思想作为人的思想，也是人的解放的一部分。尤其是经济解放和政治解放实现后，给人的思想创造一个自由、开放、包容的物质环境，思想解放也就顺其自然了。

综上，人的解放包括劳动、经济、政治和思想解放等方面。但需强调的是，经济、政治、思想解放的前提都必须建立在劳动解放的基础之上，因为只有劳动才能为经济、政治、思想解放提供最基本的物质来源。人的劳动是生产力的主要构成，生产力是改造自然的能力，改造自然能力的高低影响着人类社会的经济发展程度，而经济发展程度又影响着生产关系的确立，生产关系继续影响着政治上层建筑和思想上层建筑的本质，层层联系，环环相扣，这些因素综合起来又能决定人的解放是否能实现。所以，究其根本，劳动解放是人的解放的基础。

第二节　马克思主义劳动观的历史意义及当代价值

一、马克思主义劳动观的历史意义

马克思主义作为指导无产阶级解放的学说，具有深刻的历史意义，作为马克思主义的重要组成部分的马克思主义劳动观同样也具有深刻的历史意义。并且，立

▶▶▶ 劳动教育通论

足于唯物史观，可知马克思主义劳动观并不是虚无缥缈的理论学说，而是科学、实践的劳动观，具有丰富的实践性价值。

（一）为揭示资本主义社会发展规律提供了重要支撑

马克思从"商品"入手分析劳动同价值的关系创建了"剩余价值论"，而"剩余价值论"也作为马克思的重大理论发现之一。所谓"劳动创造资本"，也即是劳动者的剩余劳动创造剩余价值，所以剩余劳动构成了资本可以"名正言顺"成为资本的必不可少的关键条件，由此资本主义雇佣劳动制度所掩盖的资本家剥削劳动者的奥秘被展露无疑。因此，有学者直接指出，"马克思的劳动思想是理解剩余价值论的科学性的重要维度"。

此外，剩余价值论的创立也标志着资本主义基本经济规律的发现，事实上，可以认为"剩余价值理论其实就是马克思通过对剩余劳动的剖析而构建的资本主义雇佣劳动制度下的基本经济理论。"而且，马克思在发现资本主义基本经济规律的基础上，继而又发现了资本主义社会发展规律。所以，我们可以分析出认识和领悟剩余价值论科学内涵的前提是必须要正确认识劳动，尤其是剩余劳动，因为只有这样才能正确认知并理解基于剩余价值论而揭示的资本主义发展规律。总体而言，剩余价值论的创立是立足于马克思主义劳动观所提供的关键性理论依据，而基于马克思主义劳动观的剩余价值论又为揭示资本主义社会发展规律提供了重要的理论支撑。

（二）确证了劳动者的历史主体地位

唯物史观诞生之前，唯心史观一直在社会历史观中占据统治地位。唯心史观中关于历史主体的讨论分为两种论述。一种是客观唯心主义的英雄史观，例如黑格尔认为人类历史是"绝对精神"运动的结果；另一种是主观唯心主义的英雄史观，这种唯心史观主要表现在夸大历史人物的作用，例如德国尼采的超人哲学，他高度赞扬"超人"却贬低辱骂人民群众。而唯物史观彻底否定了唯心史观，真正地、科学地揭示了历史主体。

马克思、恩格斯在创建唯物史观的过程中，也促进了马克思主义劳动观的进一步发展。一方面，基于社会历史的根源，马克思、恩格斯揭示了人们首先必须劳动，满足了生存性，才能从事其他活动，也只有生命的个人存在，才能有社会的存在，继而才能有人类历史的存在。另一方面，立足于社会发展的规律，揭示了在推动社会发展和前进的过程中生产力的重要作用，而生产力正是来源于人民群众的劳动合力。此外，还有人类社会形态的更迭都是人民群众革命斗争的结果，腐朽落后的政权最终被推翻都是依赖于人民群众的集体力量，也正由于革命所需的大量人力和物资为人民群众所提供，所以聚集了广大人民群众的磅礴之力让革命终获胜利。最后，立足于唯物史观的马克思主义劳动价值论科学地、系统地揭示了劳动创造价值，整个社会财富由劳动创造，那么其根本来源就是劳动者。所以，马克思主义劳动观真正地确证了劳动者的历史主体地位。

正是由于遵循劳动者的历史主体地位，所以中国共产党作为无产阶级政党，确立了群众观点和群众路线，"从群众中来，到群众中去"，始终坚持人民群众才是国家的主人。而且，作为国家主人翁的人民群众不仅有着监督的权力，同时也有参与国家和社会治理的权力，真正实现了人民当家作主。

（三）为广大劳动人民指明了奋斗目标

马克思主义劳动观为广大劳动人民指明了两个奋斗目标。第一，通过剩余价值论揭示了资本家怎样进行对劳动者的剥削，并通过对异化劳动的剖析揭示了剥削的根源在于资本主义私有制。对此，马克思主义劳动观为广大劳动人民指出了第一个奋斗目标，就是消灭剥削，而消灭剥削的途径就是无产阶级用暴力革命的方式推翻资产阶级政权，只有且唯有通过无产阶级专政的建立，才能实现历史赋予无产阶级的使命。第二，基于劳动解放论，我们可以知道人的解放同共产主义社会相统一，共产主义社会是高级又美好的社会，是一个科技先进、教育发达、医疗前卫、文化繁荣、生态美丽的社会机体。在共产主义社会，社会占有生产资料，物支配人的畸形情况将成为过去，人们的肉体和精神都没有被奴役，人人平等，大家共同劳动，共享劳动成果，人们可以掌握并且熟练地通过社会以及自然规律来为自身和社会服务，进而实现自觉地创造历史。所以，这是马克思主义劳动观为广大劳动人民指明的第二个目标——为共产主义社会而奋斗。

新中国的成立，就标志着我们已经实现了第一个奋斗目标，而新中国成立至今，党领导一代又一代劳动人民一直为第二个目标而艰苦奋斗，所以，马克思主义劳动观为不仅为我们指明了奋斗途径，更是为我们指明了奋斗目标。

（四）为中国共产党人的劳动观提供了理论依据

马克思主义劳动观是马克思主义理论体系中的重要构成，"劳动"贯穿于马克思主义理论体系始终，甚至可以说理解了马克思主义劳动观就能有助于我们更好地理解马克思主义。最初，先是列宁、斯大林立足于马克思主义劳动观，结合俄国社会主义建设时期的劳动现状，展开了一系列具体实践，例如，发展教育事业，提升劳动生产率；实行按劳分配，不劳动者不得食；吸引妇女参与劳动，保护妇女劳动者等一系列实践。这些不仅是对马克思主义劳动观的初期探索，进一步发展了马克思主义劳动观，也为我国践行马克思主义劳动观提供了借鉴意义。

马克思主义劳动观为中国共产党人的劳动观提供了最原始的理论依据，我国领导人将中国国情同马克思主义劳动观相结合，在时代进步的现实下，相继发展马克思主义劳动观。正是全国劳动人民对马克思主义劳动观的实践，才得以将马克思主义劳动观由观念形态转化为具体的行为，从观念到现实，从理性到感性。也正是由于我国领导人带领全国人民对马克思主义劳动观的贯彻，我们才能成为世界第二大经济体，进入新时代的历史方位。

二、马克思主义劳动观的当代价值

（一）树立正确的劳动价值观

经济学层面的劳动价值观指的是劳动创造价值，即体力劳动和脑力劳动的合力才是创造价值的源泉，总体而言，只有辛勤劳动才能创造财富。对国家而言，回首新中国成立以来，我国之所以能够快速改善落后的局面，发展成为世界上最大的发展中国家，以及成为国际上仅次于美国的第二大经济体，其根本原因就是来自于一代又一代劳动人民艰苦奋斗的劳动结果。这不仅仅是一个人或者部分人的劳动，而是接力式的聚合了无数劳动人民的磅礴之力。如今我们还要继续建设现代化强国，实现中华民族的伟大复兴，更是需要全国人民的辛勤劳动，只有辛勤劳动才能为国家富强提供最坚实的物质基础，所以，我们必须要认识到艰苦奋斗、勤于劳动的重要性。对家庭而言，只有通过勤劳才能获得家庭收入，只有在保障收入的前提下，才能为自己和家人改善生活条件，丰富日常生活。而追根究底，唯有通过诚实劳动获得合法收入才能享受美好生活。对自身而言，我们有学习、生活、娱乐等各方面的需求，而通过自己辛勤劳动创造财富的基础上便能更好、更快地满足自己的多样化需求。所以，我们要养成热爱劳动，树立勤劳致富的劳动价值观。

人的本质是社会关系的总和，而多种多样的社会关系正是基于人的劳动建立的，所以劳动在扩展人的社会关系、促进自身发展方面具有重要作用。因而，这就是人类学层面的劳动价值观告诉我们的重要意义。人是社会的人，劳动也必然是在社会中劳动，由于每个人的劳动技能都是有限的，一方面，我们可以在社会中通过购买别人的劳动产品来实现互通有无，满足需求；另一方面，我们可以积极主动地参加劳动，以扩展社会关系的方式去学习别人的劳动技能，不仅使自己的体力、脑力即总的劳动能力获得提升，还能促进自身的全面发展。所以，我们要热爱劳动，尊重劳动，要自觉积极地加入社会劳动，不能有好逸恶劳、坐吃山空、游手好闲的劳动价值观，一旦生成错误的劳动价值观，很容易让人走向歧途，滋生犯罪，危害社会。所以，必须要树立起正确的、符合时代的劳动价值观。

（二）推动劳动形式的创新

关于科学技术与生产力之间关系，马克思对此早有阐释，并指出"生产力中也包括科学"。后来，邓小平根据国内国际的发展变化，进一步提出了"科学技术是第一生产力"。如今，伴随着时代的演进，互联网、自动化、人工智能等技术的创造及广泛应用，各类新兴产业开始出现并发展，由于新元素的不断涌现，经济市场内部逐渐纷繁多样。科技的发展，经济市场的变化，促进了劳动形式的多元化，推动了劳动形式的创新，创新型劳动逐渐成为当今促进生产力发展的重要劳动形式。

理论、制度、科技、文化这些方面的创新都基于基础劳动之上，所以，要想实现方方面面的创新，就必须加强基础劳动的创新，推动劳动形式的创新。基于创新型劳动可以诞生新的发明、创造、技术，以此不断丰富现有的劳动方式。而且，基于剩余价值理论，创新型劳动也能解决一些道德伦理方面的问题，例如私营企业中的劳动"剥削"，在创新型劳动的劳动成果下，多余的剩余劳动可以由耗费人的体力和脑力转为智能机器、自动化技术等，这样可以大大解放人的劳动。创新型劳动技术的发展，也能加快我国科学技术，尤其是核心技术的研制，加快制造业的转型和升级，早日促成我国从"制造大国"变成"制造强国"。当然，推动劳动形式的创新并不意味着完全否决传统劳动，而是将创新型劳动与传统劳动深度加工融合，突出发展创新型劳动。

（三）构建和谐劳动关系

人通过劳动建立社会，创造社会财富，可知社会财富是全人类一起创造的劳动成果。不患寡而患不均，当"社会财富"这块蛋糕分配合理时，人与人之间的劳动关系自然就会和谐，若没有注重公平而有所倾斜，那么人与人之间的劳动关系就会破裂、对立甚至对抗。"劳动关系是社会生产关系的重要组成部分，是人们在社会劳动的过程中发生的关系，它的性质从根本上说是由生产资料的所有制形式决定的。"资本主义社会下雇佣工人与资本家之间矛盾不可调和，一方面是由于资本家的剩余价值来源于剥削工人多余的剩余劳动，从利益层面分析，工人与资本家的对立是必然的。另一方面，还由于生产资料的占有不均衡，社会财富的分配不合理。社会生产资料被少数资本家占有，无产者只能通过辛苦工作、任劳任怨来换取他们必需的生活资料，而且这部分生活资料只是他们创造价值的极小一部分，同资本家的资本相比更是微不足道。所以，通过生产资料占有主体来看，资本家同工人的对立不仅必然，还是先天存在的。事实上，当我们思考构建新时代和谐劳动关系时，关于资本家与雇佣工人的劳动关系也为我们带来一定的启示意义："劳动关系是否和谐，事关广大职工和企业的切身利益，事关经济发展与社会和谐。"因而，对公有制为主体的社会主义国家而言，劳动关系同资本主义体制下的劳动关系相比具有本质上的不同，因此我们必须发挥公有制经济的优势，注重财富的公平分配，坚持按劳分配，构建新时代和谐劳动关系。

人总是在丰富的社会关系中生活，在一定社会条件下进行劳动，以此构成人与社会的劳动关系。只有社会和人共同发展才能促进二者关系的和谐，若任意一方停滞或者退步都会引起二者关系的矛盾。根据社会演进的进程来看，社会整体发展趋势是向前的，这也就意味着社会对劳动者素质提出的要求会日益提高，如今劳动多元化的趋势也显然在警醒广大劳动者丰富劳动技能、学习文化知识。若劳动者的劳动能力停滞不前，社会又在变化发展，静止同运动本身就构成矛盾关系，劳动者不能适应社会的变革，就会导致自身同社会格格不入，难以获得发展。同理，劳动者在持续发展，社会进步缓慢，同样也构成矛盾关

▶▶▶ 劳动教育通论

系，其根源在于生产力与生产关系的矛盾运动，人类历史上的每一次社会变革都是生动形象的案例。然而，纵观社会发展史，社会的停滞只是暂时的，而且即使暂时的停滞也依然处于波浪式前进、螺旋式上升的发展状态中。所以，作为生活在社会中的劳动者，我们要想同社会建立和谐的劳动关系，一起协同发展，必须做到与时俱进，开拓创新。我们只有通过不断地进步和提升，才能同社会一起和谐发展。

思考与实践

1. "劳动是一切成功的必经之路"，请结合自身学习生活，谈谈这句话对人生的启迪意义。

2. 创新型劳动能为社会创造更大价值，作为当代青年，如何承担起创新型劳动的重任？

第三章　中华优秀传统文化中的劳动思想

本章思维导图

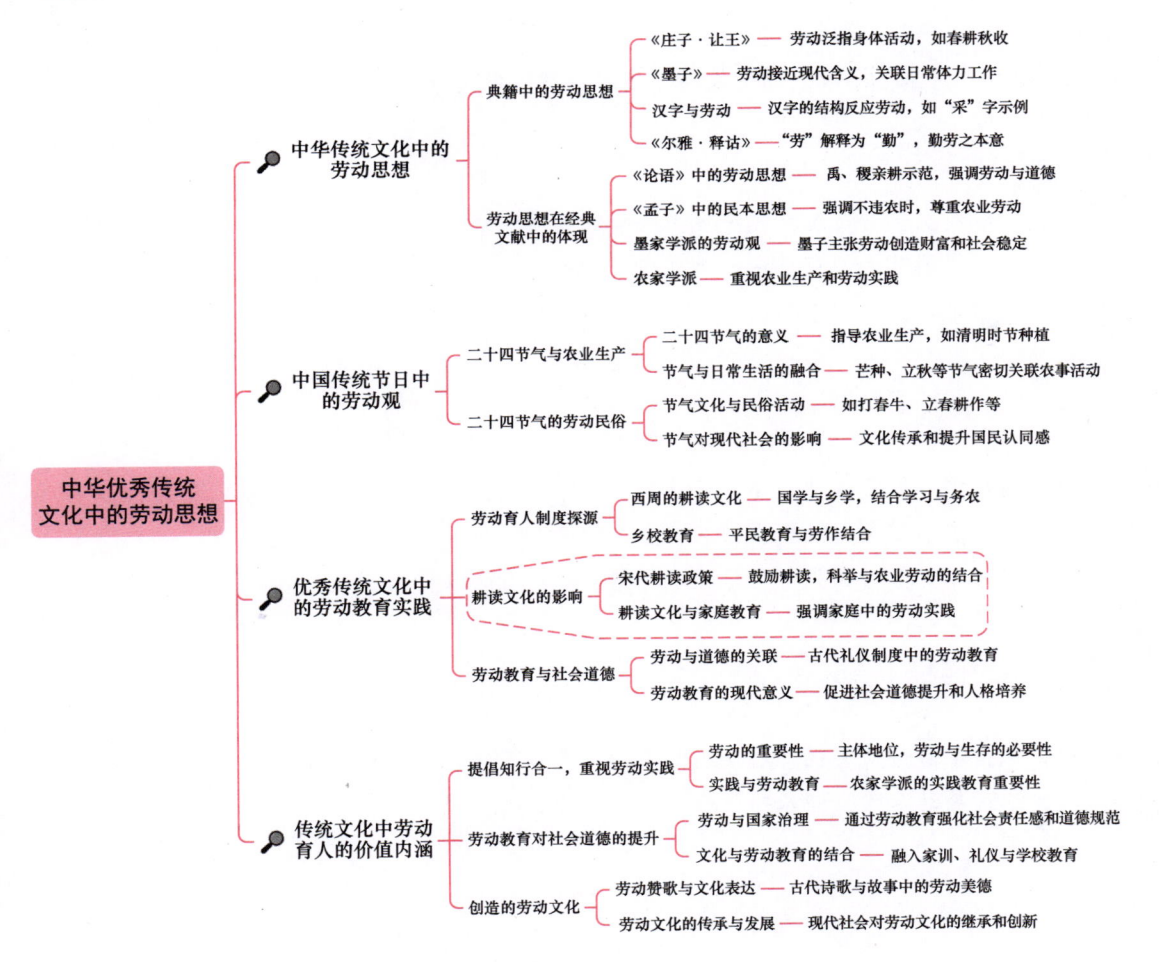

中华优秀传统文化中的劳动思想
- 中华传统文化中的劳动思想
  - 典籍中的劳动思想
    - 《庄子·让王》——劳动泛指身体活动，如春耕秋收
    - 《墨子》——劳动接近现代含义，关联日常体力工作
    - 汉字与劳动——汉字的结构反应劳动，如"采"字示例
    - 《尔雅·释诂》——"劳"解释为"勤"，勤劳之本意
  - 劳动思想在经典文献中的体现
    - 《论语》中的劳动思想——禹、稷亲耕示范，强调劳动与道德
    - 《孟子》中的民本思想——强调不违农时，尊重农业劳动
    - 墨家学派的劳动观——墨子主张劳动创造财富和社会稳定
    - 农家学派——重视农业生产和劳动实践
- 中国传统节日中的劳动观
  - 二十四节气与农业生产
    - 二十四节气的意义——指导农业生产，如清明时节种植
    - 节气与日常生活的融合——芒种、立秋等节气密切关联农事活动
  - 二十四节气的劳动民俗
    - 节气文化与民俗活动——如打春牛、立春耕作等
    - 节气对现代社会的影响——文化传承和提升国民认同感
- 优秀传统文化中的劳动教育实践
  - 劳动育人制度探源
    - 西周的耕读文化——国学与乡学，结合学习与务农
    - 乡校教育——平民教育与劳作结合
  - 耕读文化的影响
    - 宋代耕读政策——鼓励耕读，科举与农业劳动的结合
    - 耕读文化与家庭教育——强调家庭中的劳动实践
  - 劳动教育与社会道德
    - 劳动与道德的关联——古代礼仪制度中的劳动教育
    - 劳动教育的现代意义——促进社会道德提升和人格培养
- 传统文化中劳动育人的价值内涵
  - 提倡知行合一，重视劳动实践
    - 劳动的重要性——主体地位，劳动与生存的必要性
    - 实践与劳动教育——农家学派的实践重要性
  - 劳动教育对社会道德的提升
    - 劳动与国家治理——通过劳动教育强化社会责任感和道德规范
    - 文化与劳动教育的结合——融入家训、礼仪与学校教育
  - 创造的劳动文化
    - 劳动赞歌与文化表达——古代诗歌与故事中的劳动美德
    - 劳动文化的传承与发展——现代社会对劳动文化的继承和创新

45

▶▶▶ 劳动教育通论

学习要点

勤劳勇敢的中华民族在长期的生存与发展中，逐渐形成了勤俭善良、坚忍不拔、吃苦耐劳的优秀品质。劳动文化是中华优秀传统文化的重要组成部分，蕴含着勤劳、奋斗、艰苦朴素的优秀品质。

在长期的生产实践中，中国人民提出了二十四节气以指导农业生产，并在此基础上形成了各种民俗活动，逐渐演变为重要的节日，由此形成了独具特色的节气文化。中国传统历法中的二十四节气是中华农业文明的智慧结晶，也是最富有特色的世界性非物质文化遗产。

我国是一个农业大国，在亘古绵延的历史过程中，从农业生产中产生了丰富的劳动教育思想，也融入国家治理领域。知行合一、耕读传家等实践思想对社会经济发展和人民生产、生活产生着重要影响，即使在科学技术高度发展的今天，仍然不失启迪意义。

知识目标

1．了解我国优秀传统文化中有关劳动的经典论述。
2．了解我国节气、节日中与劳动有关的民俗。
3．掌握中华民族在生产实践中，将劳动有机融入教育的积极意义。

能力目标

1．通过学习优秀劳动文化，培养学生的劳动情感。
2．能够了解二十四节气指导农业生产的具体场景。
3．将具体的劳动实践与学习环境相结合，提升个人劳动技能。

思政目标

1．通过学习劳动文化，增强热爱中华优秀传统文化的民族自豪感。
2．通过劳动实践，培养知行合一、勤劳俭朴的美德。

第三章　中华优秀传统文化中的劳动思想

> 中华优秀传统文化源远流长，也历久弥新。在中国悠久的传统文化中，劳动教育一直是重要内容之一，无论是从文字的发明，还是从日常的生产生活、制度礼仪、节日民俗，甚至家庭教育中，都有着普及大众的劳动教育规范及意义，并逐渐形成了中华优秀传统文化中独具民族特色的内容，也形成了自己的独特的劳动文化。

第一节　中华传统文化中关于劳动的基本观点

中国是一个传统的农业大国，勤劳勇敢的中华民族在长期的发展中，逐渐形成了勤俭善良、坚忍不拔、吃苦耐劳的优秀品质，这些优秀的劳动思想指引并支撑着中国人民铸就了几千年的璀璨文明。

（扫二维码观看本节视频）

一、典籍中的劳动思想

在中国的传统文化中，劳动这个词最早见于《庄子·让王》："春耕种，形足以劳动。秋收敛，身足以休食；日出而作，日入而息，逍遥于天地之间，而心意自得。"这里的"劳动"，泛指一切身体的活动，并不是现在严格意义上的生产劳动。在《墨子》中，有"民不劳而上足用""劳而不得息"之语，这里的"劳"已接近今天"劳动"的含义，即指一切与体力有关的日常工作。

对劳动的认知，也可以从汉字中反映出来，古代人分析汉字，归纳出了六种条例，这就是"六书"：象形、指事、会意、形声、转注、假借。目前通常所说的造字法主要指象形、指事、会意、形声这四种。与劳动有关的各种动作，在汉字的表现中大多与"手"有关，在甲骨文中，"手"部的文字表现形式是一只手的侧影，表现为抓取的动作，如"采"字，为会意字，上象手，下象树木及其果实，表示以手在树上采摘果实。在东汉许慎所著的《说文解字》中，"劳"字属于"力部"，注释为"剧也。从力，熒省。熒，火烧冂，用力者劳也。勞，古文劳，从悉。鲁刀切。"这里的劳字，本身即非常用力、出力的意思，表达生活之艰苦。

在《尔雅·释诂》一书中，将"劳"解释为"勤"，原文是"劳，勤也"，这就是今天我们所说的"勤劳"一词的来源。这个意思也最接近"劳"的本意，一直到今天我们仍然沿用这个含义。

中国是一个传统的农业社会，尤其在古代发展的是"小农经济"，任何朝代都强调农业的重要作用，一直到今天，农业仍然是第一产业，从事农业生产是大多数人的生存之

47

本。因此，勤于劳动成为中华民族的优良传统，勤劳也成为中华优秀传统文化及中华民族精神力量的重要组成部分。

（一）《论语》中的劳动思想

早在约公元前2000年，中国就有了"重农"的历史，"禹稷躬稼而有天下"。在《论语·宪问》中有这样的记载："南宫适（kuò）问于孔子曰：'羿善射，奡荡舟，俱不得其死然。禹稷躬稼而有天下。'夫子不答。南宫适出，子曰：'君子哉若人！尚德哉若人！'"

这段话翻译过来就是，南宫适问孔子："羿善于射箭，奡善于水战，最后都不得好死。禹和稷都亲自种植庄稼，却得到了天下。"孔子没有回答，南宫适出去后，孔子说："这个人真是个君子呀！这个人尊重道德。"

这段话中提到的"稷"他非常懂得庄稼种植，教百姓怎么去种植庄稼，进行农耕。"躬稼"即亲自下地种田，稷教老百姓种植，凡农业之事亲力亲为。稷是周文王、周武王的祖先，其后代建立了周朝，这就是"躬稼而有天下"的来历。在周王朝，君王对农业与农业生产仍然非常重视，史书记载"文王卑服，即康功田功"。

在《论语·秦伯》中，孔子还有赞美禹的话"卑宫室而尽力乎沟洫。"孔子对弟子说："禹，我对他没有意见呀。他节俭自己的饮食，却用丰盛的祭品孝敬尊重鬼神；他厌恶华丽的衣服，可祭祀的服饰和冠冕又非常庄重考究；他自己居住在很简陋的房屋里，却把力量全部用在修建沟渠等水利设施的工作上。"

孔子认为，农耕劳动主体是"民"，在《论语·学而》一章中，子曰："道千乘之国，敬事而信，节用而爱人，使民以时。""使民以时"，这里是说百姓以农业为主，役使百姓要按照农时，不要误了耕作与收获。进一步讲，就是要使劳动者成为"德治"的重要考量要素。在孔子看来，用道德的方式治理劳动主体，就应该使劳动者"劳而不怨"，这本身就是"为政以德"的统治者应该具备的能力。

亚圣孟子进一步发展了儒家民本思想，在《孟子》中，他阐述了自己这样的观点，即统治者不要在农忙时节征兵，"不违农时，谷不可胜食也。"

（二）墨家学派的劳动观

墨子作为墨家学派的代表人，更加注重生产劳作，对劳动的重要性有了更深刻的认识。他认为劳动创造财富、维护社会稳定，并且进一步关注到劳动对个人生活的改变。

墨家学派倡导劳动实践，并把劳动与人的生存方式相连接，认为人和动物最本质的区别就是劳动。动物可以依赖自身的羽毛、皮毛而存在，而人则不同，人能够通过劳动创造物质财富，获得生存生活资料，进而改变自己的命运，正所谓"赖其力者生，不赖其力者不生"。墨子学派也认为，劳动付出就有回报，只要劳动者肯努力，财物就一定丰盈而充足。当劳动者富足起来之后，国家才会长治久安。这种观点就把个人的幸福与国家的安定，通过劳动紧密联系在一起了。

农家学派更加注重农业生产与劳动，他们认为，倡导农耕需要统治阶级自上而下的带动。在《孟子·滕文公上》中，农家学派的代表人物许行主张把统治者是否劳动作为评判君主是否贤明的标准，文章中说"贤者与民并耕而食，饔飧而治"。许行认为滕文公"厉民以自养"的行为是为恶于民，算不上是贤明的君王，君王虽然治理天下，但也要和人民共同耕作以获得食物。

二、中国传统节日中的劳动观

中国传统历法中的二十四节气是中华农业文明的智慧结晶，也是最富有特色的世界性非物质文化遗产。2016年11月30日，在埃塞俄比亚召开的联合国教科文组织保护非物质文化遗产政府间委员会第11届常会正式通过决议，中国申报的"二十四节气——中国人通过观察太阳周年运动而形成的时间知识体系及其实践"列入联合国教科文组织人类非物质文化遗产代表作名录。这也是我国继中国蚕丝织技艺、古琴艺术、昆曲等艺术之后，第39个被联合国教科文组织录入世界非物质文化遗产名录中的项目。

"春雨惊春清谷天，夏满芒夏暑相连。秋处露秋寒霜降，冬雪雪冬小大寒。"中国人从小就会背诵的二十四节气歌，也是我国古代订立的一种用来指导农事的科学方法，是中国人通过观察太阳周年运动，认知一年中时令、气候、物候等方面变化规律所形成的知识体系和社会实践。例如，立春作为二十四节气之首，意味春天即将到来，万物开始复苏。二十四节气不仅与天气变化、农业生产存在直接关联，还逐渐融入人们的日常生活，融合了农业耕作、气象历法、饮食习俗、生活习俗等方面的内容。

（一）二十四节气与农业生产

几千年来，二十四节气一直是深受农民重视的"农业气候历"，也是传统历法体系中重要的组成部分，在国际气象界，这一时间认知体系被誉为"中国的第五大发明"。早在西汉年间，二十四节气就已经应用于指导农业生产，按节气安排农活、播种、田间管理和收获等，到今天也仍然是农民们从事农业生产的重要指导性依据。

根据我国四季交替的气候特征，二十四节气成为中国人特有的时间制度和重要的文化坐标，影响着中国人的思维方式和行为准则，不但有效地指导广大人民的农事活动，同时还影响着这片大地上勤劳勇敢人民的生活习俗，因此也具有显著的民俗文化特征。

从指导农业生产来讲，人们最熟悉的节气莫过于清明，"清明前后，种瓜点豆"，这意味着一进入农历三月,大地回春,万物开始生长。古人认为此时万物欣欣向荣,天气清澈,景物明晰,所以叫清明。这时是最好的播种季节,抢抓时令,春种秋收,由此也衍生出许多习俗,在有些地区仍然保留着传统的"开耕节"仪式。

与人民群众农业生活密切相关的节气还有芒种。"时雨及芒种,四野皆插秧。家家麦饭美,处处菱歌长。"（宋·陆游《时雨》）芒种又谐音为"忙种"。我国长江中下游地区此时将进入多雨的黄梅时节,"有芒的麦子快收,有芒的稻子可种",成为农民"栽秧割麦两头忙"的田间工作状态,能够真切地反映出一片收、种都忙的生产场景,田野充满了辛勤耕作气息。

延伸阅读　　　　立秋

收获是立秋永恒的主题,在我国大江南北,都会呈现农民丰收的景象。从小麦、玉米,再到瓜果蔬菜,都进入成熟期。广大人民经过半年来的辛勤劳作,终于等来这一收获的时节。

收获夏的果实,意味着即将结束一年辛劳,随着果蔬成熟,付出得到回报。此时秋分时宜,大地上处处瓜果飘香,田野里农活正忙。这个时节,汇集了"秋收""秋耕""秋种"这三种劳动形态。

（二）二十四节气中的劳动民俗

二十四节气在人们的生产和社会生活中成为一个指导性依据,也成为劳动的文化背景,更彰显出中国人敬畏自然、顺应天时、时不我待的文化态度。2022年,《人民日报》推出了"二十四节气"系列报道,"以古人之规矩,开自己之生面",以节令文化为《人民日报》增加了报道的内容,提升了文化品位,还赋予了节气文化新的时代内涵和现代表达,实现了中华优秀传统文化的创造性转化、创新性发展,为人们提供文化自信的滋养、精神力量的支撑。如今,二十四节气与现代生活的紧密融合,以共同的仪式活动、丰富的民族食俗等方式,凝聚了各民族的认同感,增强了民族精神,塑造了民族性格,调节了中华儿女的精神文化生活。

中国传统节日主要以协调人和自然的关系为核心,化作中国民族文化灵魂的基因,成为传统民俗文化的根基之一。"小儿著鞭鞭土牛,学翁打春先打头。黄牛黄蹄白双角,牧童绿蓑笠青箬。"（宋·杨万里《观小儿戏打春牛》）这首诗生动形象地描绘了立春这天,儿童拿着鞭子,模仿大人"鞭牛"的场景,整首诗充满了强烈的画面感,也描绘了童真童趣及开耕时节的喜乐场景。据史料记载,在宋朝时,民间就有了这种"鞭春"的习俗,而发展到明代,在立春之日,各个地方的官吏也要身着官服,举行隆重的迎"鞭春"仪式。

用彩鞭鞭打春牛三次，以表倡导农耕之意。

直至目前，全国各地仍有"打春牛"的习俗，人们一般用泥巴塑成牛的样子，然后用鞭子击碎"牛"。这时候百姓就会纷纷去抢碎片带回家，认为当年一定会有好收成，会吉祥如意。

在天津杨柳青木板年画、潍坊杨家埠木板年画中，还流行着春牛图，也寄托着广大人民对风调雨顺迎春的祈愿。此外，在各地流行的"劝农行耕"也是一项重要的立春民俗活动。浸润在各种劳动场景中的节气与民俗文化，将中国人民的劳动精神绵延流传，即使进入社会主义新时代，二十四节气对农事活动的指导作用依然没有衰减，广大劳动人民仍然会进行节令仪式和民俗活动，安排个人和家庭的衣食住行等各项活动。

党的十八大以来，中国传统文化得到更加广泛地传播，得到世界各国的广泛认同。尤其近年来，以人民日报、中央电视台等为代表的国家级主流媒体，进一步加大对传统文化的挖掘与传播，随着一系列文化类综艺节目持续热播，一系列"国风"类文化产品成功"出圈"。中华优秀传统文化是中华民族的精神命脉，社会大众与之有着天然的亲和力，与二十四节气有关的民俗文化、劳动文化价值也将得到进一步地挖掘、弘扬。

第二节　优秀传统文化中的劳动教育实践

作为农业大国和农耕文化的代表性国家，我国将劳动育人的传统从古代一直延续至今。

（扫二维码观看本节视频）

一、劳动育人制度探源

如果要探寻劳动育人的源头，我们就将目光投向西周，这个时期成为中国耕读文化的传统之源。西周时期的教育分为国学和乡学，乡学是兼顾学习与务农的。《尚书大传·略说》记载："耰锄已藏，祈乐已入，岁事已毕，余子皆入学。"

西周的地方乡校一直延续到春秋时期仍然存在，"子产不毁乡校"，就是《左传》中的一个有名的篇章，讲的是有人给子产建议毁掉乡校，被子产拒绝，孔子也对子产不毁乡校的做法表示赞赏。这类乡校对一般的平民子弟进行一些有关道德礼仪及农事方面的教育。《春秋公羊经传解诂》卷七里也有相关记载，父老里正"十月事讫""教于校室"，这说明乡校的学生在庄稼收割完毕进入学校学习，在冬天过后进入播种季节从事农业生产劳动，即忙时劳动闲时学。

延伸阅读

郑人游于乡校,以论执政。然明谓子产曰:"毁乡校,何如?"子产曰:"何为?夫人朝夕退而游焉,以议执政之善否。其所善者,吾则行之;其所恶者,吾则改之。是吾师也,若之何毁之?我闻忠善以损怨,不闻作威以防怨。岂不遽止?然犹防川:大决所犯,伤人必多,吾不克救也;不如小决使道,不如吾闻而药之也。"然明曰:"蔑也今而后知吾子之信可事也。小人实不才。若果行此,其郑国实赖之,岂唯二三臣?"

仲尼闻是语也,曰:"以是观之,人谓子产不仁,吾不信也。"

——《左传》

翻译:

郑国人到乡校休闲聚会,议论执政者施政措施的好坏。郑国大夫然明对子产说:"把乡校废除了,怎么样?"子产说:"为什么?人们早晚干完活儿回来到这里聚一下,议论一下施政措施的好坏。他们喜欢的,我们就推行;他们讨厌的,我们就改正。这是我们的老师。为什么要毁掉它呢?我听说过尽力做善事来减少怨恨,没听说过靠摆威风来防止怨恨。难道不能很快地制止?但是(这防怨)就像防止河水溃决一样:河水大决口造成的损害,伤害的人必然很多,我是挽救不了的;不如开个小口疏通河道,不如我听取(这些议论后)把它当作治病的良药。"然明说:"我从现在起才知道您确实可以成大事。小人确实没有才能。如果真的这样做,恐怕郑国真的就有了依靠,岂止是有利于我们这些臣子!"

孔子听到了这番话后说:"照这些话看来,人们说子产不行仁政,我是不相信的。"

西周以后,封建社会历代的统治阶级对劳动的重视,还体现在"籍田礼",据清华简《系年》记载,周武王创制了籍田礼。籍田就是给民众做出表率,统治者亲自耕作,最终追求大丰收,所以籍田礼在古代中国显得格外重要。为了增加国家的收入,西周统治者在当时通过籍田礼来体现对劳动的重视,这种"亲耕"作风也渗透到西周对"士"的教育中,逐渐形成了中国耕读文化传统。据《礼记·祭统》记载:"天子亲耕于南郊,以共齐盛;王后蚕于北郊,以共纯服。诸侯耕于东郊,亦以共齐盛;夫人蚕于北郊,以共冕服。"通过这则史料,我们可以看出,西周时期还鼓励女子同男子一样参与劳作。在有关籍田的祭祀礼仪中,不仅天子要率领臣子们亲自耕种粮食,王后也要带领夫人们亲自养蚕,以此鼓励百姓,无论男女都应积极劳动。这对倡导全民劳动起到了积极的倡导作用,有利于在全国上下形成良好劳动氛围。

籍田礼自西周设立以来,后续的历朝历代都一直沿用,而且制度也逐步完善,礼仪形式更加复杂，如汉明帝下诏"朕亲耕籍田，以祈农事"。到唐宋时期，籍田礼的仪式和场面更加宏大，已达到"籍于千亩之甸"的壮观场景。发展到明清时期，象征天子亲耕的籍田礼愈发盛大。明代和清代都设立了专门用来行籍田礼的农坛，这些举措对中国的劳动教育都产生了十分深远的影响。

二、我国古代耕读育人理念及影响

受西周耕读教育思想的影响，战国时期的墨子提出效仿西周设立"农师"的劳动教育思想。墨子认为"教人耕者其功多"，纵使农业技艺高超、善于耕种的人也只是"独耕"，若将耕种的粮食分给天下人，每人得不到一升粟。与其这样，还不如广泛传播耕种经验，以教导更多的人。相比于"独耕"，"教人耕"功劳更大。这种"教人耕"的思想，极为符合墨子"兼相爱""交相利"的治国理念。

耕读教育作为中国的传统，受到墨家学派和农家学派的推崇与推广，他们都强调劳动与教育密不分离。农家学派代表人物许行倡导自耕自食，同时带领学生从事农耕劳动，把劳动作为磨炼意志、培养道德品行的重要手段。

《礼记·祭义》对天子、诸侯参与农业生产劳动也有明确的规定："君子反古复始，不忘其所由生也，是以致其敬，发其情，竭力从事，以报其亲，不敢弗尽也。是故昔者天子为藉千亩，冕而朱纮，躬秉耒。诸侯为百藉亩，冕而青纮，躬秉耒，以事天地、山川、社稷、先古。"其意为："从前，天子有藉田千亩，到了春耕的时候，要戴上系有红色帽带的礼帽，亲自执犁耙在田地里耕作；诸侯也有藉田百亩，到了春耕的时候，要戴上系有青色帽带的礼帽，亲自执犁耙在田地里耕作。藉田所得的收入，用来祭祀天地、山川、社稷和先祖。"按理说，作为统治阶级的天子诸侯，不用亲自种田耕作，那为什么还要让他们参与生产劳动以作表率呢？其目的就是要通过这种仪式，警示教育他们要"不忘其所由生也"，让他们明白除了父母双亲，生养他们的土地是国家生存发展的根本。同时，让统治阶级中最高的天子来参加农耕生产，可以引导民众加强化对土地、对农业劳动重要性的认识。人们当然知道，这种礼仪性的规定并不能真正让统治阶级能生产多少劳动产品，而是通过这些仪式性的劳动活动，让统治阶级明白生产劳动的艰辛，重在让他们体恤民情，树立农业立国、以民为本的思想，只有这样才能进一步激发广大民众的种田积极性，能够实现国家仓廪充足、民众丰衣足食，以巩固国家政权，达到国富民安的目的。

这种传统礼仪制度，代代相传，不停演化，逐渐形成了诸多劳动教育的内容，为社会成员从事劳动提供了基本遵循。这种在劳动实践中逐渐形成的勤劳传统，在中华民族的劳动教育中发挥着十分重要的作用。这种劳动教育被当时人们总结后写入《礼记》等著作之中，在其《内则》《曲礼》等篇目里对人们的日常生活中也规定了相应劳动教育内容。而这些相应的规定也逐渐演变成为人们的日常行为规范，随着乡学教育以及家庭教育的兴起，潜移默化地渗透到人们的日常生活中。每天的劳动成为人们日常的功课，久而久之就形成热爱劳动的好习惯。

三、我国古代劳动育人的价值体现

农家学派人物许行是战国时期楚国人，生卒年不详，其大部分言行事迹都被记录于《孟子》一书中。许行主张"君民并耕"，认为"贤者与民并耕而食，饔飧而治。"许行认为就算是君王也不能坐享其成，更不应该不劳而食，而是要像普通百姓一样自己开垦土地，收割庄稼，用自己收获的粮食烧火做饭，解决自己的一日三餐，然后治理国家，这才是贤者之道。

到了唐宋时期，半耕半读俨然成为一种备受文人推崇的社会风气，许多文人墨客都有耕种经历。同时，文人士大夫与平常百姓一样，在每次民俗劳动活动中，都会留下相关的文学作品，尤其是唐代诗歌发达，产生了"诗仙"李白和"诗圣"杜甫这样伟大的诗人。其中杜甫的组诗《社日两篇》，就能直观体现出农业祭祀活动中的欢快场景，并引发由衷感叹。

其一
九农成德业，百祀发光辉。
报效神如在，馨香旧不违。
南翁巴曲醉，北雁塞声微。
尚想东方朔，诙谐割肉归。

其二
陈平亦分肉，太史竟论功。
今日江南老，他时渭北童。
欢娱看绝塞，涕泪落秋风。
鸳鹭回金阙，谁怜病峡中。

杜甫的这组诗第一首开篇写古代以农业而成王者之德业，接着化用《论语·八佾》"祭如在，祭神如神在"典故，言秋报之至诚，并以"馨香"二字表现出祭品的洁净美味；第二首则表达了自己进取不得、壮志难酬的悲怆情感。

北宋时期，宋仁宗颁布鼓励耕读政策，士人及农家子弟可以在本乡读书应试，参加科举考试，各地普遍设立耕读兼顾学校，耕读观念越发深入人心。宋元以后，"耕读传家"的现象更加突出，这种原本正统的制度在民间更加普及。苏东坡谪居惠州时，在其《赠王子直秀才》一诗中写道："五车书已留儿读，二顷田应为鹤谋。"这首诗中写的"王秀才"，家里有不少良田，还有不少藏书，应该是当地的"士"或半农半士的人物。这种既拥有田地又能够进行知识教育的生活，是乡土社会中国人所追求的生活，即退可耕种，进可考取功名。耕读传家，在广义上来讲，接受的知识不仅是儒家学说、文学经学，而且也衍生到各类务农、经商、医学、手工制造或其他与乡村文化有关的知识。

宋代还流行书院制度，最为著名的书院有岳麓山下的岳麓书院，还有当时大学问家陆九渊在象山创建的象山精舍。虽然宋明理学后来成为官学，但依然重视劳动教育的内容。书院教学注重知行结合，讲求"躬行践履"，必须把读书穷理与"躬行践履"相结合，引导学生把掌握的知识义理付之于亲身实践，学生应该进行"洒扫、应对、进退之节"，这都属于劳动教育的范畴。

尤其值得一提的是，宋朝以来儒家学派主张"修身齐家治国平天下"，把"修身"作为加强个人道德修养的重要内容；在家庭教育中，主张"俭以养德"，"俭"也被当时的知识分子看作治家之本乃至传家之宝。

著名史学家司马光曰："吾心独以俭素为美。"司马光的著名文章《训俭示康》是专门写给自己儿子司马康的家书，专门论述勤俭持家之道，来告诫子孙保持节俭的家风，现在人们常引用的名言"由俭入奢易，由奢入俭难"，就出自这篇文章。他还在另一篇文章《居家杂仪》中写道："制财用之节，量入以为出……裁省冗费，禁止奢华，常须稍存赢余，以备不虞。"

四、耕读文化的传承与发展

宋代士人在家庭中提出的节俭教育，在我国古代家庭教育中大放异彩，他们所展现出的节俭精神和节俭之道对当今弘扬节俭的传统美德依然具有价值。南宋著名诗人陆游，常以示子诗文来训诫子孙奉行节俭，以俭治家，并以戒奢、戒贪、戒讼、戒浮为家庭生活准则，劝诫子孙勿忘节俭的传统。司马光在教育子孙上指出"会数而礼勤，物薄而情厚"，待客之礼并不是体现在以待客之物是否丰盛来表示对客人的情意，而是多次相聚依然礼节周到殷勤。

在南宋灭亡之后，不少宋代的遗民就隐居乡间，进行"耕读传家"，如现在我们所熟悉的《三字经》就是在经济条件相对富裕的南海人区适之所撰，成为流行一时的启蒙读物。到明清时期，实学思想盛行，"一等人忠诚孝子，两件事读书耕田"，耕读文化也发展到鼎盛时期。清代的中兴名臣曾国藩所著的《曾国藩家书》中，对此都有详尽表述："有子孙，有田园，家风半耕半读，但以箕裘承祖泽；无官守，无言责，世事不闻不问，且将艰巨付儿曹。"在家书中，曾国藩多次强调，"愿其为耕读孝友之家，不愿其为仕宦之家"。

从劳动对物质生存需要的满足到对精神品性的培养，耕读文化成为独具中国特色的知识分子劳动教育观。"耕读传家久，诗书继世长"，由"耕读传家"进而诞生了"书香门第"，这也日渐成为中国传统农业社会中人们所努力追求的一种理想生活的图景，设家塾、请私塾先生教育子弟也相应成为一种普遍的教育形式。基于这种以"耕读结合"为价值取向的生活方式，在中国逐渐形成了影响深远的"耕读文化"。中国有关的启蒙教育书籍浩瀚繁多，传世的古农书数量多、水平高，也得益于"耕读传家"的优良传统，使得知识分子一方面具有学问家的文采，又兼具农学家的实践经验，这种田园读书生活方式和务农经济相结合，半读半农的同时也达到了对美好操行坚守的目的。

从古代以来，劳动教育与文化教育一直相融相生，这也是新中国成立后我国提出教育要与生产劳动相结合的传统文化之源。尽管中国古代劳动教育思想存在一定的功利目的，一些礼仪制度也具有象征性意义，但其所传达的体恤劳动者艰辛的国家治理观，仍值得我们今天深入借鉴和学习。

第三节 传统文化中劳动育人的价值内涵

在中华传统文化中，汲取劳动智慧，感悟劳动价值，对培养新时代的劳动精神，构建中国特色社会主义文明治理体系具有重要现实意义。"民生在勤，勤则不匮"所体现出来的价值观，人人参与劳动、人人崇尚劳动的社会平等观，以及勤俭持家、耕读传家、躬身实践的家庭劳动教育，都奠定了中国传统劳动文化的基础。

一、提倡"知行合一"，重视劳动实践

中华传统文化中的劳动教育首先承认人在劳动实践中的主体地位，"人"是农业生产的主体，人必须辛勤耕耘，发挥主观能动性，否则"人误地一时，地误人一春"。

《尚书》中有"非知之艰，行之惟艰"的句子，这说明早在古代，人们就认识"行"的重要性。农家学派的人物许行，强调"必种粟而后食""以铁耕""衣褐"，他率领弟子一起参加农业劳动，他的弟子们也以他为榜样，从事"捆屦、织席"的手工劳动。农家学派的教育内容主要是农业知识和劳动实践，这种强调实践的做法，其目的在于通过自身的示范作用，在广大民众中推行"均贫富，齐劳逸，以平上下之序，而齐天下之物"的劳动理念。虽然农家学派在先秦百家争鸣中并不占据主流地位，但其主张注重农业生产，并致力于对农民民生的改善，从人作为劳动主体这个角度来看，在当时有一定的积极意义，对后世的农耕文化也产生了深远的影响。

自古至今，中国始终是一个农业大国，农业生产及农产品供给始终是民生之源。在历

史的长河中，随着农业生产而派生出丰富的劳动教育思想，从探讨谷、木的种植技术，进而发展到日常生活中的劳动观念，再进入国家治理领域。重视农业发展，重视人民的主体地位，主张君民并耕，追求劳动面前人人平等，成为古代中国农耕文明思想的典型代表。这种劳动思想对社会经济发展和人民生产、生活产生着重要影响，即使在科学技术高度发展的今天，仍然不失启迪意义。

墨家学派极为重视劳动教育。从墨子劳动价值观的阐述来看，他们愿意帮助劳动人民发展，并且赞同将勤劳也作为道德标准中的一个重要的考核因素。墨子非常重视劳动人民，并且希望统治者能够保护劳动人民的权利，主张把农业和手工业生产的理论知识与实践教育相结合，秉持艰苦朴素的作风。墨家就是基于哲学的角度思考劳动与人类生存以及人类社会之间的密切关系。从而提出劳动是人类生存和发展的基础。

古代劳动人民注重劳动实践，在一代代的传承与沿袭中，将农业科学和农业生产技术逐步改革发展，进而促进民生发展。这种在实践中改造自然的做法，对当代中国提高农业科学技术、实行科学种田，也有很好的借鉴意义。除此之外，在强调生产的同时，古代劳动人民在实践中注重对农业灾害的防范，对各类自然灾害提出了预防措施，这对于应对各种自然灾害、自然危机、保障人民的生存安全，都有着重要的现实意义。例如，古代农民面对最为头痛的蝗灾时，就在实践中发明了各种方法。南宋时有一位著名的"治荒县吏"，名叫董煟，他任职温州府瑞安县时，面对各种农业上的灾荒，认真总结，实施各种赈灾办法救济灾民，著有《救荒活民书》，专门讨论应对之法，系统地提出救荒"五法""十六项"的政见，为后世所敬重。在该书"捕蝗"章节中，董煟指出，劳动人民面对蝗虫这种自然灾害，可以动用人力或使用各类工具进行捕灭，同时还可以采用种植蝗虫不食的作物等方法来进行规避，这对农业生产具有很强的指导作用。

中国劳动教育中的实践思想贯穿在国家层面和家庭教育层面，尤其到封建社会后期，随着家庭教育的兴起，中国传统家庭都注重子孙的动手实践能力，子孙的生存之道和家族兴盛就在于能够自食其力。中国古代文学家、教育家颜之推的《颜氏家训》治家篇中，教育子孙"生民之本，要当稼穑而食，桑麻以衣"，即老百姓要想生存，吃的食物来源于庄稼，穿的衣服来源于桑麻；并且鼓励子孙们一定要身体力行，经世致用，在学习和生产劳动之间，在关注社会现实与求知问学之间做到相统一。

中国人民强调劳动教育，更要在日常生活中实现"知行合一"。有史料记载，无论男女，只要凌晨鸡打鸣后就要起床，穿衣、洗漱、整理床铺、打扫室内和院子的卫生、布置庭堂的坐席，总之每个家庭成员都有自己所需要尽的责任。家里所有成员都要早起做事，逐渐就形成了一种关于劳动教育的制度，逐渐成为人们的一种生活习惯。元代理学家许衡提出了"学者以治生最为先务"的观点，他认为学者首先要解决生存生活的问题，治生是治学的物质基础，只有解决了治生问题，才会不妨碍治学和自身的品行修为。

> **延伸阅读：**
>
> 百尺竿头立不难，一勤天下无难事。——《解人颐·勤懒歌》
>
> 这首歌谣是古代劝勤戒懒歌，强调只要勤奋做事，世上就没有难做的事情。它极力鼓舞人们要辛勤劳动、勤劳奋进，弘扬中华民族勤劳致富的优良传统美德。讲"勤"就要讲"劳动"，从古至今，人们用辛勤的汗水和无穷的智慧创造了辉煌的历史与文化，人们在坎河道路上一路奋进、砥砺前行，创造了无数人间奇迹。从"钻燧取火"到火星钻探，从"岩居穴处"到高楼大厦，从"印刷术"到激光照排技术，从"刀耕火种"到联合收割机，无不体现了劳动人民的辛勤和智慧，体现了劳动者的光荣和创造者的伟大。
>
> 人勤则家兴，民勤则国富。勤劳与坚持是我们人生发展中的伴侣。对于我们每个人来说，在生活中面对挫折时，要有坚持不懈的毅力、要有勤劳能干的精神，要有不屈不挠的意志，才能改变自己的命运，提高自身生活水平。生活中播种勤劳的种子，就会收获成功的果实。"人民创造历史，劳动开创未来。劳动是推动人类社会进步的根本力量。"一个国家的命运掌握在人民手中，人民唯有通过辛勤劳动、诚实劳动、创造性劳动，才能为民族的发展注入恒久的动力，才能建成富强民主文明和谐美丽的社会主义现代化强国，才能为实现中华民族伟大复兴的中国梦凝聚精神力量。

二、劳动教育对社会道德有重要的提升作用

中国传统劳动教育，除了渗透于人们的日常生活之中，还通过礼仪制度、学校教育、家训、家风等途径来实现，人们在"日用而不知"的状态中潜移默化地接受劳动教育。中华民族在长期发展的过程中，形成了许多优秀的品质，如勤劳善良、勇于进取、节俭朴素等，都是非常突出的中华民族的特点。

上古时期的神农氏、尧、舜、禹就形成了重视劳动的优良传统，随后从夏朝以来的各个朝代都坚持以农业立国的基本国策，农业生产劳动为中国历代统治者所重视。《尚书·大禹谟》曰"克勤于邦，克俭于家"，从国家和家庭的角度提倡不辞辛劳、俭朴的生活。

劳动对于社会道德的提升，首先通过传统礼仪制度来进行引导和渗透。"仓廪实而知礼节"，因此统治阶段通过各种节日的祭礼仪式，引导劳动人民接受劳动教育。"国之大事，唯祀与戎"，祭礼作为"五礼"之首，其中就规定了与劳动教育相关的内容。《孟子·滕文公上》中就指出："后稷教民稼穑，树艺五谷，五谷熟而民人育。"

农业不仅在国民经济发展、人民生活保障中的地位十分重要，而且对社会风气、道德

水平的提升也非常重要。因为鼓励人们从事农业，可以使人们朴实无私，国家有难时大家能够听从国家法令，为国赴难，有利于国家治理。

西周首次把劳动与德治、德教相联系。周公提出懂得劳动艰辛能兴邦致富，反之则丧国的观点。周公认为，夏、商的灭亡是由于其末代统治者贪图安逸享乐、不体恤劳动人民困苦进而违背天意造成的。西周建立后，周公提出顺应天意和保民的政治主张，要求统治者了解民生疾苦，懂得耕种的艰辛，对劳动生产怀有敬意。

将劳动与礼义廉耻相结合，促进天下大治。清代学者汪辉祖在其所著的家训《双节堂庸训》中批判"幼小不宜劳力"观点时指出："欲望子弟大成，当先令其习劳。"他认为，要想子孙有所成就必须先令其学习劳动。"耕"与"读"相结合成为士人的一种理想生活方式，以"耕"促"读"、养"德"，从而达到"修身"的目的。

古人将耕读与人格修养相结合，认为耕读活动具有追求个人心性自由、远离世俗污染的理想人格追求，以及与大自然相融、天人合一的审美追求等内涵。耕读结合就是要求读书人在耕与读中做到知行合一，这正是中华传统文化中最普遍的道德价值取向，也是古代知识分子追求的精神境界。

勤俭节约，不要贪图安逸。劳动可培养人们的温良善行，而享受安逸则衍生好逸恶劳的品行，所以古人倡导在劳动中促进思考总结，从而激发良善之心，安逸享乐则容易导致无所节制，从而滋生邪恶之心。

中华民族历来提倡勤俭节约，培养劳动习惯，"俭，德之共也；侈，恶之大也"。古往今来，中国人民形成的勤俭节约，深刻体现了中华民族的价值取向和道德风尚，留下了"历览前贤国与家，成由勤俭破由奢"的历史警思。

明末清初思想家、教育家颜元也在实践中揭露传统教育严重脱离实际的弊端，注重劳动在培育人才中的作用。他不仅认为读书人应该进行农业生产劳动，而且还重视对学生进行劳动教育，认为劳动使人"正心""修身"，去除邪念，还可以使人勤劳，克服怠惰、疲沓。

中华优秀传统文化也非常重视劳动价值。明代著名的思想家、教育家"阳明心学"创立者王阳明认为，"四民异业而同道"。他认为士农工商四种不同社会阶层，尽管所从事的行业有所不同，但均是为了"有益生人（民）之道"，肯定了每种行业是有价值、有意义的劳动。《增广贤文》中"一日之计在于晨，一年之计在于春，一生之计在于勤"为传世之佳句，提倡人应该勤劳，即辛勤劳动。

三、创造了灿烂的劳动文化

中华民族在长期的劳动实践中，创造了灿烂辉煌的华夏文明，而其中劳动文化就是重要的组成部分。有文字记载以来，我国就有丰富的诗歌赞扬劳动之美，从"粒粒皆辛苦"到"方惭不耕者，禄食出闾里"，都体现出我们历代尊重劳动、崇尚劳动的价值理念。

中华优秀传统文化提倡勤俭节约、吃苦耐劳、开拓进取、百折不挠等精神。孟子曰："故天将降大任于斯人也，必先苦其心志，劳其筋骨，饿其体肤，空乏其身，行拂乱其所为，所以动心忍性，增益其所不能。"这种面对艰难困苦的豁达乐观和积极向上的人生态度也是中华民族劳动意识、劳动价值和劳动情感的重要方面。诚实劳动、辛勤劳动和创造性劳动之于人、人生、国家的价值和意义仍需弘扬和提倡。

在民间谚语中，"只要功夫深，铁杵磨成针"的典故鼓励劳动者持之以恒、坚韧不拔，这与当代倡导的钉钉子精神和工匠精神异曲同工。"宝剑锋从磨砺出，梅花香自苦寒来"，只要是劳动，就需要付出心血和汗水，是一个砥砺磨炼的过程。而本章第一节所讲到的二十四节气文化，在悠长的农耕文明中不断完善和发展，与之相关的诗词歌赋、信仰礼仪、时令谚语、棋艺书画等文化表达形式多样，也为各类文化创作提供了丰富的灵感和素材。

我国的历代知识分子通过耕读，深刻体察到广大劳动人民艰苦奋斗的精神品质，写出了一定程度上反映底层生活、反映劳动人民喜怒哀乐的作品。像晋代的陶渊明归隐田园后，所创作出的许多传世的田园诗，不仅写自己从事躬耕的喜悦和平静，而且对劳作的意义提出了新的见解，那就是虽然辛苦，但自食其力、艰苦奋斗的人生是充实快乐的。"人生归有道，衣食固其端。孰是都不营，而以求自安"，人人都要自食其力，艰苦奋斗。如果什么事都不做，又怎么能解决自己的温饱问题呢？

中国历代的礼仪制度、学校教育、家训家风、诗词歌赋中都有许多关于劳动教育的内容，中华民族勤劳的优良传统在传统文化中也得到了继承和发扬。以今天的眼光来看，中华优秀传统文化中尊重劳动价值、鼓励辛勤诚实和创造性劳动、提升品德修养和强健体魄思想，历来与古代的生产基础和社会制度相适应，传统文化中提倡尊重劳动，重视劳动价值和热爱劳动是中华民族优秀传统美德，大量的诗词歌赋中都体现了古人认可劳动、推崇劳动的价值理念。

从继承优秀传统文化的角度出发，我们应该认识到，只有尊重劳动，认识到劳动创造价值、推动社会发展，人们才能认可劳动，愿意参与劳动。要汲取我国优秀传统文化中的劳动精神，通过思想引领、榜样宣传、文化熏陶等多种方式，营造尊重劳动和劳动者的社会氛围，才能让崇尚劳动成为社会的价值共识。我们更应该在新的历史背景下，不断发展和阐释劳动实践、劳动技能、劳动观念等方面的时代内涵，传承文化精髓，推动中华传统文化中劳动思想的创造性转化和创新性发展，以生动的实践感性和中国话语体系增强文化自信。

延伸阅读：

"一生之计在于勤"出自《增广贤文》："一年之计在于春，一日之计在于寅，一家之计在于和，一生之计在于勤。"

《增广贤文》又名《昔时贤文》《古今贤文》，是中国明代时期编写的道家儿童启蒙书目。作者一直未见任何书载，只知道清代同治年间儒生周希陶曾进行过重订，很可能是民间创作的结晶。

"一生之计在于勤"

这句话是中国劳动人民在千百年的生产实践中总结出来的一条经验，它强调了春在一年四季中所占的重要位置，意指一年的计划要在春天考虑安排，比喻凡事要早做打算，开头就要抓紧。要在一年（或一天）开始时多做并做好工作，为全年（或全天）的工作打好基础。而且古今中外许多文人墨客对春的赞美诗更是比比皆是，人们还将人的年轻时期称为"青春"，歌颂春的创造力，强调春的宝贵。

富贵本无根，尽从勤里得——《醒世恒言》卷三十五

在远古时代，先民们就已经形成了热爱劳动、崇尚劳动的光荣传统。前有大禹治水、神农尝百草的劳动故事广为流传，后有《悯农》《观刈麦》等一首首脍炙人口的诗句，都深刻反映了我国劳动人民对劳动的尊重和认同。本章以传统劳动文化为线索，精选了古诗和格言，并延伸了蕴含在古代劳动文化中的精神内涵，以期为新时代劳动教研提供精神指引。《醒世恒言》是明代文学家、思想家、戏曲家冯梦龙纂辑的白话短篇小说集。小说形象鲜明，结构充实完整，描写细腻，从不同角度反映了当时的社会面貌和市民的思想感情。富贵并不是属于固定的某些人，都是要从勤俭中才能得到。这句话告诉我们，所有的荣华富贵都是在艰苦劳动的创造中得来的。人人生来平等，虽然人的出身是无法选择的，但人人都可以通过后天的勤奋努力改变命运，把自己变成有用之人。

"人世间的美好梦想，只有通过诚实劳动才能实现；发展中的各种难题，只有通过诚实劳动才能破解；生命里的一切辉煌，只有通过诚实劳动才能铸就。"生命因劳动而美丽，美丽因勤劳而精彩。人们要热爱劳动，积极参加劳动，用自己的双手丰富生活；同时人们要有正确对待生活的态度，要节制自己的欲望，约束自己的行为，节约生活，节约财用。人生在世，每个人都有自己的理想，付出劳动才会有所收获，懂得勤俭才能维持富贵。不在拥有的时候奢靡享乐，不在一无所有的时候气馁无力。

拓展阅读

1. 吴雅楠. 趣味实用的节气农谚 [M]. 吉林：吉林出版集团.
2. 成云雷, 毛聂聂. 劳动微阅读 [M]. 济南：山东人民出版社.

思考与实践

1. 以小组讨论的形式，探讨劳动人民如何通过劳动文化表达劳动情感的。
2. 确定一处乡村，调查当地的劳动民俗活动。
3. 请结合二十四节气，以《中国古人的劳动智慧》为题，写一篇论述文章。

第四章 中华民族的劳动精神

本章思维导图

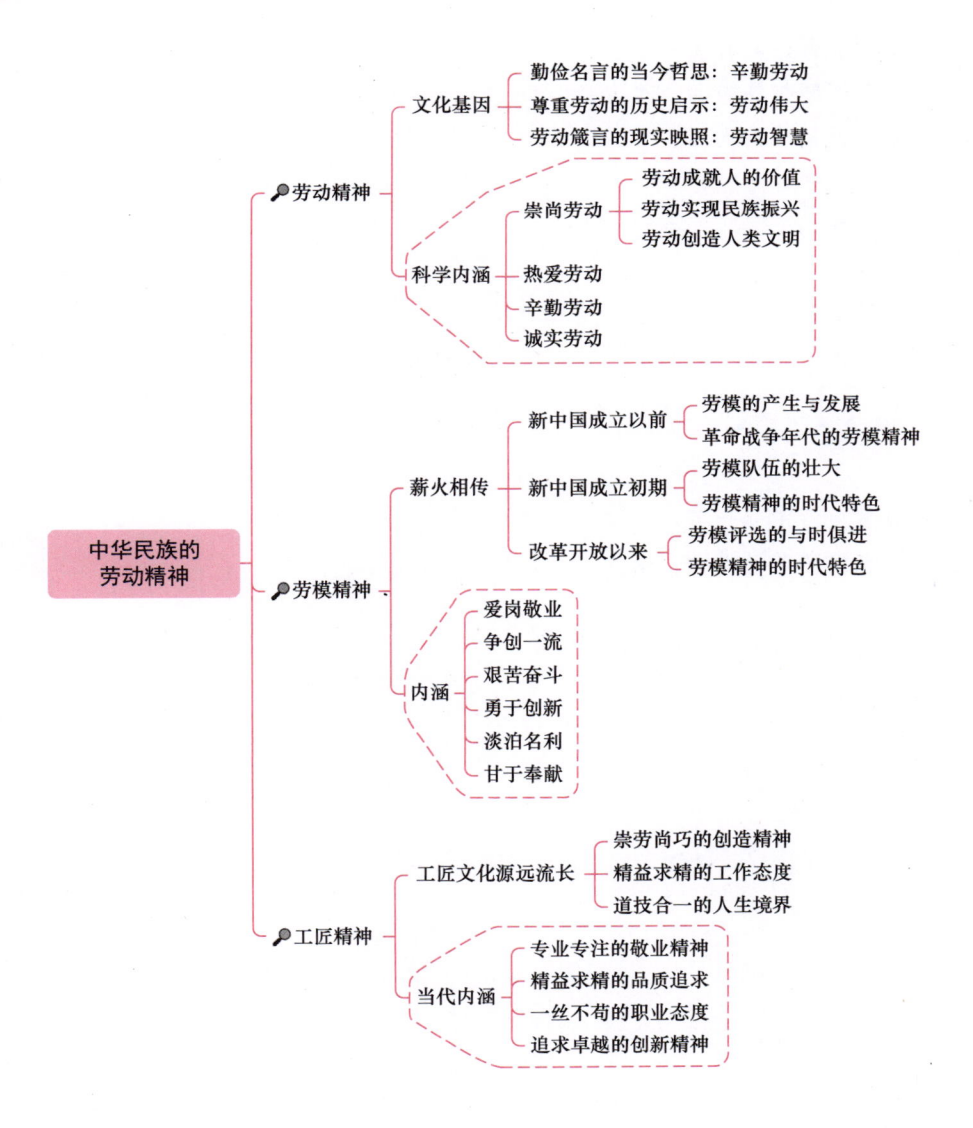

中华民族的劳动精神
- 劳动精神
  - 文化基因
    - 勤俭名言的当今哲思：辛勤劳动
    - 尊重劳动的历史启示：劳动伟大
    - 劳动箴言的现实映照：劳动智慧
  - 科学内涵
    - 崇尚劳动
      - 劳动成就人的价值
      - 劳动实现民族振兴
      - 劳动创造人类文明
    - 热爱劳动
    - 辛勤劳动
    - 诚实劳动
- 劳模精神
  - 薪火相传
    - 新中国成立以前
      - 劳模的产生与发展
      - 革命战争年代的劳模精神
    - 新中国成立初期
      - 劳模队伍的壮大
      - 劳模精神的时代特色
    - 改革开放以来
      - 劳模评选的与时俱进
      - 劳模精神的时代特色
  - 内涵
    - 爱岗敬业
    - 争创一流
    - 艰苦奋斗
    - 勇于创新
    - 淡泊名利
    - 甘于奉献
- 工匠精神
  - 工匠文化源远流长
    - 崇劳尚巧的创造精神
    - 精益求精的工作态度
    - 道技合一的人生境界
  - 当代内涵
    - 专业专注的敬业精神
    - 精益求精的品质追求
    - 一丝不苟的职业态度
    - 追求卓越的创新精神

▶▶▶ 劳动教育通论

学习要点

劳动精神是普通劳动者所具备的精神，劳动精神的提出有深刻的历史文化根基。劳动精神的内涵包括：崇尚劳动、热爱劳动、辛勤劳动、诚实劳动。劳模精神是劳动模范身上所体现的劳动精神。我国劳模的评选历史悠久，每个时期劳模精神都有时代特征。劳模精神的内涵包括：爱岗敬业、争创一流，艰苦奋斗、勇于创新，淡泊名、甘于奉献。工匠精神是工匠们身上体现出的专业精神。我国工匠文化源远流长，是工匠文化的发源地。工匠精神的内涵包括：执着专注、精益求精、一丝不苟、追求卓越。

知识目标

1．理解劳动精神的内涵。
2．理解劳模精神的内涵。
3．理解工匠精神的内涵。

能力目标

1．利用所学知识分析劳动领域社会热点问题。
2．在日常学习生活中做到辛勤劳动、诚实劳动、创造性劳动。

思政目标

1．在日常生活中弘扬劳动精神、劳模精神、工匠精神。
2．培育积极的劳动精神，激发劳动热情。

> 劳动精神作为一种精神力量，既蕴含文化基因的传统性，又体现与时俱进的时代性，还体现广大劳动者的劳动实践性，是历史与现实、理论与实践的统一。劳模精神是时代的产物，不同时代有着不同的内容。在中国革命、建设和改革的伟大进程中，劳动模范始终是一面旗帜、一根标杆、一个楷模，将自己的劳动岗位作为实现人生价值的平台，用自己的精神力量去带动周围的人，体现了劳动者的崇高境界。在新时代大力弘扬工匠精神，对于推动经济高质量发展、实现"两个一百年"奋斗目标具有重要意义。

第一节　劳动精神

人世间的一切幸福都需要靠辛勤的劳动来创造。劳动是一切财富的源泉，劳动赋予了人精神特质和价值文化。说到底，劳动精神既是劳动本身，又是对劳动的超越，是劳动和劳动认知的总和，凝结了人类发展和社会进步的重要力量。

（扫二维码观看本节视频）

一、劳动精神的文化基因

中华民族是以勤劳而著称的民族，也正是凭借着劳动精神，我们书写了几千年的辉煌历史，创造了光耀世界的华夏文明。劳动精神与中华民族崇尚劳动的文化传统分不开，贯穿在中华民族筚路蓝缕的奋斗历程中。传承劳动精神需要我们将传统文化中的良性基因加以创新性变革。

（一）勤俭名言的当今哲思：辛勤劳动

勤俭是中国人最深沉最厚重的标签和底色，中华民族自古就因勤劳俭朴而享誉世界，传统文化中关于勤俭的名言警句数不胜数。"业精于勤，荒于嬉；行成于思，毁于随"，"书山有路勤为径，学海无涯苦作舟"，在一定程度上强调了勤奋努力的特殊作用，强调要有"少年辛苦终身事，莫向光阴惰寸功"的精神，劝勉后人少年时期辛苦学习，为一生的事业打下根基，不要有稍许的懈怠，以免浪费光阴。

春秋战国时期的思想家墨子说过"俭节则昌，淫佚则亡"，诸葛亮的《诫子书》中有"静以修身，俭以养德"。纵观华夏历史，成功多因勤俭，衰落常因奢靡，因此我们要发扬艰苦奋斗、勤劳勇敢的优良传统。基于对勤俭这一中华民族传统美德的认识，进入新时代，我们更要辛勤劳动。劳动是幸福的"进行时"，也是幸福的"未来时"，要埋头苦干、真抓实干、干在实处、干出成果。

（二）尊重劳动的历史启示：劳动伟大

尊重劳动是中华优秀传统文化的重要思想，在中国传统文化中，"民惟邦本，本固邦宁""因民之所利而利之"等，均体现了依靠劳动人民强基固本的思想。《管子·牧民》中的"政之所兴，在顺民心；政之所废，在逆民心"，阐明了民意就是最大的政治优势和"免死金牌"，要求适当满足劳动群众的合理"愿望"。《孟子·梁惠王下》中的"乐民之乐者，民亦乐其乐；忧民之忧者，民亦忧其忧"，是告诫官员要爱护百姓，与民同心。这些经典语录无不彰显着中国传统劳动伦理中"劳动人民至上"的理念。每一份职业都值得尊敬，要尊重劳动者、尊重劳动成果，只要是为社会发展做出贡献的劳动就是伟大的和光荣的。

（三）劳动箴言的现实映照：劳动智慧

中华民族是一个伟大的民族、充满智慧的民族，中国传统文化中对如何劳动的阐述也颇为丰富，要求人们应保持正确的劳动态度、科学的劳动方法，要进行劳动创造。如"合抱之木，生于毫末；九层之台，起于累土；千里之行，始于足下"，是告诉大家事物发展变化有其自身规律，无论做什么事情都必须具有坚强的毅力和实干的魄力，从小事做起，从点滴做起，才能有大发展，才能成就大事业。

"不积跬步，无以至千里；不积小流，无以成江海"，意思是再长的路一步步也能走完，再短的路不迈开双脚也无法到达。千里之行，始于足下，只有从点点滴滴做起，一步一个脚印，慢慢积累，中华民族伟大复兴才能实现量变到质变的飞跃，达到预期目标。这还要求我们"耳闻之不如目见之，目见之不如足践之"，意思是听到的不如眼睛看到的可靠，眼睛看到的不如用脚踏勘的可靠，警示大家劳动实践才是认识的源泉，要勇于劳动实践、善于劳动实践、乐于劳动实践。《周易·系辞下》中的"穷则变，变则通，通则久"蕴含着辩证法思想，即事物到了窘困穷尽的时候就应当有所变化，变化之后才能通达。如果一味因循守旧而不思变化，就只能僵化致死；反之，能根据环境变化做出相应调整，就可以绝处逢生，立于不败之地。《礼记·大学》中的"苟日新，日日新，又日新"，倡导代表着人类不断发展和积极进取的精神，是日积月累、从量变到达质变的必然趋势和结果。正是因为有了这些劳动箴言的映照，才能萌发出这么多劳动智慧，促进劳动效率提升，使劳动成果事半功倍。

二、劳动精神的科学内涵

在长期实践中，我们培育形成了崇尚劳动、热爱劳动、辛勤劳动、诚实劳动的劳动精神。劳动精神是关于劳动的理念认知和行为实践的集中体现，在理念认知上表现为崇尚劳动、热爱劳动，在行为实践上表现为劳动者辛勤劳动、诚实劳动。这两者构成劳动精神的整体内涵。

（一）崇尚劳动

崇尚劳动，就是要把劳动视为人类的本质活动和创造财富的源泉，奉行"劳动光荣、劳动伟大"的认知，尊重一切劳动价值，同时也认可劳动价值虽有大小，但职业并无高低，秉持"遵纪守法、勤勉工作"的劳动态度。劳动是透视马克思主义思想的一方棱镜，劳动创造世界，劳动创造财富，劳动创造人类，马克思主义劳动观使人们认识到劳动的重要性。无数事实证明，靠双手实现梦想、用劳动创造价值，既是人之为人朴素的道理，也是社会发展的根本规律，更是新时代植根于每一个劳动者内心深处的真诚信仰。人类的一切物质财富和精神财富无不是劳动创造的，正是劳动满足人的生存发展需求，推动着社会不断从愚昧走向文明，从低级走向高级。

1. 劳动成就人的价值

恩格斯赞美"劳动创造了人本身"，马克思也认为劳动是人的本质。劳动不仅让人成为人，更让人成为更好的人。随着历史的演进，人的需要向实现更高级的自我价值跃进，劳动能够帮助人树立正确的价值观，助力人的全面发展，实现人的社会价值。无论是穿梭于街头的外卖小哥，还是凌晨挥舞扫把的环卫工人，无论是田间辛勤劳作的农民，还是埋头苦心攻关的科研人员……不同的人群里，千万种忙碌的姿态，各行各业的劳动者都在用奋斗充实自己，创造价值，全力奔向幸福的彼岸，成为新时代最美的风景线。

劳动助力人的全面发展，"培养德智体美劳全面发展的社会主义建设者和接班人"是回答我国当代培养什么样的人的问题。劳动能够使人挖掘自己的主观能动性，激发活力，是劳动实践得以有效开展的驱动力和保障，起到"增能"的效果，使人提升劳动素养，在劳动过程中获得幸福感和归属感。劳动不仅能增强人的体魄，还能提升人的审美力。人们在劳动过程中，在周围环境的熏陶、内心情感的陶冶下，能够感知美、懂得欣赏美、明白评价美、致力创造美，进而不断满足自身的审美要求，提高审美能力，获得审美享受。

2. 劳动实现民族振兴

民族振兴是中国梦的核心内容，而劳动是实现民族振兴的必要手段。民族振兴涵盖的内容很多，但每一项内容的落地都离不开劳动。党的十八大报告所高度概括的社会主义核心价值观，为振兴民族信仰指明了前进的方向和奋斗的目标，而劳动实践则有利于将价值观内化于心、外化于行。

经济振兴是民族振兴的物质基础，劳动是生产力得以发展和变革的唯一路径，为经济的良性发展提供可行保障。文化振兴是民族振兴的重要内容，劳动是政治、经济、制度、行为等文化生成、发展、传承的必然方式，确保民族振兴是可持续的。国民精神振兴是民族振兴的核心要义，劳动是实现国民精神振兴的最大力量，只有通过劳动，人民才能为国家的发展尽力，国家的发展才能给人民带来实惠，实现国家繁荣与人民幸福。军事振兴是民族振兴的保障，劳动是实现军事战备力、军事指挥力、军事创新力的必要手段，能够为民族振兴提供坚强的后盾。总而言之，只有劳动，才能实现中华民族振兴，让中华民族立于世界民族强林。

3. 劳动创造人类文明

在人类从猿进化为人的漫长历程中，劳动起了决定性作用。它不仅帮助人从爬行状态转向直立行走，更帮助人在弱肉强食、自然条件恶劣的情况下得以存活与繁衍。在人类求本能生存、求优质生活、求高效生产的发展过程中，劳动越来越成为群体共识、自卫盔甲、致富手段。人类文明的每一次进步和跨越都离不开劳动的助推。

人间万事出艰辛。越是美好的未来，越需要我们付出艰辛努力。只有付出和投入智力、物力、体力，劳动才可以挖掘人类意识的潜能、唤醒蕴藏在人体中的无限本能，进而形成丰富多彩、光辉灿烂的世界文明。我国当前所取得的一系列崭新成就，是全国各族人民撸起袖子干出来的，是新时代奋斗者挥洒汗水拼出来的。可以说，一部人类文明的发展史，就是一部劳动的纪念史和讴歌史。因而，必须要崇尚劳动，肯定劳动价值，将"崇尚劳动"的观念植入心底。

劳动在现实社会中表现为不同的形式，有脑力劳动和体力劳动，有简单劳动和复杂劳动，等等，所有直接或者间接的从事物质生产或精神生产的工作，都属于劳动范畴。不论哪种形式的劳动，只要是有益于人民和社会的劳动，都是人类历史发展不可或缺的内容和推动力量，都应该得到承认、保护和尊重，正如习近平所指出的，劳动没有高低贵贱之分，任何一份职业都很光荣。

不仅要尊重劳动的过程，还要尊重劳动者，尊重和珍惜他人劳动的成果。无论是普通工人、农民所从事的创造社会财富的基础性劳动，还是知识分子的创造性劳动，亦或是创业者、自由职业者的劳动，只要为社会主义事业的发展做出了贡献，都是伟大的、美丽的。

（二）热爱劳动

热爱劳动，是发自内心的热爱，身体力行去劳动，爱惜劳动成果，焕发劳动热情，让每一位劳动者在劳动中找到自己的人生定位和实现自己的人生价值。

热爱劳动要求"坦荡无私、乐于奉献"的劳动品德。坦荡无私指的就是一个人胸怀坦诚，大公无私，不以追求荣誉为目的的高尚人格。我们总是希望能够得到公正的评价，但是我们不能把获得荣誉当作自己劳动的目的，而要把国家的利益、人民的幸福当作自己努力的方向。因而，我们在劳动过程中要崇尚大公无私、国家利益高于一切、集体利益大于个人利益的劳动品德。乐于奉献是指自愿主动去做有利于他人或集体的事情却不追求回报，甚至在关键时刻可以牺牲自己。

马克思说过，如果劳动的目的只是增加财富，那么它是有害的。劳动者要把国家利益当作劳动的根本目的，做国家的奋进者、建设者。袁隆平就是乐于奉献的代表人物，他不顾现实环境的各种阻碍，在一线辛勤耕耘，培育出杂交水稻，为解决中国人民的吃饭问题做出了重大贡献。袁隆平被誉为"杂交水稻之父",获评"感动中国·2004年度人物",是首届国家最高科学技术奖得主,但他却始终专注于农田做一个真正的劳动者。袁隆平为广大劳动者做出了积极的榜样,他把国家理想和个人梦想统一起来,把每个人的理想和中国梦紧密结合,始终遵循"坦荡无私、乐于奉献"的劳动品德,丰富和发展了新时代劳动精神。

(三)辛勤劳动

辛勤劳动就是指辛勤耕耘、埋头苦干,是劳动者应有的基本要求和前提条件。辛勤劳动是个人对劳动应有的首要态度和基本立场,是诚实劳动的条件与基础。辛勤劳动主要侧重于劳动者在劳动过程中展现出的"筚路蓝缕、艰苦奋斗"的坚定决心、"顽强拼搏、自强不息"的坚毅品格,以及"埋头苦干、任劳任怨"的奋斗精神。它诠释了劳动者在劳动关系中体现的实干精神、效率意识、奉献意识、自觉意识等劳动态度。

这种劳动态度具体表现为:劳动者要树立"空谈误国、实干兴邦"的务实精神;劳动者要发扬"立足本职、真抓实干"的吃苦耐劳品质;劳动者要坚信"一勤天下无难事""功崇惟志、业广惟勤"的价值理念,克服不劳而获、"等靠要"等懒人思想。

辛勤劳动是新时代青年持续奋斗的立身之本和成功保证。习近平指出,青年人要"在工作中增长才干、练就本领,以真才实学服务人民,以创新创造贡献国家"。当今世界正面临百年未有之大变局,并经历新一轮大发展大变革大调整,霸权主义、贸易保护主义正严重威胁着世界多极化发展。我国作为新兴经济体和发展中国家,必须坚定不移保持和发扬勤奋踏实的优秀文化传统,抓住当前科技和产业革命的难得历史窗口期,才能全面提升综合国力,推动由量变到质变的飞跃。

新时代的历史方位和特点,对当代青年人来说既是挑战又是机遇。伟大目标绝不是轻轻松松就可以实现的,今天中国取得的伟大历史成就,也是一代代青年人用勤奋努力换来的,这就需要当代青年人不断奋斗,付出更加艰苦的努力、辛勤的劳动,才能不断攻坚克难,劈波斩浪,化解前进路上的风险与困难。对于肩负民族复兴重任的青年人来说,奋斗是青春最靓丽的底色,每个为人民服务的行业和岗位都是施展才华、竞展风采的广阔舞台。

(四)诚实劳动

诚实劳动是指在法律范围内自觉践行职业道德规范,严格工作标准,坚持初心、恪尽职守,实事求是地认识和对待劳动过程和劳动成果,是辛勤劳动的升华。它表明了劳动者在劳动关系中体现的责任意识、诚信意识、担当意识、合作意识等劳动态度。这种劳动态度具体表现为:劳动者要培养法治意识、规则意识,在法律法规许可的范围内从事有益于国家和社会发展的体力和脑力劳动,摒弃偷奸耍滑、自作聪明、一夜暴富等错误思想;劳动者要注重权利和义务相统一,不能一味地求取而不履行作为公民应尽的义务,要彰显新时代劳动者的责任意识和担当精神;劳动者要自觉自愿营造和谐温馨、互帮互助、团结协作的文化生态氛围。

中华民族自古就非常重视诚实。诚实是中华传统美德之一，古人云"诚者，天之道也；思诚者，人之道也"，诚实不仅是一个人内在修养的道德，更是市场经济社会中最必不可少的道德。诚实一直以来不仅是治国之道、人与人交往之道、经营之道、为人处世之道，还是一个人安身立命的根本。诚实劳动就是要广大劳动群众做一个无愧于心的诚实的劳动者，不仅于人无损，还要于国有益。每一个劳动者都要在自己的岗位上脚踏实地，竭尽全力做好自己的本职工作，不弄虚作假，不做损人利己的事，一方面能够有效率地完成自己的工作，实现自己的价值，另一方面也能够获得他人尊重从而齐心协力、团结劳动，提高整个社会的劳动效率，不仅为自己创造了丰富的物质财富和精神养料，还汇聚了诚实劳动的社会正能量。

新时代劳动精神展现着新时代砥砺奋进的新风貌，彰显着中国理论、中国制度和中国文化的价值，是促进人的全面发展、夺取新时代中国特色社会主义伟大胜利、实现中华民族伟大复兴的中国梦的重要力量源泉。大学生是民族的希望和祖国的未来，要努力弘扬劳动精神，将劳动精神转化为青春行动，为国家富强、民族振兴、人民幸福贡献自己的智慧和力量。

第二节　劳模精神

一、劳模精神薪火相传

劳动模范是民族的精英、人民的楷模，是共和国的功臣。劳模精神是时代的产物，不同时代有着不同的内容。各行各业、各个方面都需要树立旗帜，使得广大人民群众学有方向，赶有目标。时代需要劳动模范，社会需要弘扬劳模精神，劳模精神薪火相传。

（扫二维码观看本节视频）

（一）新中国成立以前

1. 劳模的产生发展

中国的劳模最早诞生于土地革命战争时期中央苏区的公营企业和革命竞赛中。1933年8月，中央苏区各厂矿企业开展劳动竞赛，提出比数量、质量、成本等内容的竞赛目标，按时评选模范，表彰先进并给予精神和物质奖励。抗日战争进入相持阶段后，日本帝国主义和国民政府对陕甘宁边区的经济封锁日益加剧，严重影响了边区的财政、工业生产和人民的生活，对此，陕甘宁边区政府意识到，自力更生、发展生产是打破敌人封锁、改变边区落后面貌的紧迫任务，1938年1月1日，陕甘宁边区政府举办了"延安工人制造品展览会",奖励并宣传了一批先进工厂、合作社及劳动英雄,劳模运动在陕甘宁边区逐步展开,创造和发现了一大批典型人物,激发了群众的生产热情,对陕甘宁革命根据地的巩固起到了重要作用。1943年陕甘宁边区《劳动英雄和模范工作者及其代表选举办法》规定,劳动英雄和模范工作者必须从农村、工厂、合作社、部队、机关和学校各部门各单位召开的全体人员会议上选举产生,改变了过去由政府指定的方式。为了总结劳模运动和边区生产运动的经验,陕甘宁边区政府于1944年12月21日召开了第二次陕甘宁边区劳动英雄与模范工作者大会,毛泽东在会上发表了《必须学会做经济工作》的重要讲话,充分肯定了劳动英雄与模范工作者在生产战线上所发挥的"带头、骨干和桥梁"作用。解放战争期间的劳模运动主要是伴随着增产立功进行的,这一时期出现了大量的"支前劳模"和新解放城市中的"工业劳模"。

这一时期的劳动模范主要包括生产好的劳动英雄和工作好的模范工作者两大类,他们来自农村、工厂、学校、军队等不同地方,分布在各行各业,成员既有畜牧、植棉、运盐等劳动英雄,又有妇女、学生、退伍残疾军人等,其优秀代表人物主要有赵占魁、吴满有、甄荣典、宴福生、刘建章等,他们积极参加义务劳动,全力支援前线斗争,组织和引领群众积极投身于中国共产党领导的人民解放事业。这一时期的劳模运动以"争当劳模光荣、努力生产光荣"为主题,经历了从个人到集体、从生产领域到各个方面、从上级指定到群众评选、从数量增多到质量提高、从提倡号召到按规定标准予以推广、从革命竞赛到全面的群众运动的发展过程,体现了"服务战争、支援军事"的指导思想,调动了军民斗争、生产、工作的积极性、主动性和创造性。同时,劳模运动还引发了一场思想革命,"劳动光荣、劳动致富"的观念在群众中发扬光大起来,不仅创新了生产组织形式,提高了工作效率,促进社会生产力和各项工作的大发展,改善了军民生活,还密切了军民关系、党群关系和干群关系,增强了劳动人民的团结,为新民主主义革命的胜利和新中国的成立奠定了坚实的基础。

2. 革命战争年代劳模精神的时代特色

劳模精神孕育于革命战争年代,这一时期的劳模发扬了"革命和拼命精神,严守纪律和自我牺牲精神,大公无私和先人后己精神,压倒一切敌人、压倒一切困难的精神,坚持革命乐观主义、排除万难去争取胜利的精神",呈现出革命型劳模的特征。革命战争年代影响最大且别具特色的就是劳模运动,体现了"服务战争、支援军事"的指导思想和"为革命献身、革命加拼命、苦干加巧干、经验加创新"的劳模精神。其中,"为革命献身"是革命战争年代劳模精神的鲜明底色,无论是苏区还是边区,广大劳模都是拥护中国共产党的领导和革命政权的先锋,为了革命奋不顾身,"独臂战将"宴福生不仅在战场上披荆斩棘、不惧生死,而且还是南泥湾大生产中的生产英雄,他就像一把火,走到哪里,哪里的生产就热火朝天,硕果累累。"革命加拼命"是革命战争年代劳模精神的品格特色,广大劳模为了革命理想所迸发出的激情无不充溢着浓厚的革命英雄主义色彩,"新劳动运动旗手"甄荣典带头响应党的号召，带领大家多造炮弹，争抢速度，维修设备，改进工具，掀起全厂生产竞赛热潮，被誉为"炮弹大王"。敌人来了他便冒着生命危险和敌人"捉迷藏"，保护着军工生产的"命根子"。"苦干加巧干"是革命战争年代劳模精神的优良作风，广大劳模在物质条件匮乏、技术水平落后的条件下自力更生、艰苦奋斗，"边区工人一面旗帜"赵占魁在高达2000摄氏度的高热熔炉面前埋头苦干、毫不懈怠。1947年，我军暂时撤离延安，赵占魁在保卫边区的战斗中，克服困难，带领工人想办法自烧焦灰，赶造出大批手榴弹供应前方。"经验加创新"是革命战争年代劳模精神的内在需求，广大劳模不断在劳动实践中积累经验，提升自己的创新创造能力，逐渐成为技术能手。"兵工事业开拓者"吴运铎在一无资料、二无材料的情况下带领职工自制枪弹，没有原料就找寻替代品，在生产与研制武器弹药中多次负伤，仍以顽强的毅力坚持战斗在生产第一线，为提高部队火力做出了重要贡献。

（二）新中国成立初期

1. 劳模队伍的壮大

新中国成立后，为了国家政权和经济建设的需要，党和政府坚持沿用革命战争年代开展劳模运动的经验做法，在社会主义劳动竞赛和生产运动中发现和推荐典型，大力开展劳模的评选和表彰。1950年至1979年国家共召开了9次全国劳模表彰大会，共表彰劳动模范、先进工作者和先进生产者13600余人。这一时期的劳模评选以一线工人为主，大部分都属于吃苦耐劳型的"老黄牛"，文化程度偏低、年龄偏大。其中，1950年9月至1960年6月是中国劳模快速发展壮大的时期，党和政府先后召开了4次大规模的全国性劳模和先进生产者代表大会，表彰了6510个先进集体和11126名先进个人，这些劳模广泛分布在工业、农业、部队、财贸、教育等各行各业，既有生产能手、岗位标兵、技术人员、科学工作者，又有先进工作者、优秀组织者和管理者。据《中国职工劳模大辞典》（中国工人出版社，1995年出版），1950年开展了新中国成立后第一批全国劳模的评选活动，赵占魁、李顺达、马六孩、李凤莲等464名工农兵劳动模范代表荣获"全国劳动模范"称号。1956年，中华全国总工会提出开展先进生产者运动以表彰在社会主义运动中的先进生产者，随后，各省、市、自治区评选出吴运铎、王崇伦、田桂英、赵梦桃、申纪兰等优秀代表。1959年10月25日至11月8日，新中国成立以来最为隆重和盛大的劳模表彰大会召开，表彰在工业、交通运输、基本建设、财贸方面的社会主义建设先进集体和先进生产者，这次大会出席人数最多，涉及行业最广，表彰数量最大，被称为"全国群英会"。会后，中共中央和国务院一致认为应该召集一个文教大会，于是，1960年6月召开了"全国文教群英会"，表彰在教育和文化、卫生、体育、新闻方面的社会主义建设先进单位和先进工作者，号召"全体文化教育工作者，必须努力学习马克思列宁主义，学习毛泽东同志的著作，在思想上进行不断的改造"，号召推进文化革命运动。1960 年 7 月至 1977 年 3 月，受"文化大革命"等因素的影响，除部分地区、单位、企业评选出少量劳模外，全国性的劳模评选活动基本处于停滞状态，已有的劳动模范队伍呈现出老龄化、待遇下降等问题，甚至遭受孤立和打击。1977 年至 1979 年，从"文化大革命"结束到改革开放初期，劳模评选工作逐步得到恢复和发展，短短三年时间，中共中央和国务院先后召开了 5 次劳模表彰大会，劳模队伍迎来了新中国成立后的第二次发展高潮。

2. 新中国成立后劳模精神的时代特色

从新中国成立到 20 世纪 70 年代，随着劳模队伍的发展壮大，劳模精神初具雏形。这一时期的劳模在自己的工作岗位上埋头苦干、不计名利，彰显了勤勤恳恳、任劳任怨、默默无闻、全心全意建设新中国的"老黄牛"形象和"一不怕苦、二不怕死"的"硬骨头"精神，激励着在"一穷二白"基础上建设新中国的全国各族人民不畏困难、艰苦奋斗、自力更生、无私奉献、刻苦钻研、勇于创新、不怕牺牲、团结协作、爱岗敬业、多做贡献。其中，"学习毛泽东思想，听党的话、忠于职守、勤奋工作"是这一时期劳模精神的时代特色。如国民经济恢复时期爱厂如家的"高炉卫士"孟泰，带领工人通过捡废料建成了当时著名的"孟泰仓库"。抗美援朝期间，他主动担任护厂队员，随时准备用身体护卫高炉，为恢复和发展鞍钢生产做出重要贡献，"孟泰精神"永放光芒。如"宁愿一人脏、换来万人洁"的掏粪工人时传祥，在自己的平凡岗位上以强烈的主人翁责任感和高尚忘我的劳动热情赢得社会的尊重，"时传祥精神"历久不衰。如三年困难时期的大庆油田 1205 钻井队的"铁人"王进喜，带领钻井工人在极其恶劣、简陋的环境下自力更生、奋发图强，打出一口口油井，为我们甩掉"贫油"的帽子做出重大贡献，成为中国工人阶级的光辉榜样，"铁人精神"永不褪色。除此之外，这一阶段的劳动模范还有许多战斗英雄、基层干部、知识分子、科研战线的领军人物，如"中国人民志愿军特级英雄"黄继光、"县委书记的榜样"焦裕禄、"知识分子的杰出代表"蒋筑英、"两弹元勋"邓稼先等，他们的劳模称号是靠自己干出来的，而不是靠评出来的。劳模逐步成为那个纯朴年代的精神象征，学习劳模成为一种社会风气，人们高歌"戴花要戴大红花"，劳模以强烈的爱国主义情怀和忘我拼搏的献身精神激励着那个年代的许多人"争戴大红花"，为祖国的繁荣富强贡献力量。

（三）改革开放以来

1. 劳模评选的与时俱进

20 世纪 80 年代以来，随着改革开放的推进，社会主义市场经济体制确立，中国社会飞速发展，劳模表彰有了明显变化，会议名称和召开时间逐步统一，劳模队伍的外延不断扩大。20 世纪 80 年代初期到 90 年代中期，中国的劳模评选既重视"老黄牛"型，更重视知识型。1978 年邓小平在全国科学大会上系统阐述科技是生产力的理论，一批科技文化教育工作者劳模走入人们视野。1989 年 9 月 28 日召开的全国劳模表彰大会是自 1959 年

▶▶▶ 劳动教育通论

"全国群英会"以来的又一次盛大的群英聚会，2790 人被授予全国劳动模范和先进工作者荣誉称号，肯定了改革开放所取得的成绩，激励着全国各族人民在党的领导下奋勇向前。1995 年 4 月 29 日召开的全国劳模表彰大会上，江泽民把知识分子与"工人、农民、其他劳动群众"并列在一起叙述，突出了知识分子的重要作用。这些变化极大鼓舞了知识分子和脑力劳动者的工作热情，使得尊重知识、尊重人才在社会上蔚然成风。20 世纪 90 年代中期至今，中国的劳模评选体现出鲜明的时代特色，除了弘扬"老黄牛"精神、更加尊重知识外，还融入了创新、以人为本的新理念。2005 年，私营企业主和进城务工人员首次被纳入劳模评选范围，更加丰富了劳模群体的时代特色。"弘扬劳模精神"被写入党的十九大报告，并成为习近平新时代中国特色社会主义思想的重要内容。

21 世纪是一个开拓未来、成就梦想的时代，在新的历史起点上，劳模的来源范围更加广泛，构成更加复杂多样，评选模式更加民主科学，评选标准更加具有时代特征。例如，劳模的评选面向基层、面向一线，遍及经济社会发展的各个方面，涵盖体力劳动、脑力劳动、物质生产、精神生产、社会建设、科研活动、管理实践等各个领域；劳模的构成覆盖老中青各个年龄层次，既包括一线工人、农民工，又包括高级技工、企业管理者、专家学者、教育工作者、体育明星等多个社会群体；劳模评选坚持公开、公平、公正的原则，不论身份，人人平等，坚持群众路线，充分发扬民主，评选过程更加程序化、科学化，坚持原则、严格把关；劳模评选在弘扬社会主义道德的基础上，更加尊重知识、尊重创新、尊重劳动、看重贡献等。总之，随着我国从农业社会向工业社会的转型以及改革开放的深入，社会对劳动价值的评判已从传统意义上的"出大力、流大汗""苦干加巧干"向"知识创造效益、科技提升竞争力"的方向转变，创新型、专家型、复合型、管理型、技能型成为当代劳模的鲜明特征，充满活力和感召力的劳模队伍不断与时俱进。以孔祥瑞、窦铁成、王启明、徐虎、邓建军、王顺友、吴登云、吴大观等人为代表的改革开放和社会主义现代化建设新时期的劳模，以"干一行爱一行，专一行精一行"模范行动和崇高的精神风貌，带领广大人民群众团结奋斗、锐意进取，成为实现中华民族伟大复兴、开拓中国特色社会主义事业新局面的重要力量。

2. 改革开放和社会主义现代化建设新时期劳模精神的时代特色

高速发展及高度开放是改革开放和社会主义现代化建设新时期劳模产生的土壤，劳模队伍与时俱进，反映在劳模身上的精神也是一脉相承又与时俱进的。这一时期的劳模爱党、爱国、爱社会主义，是党联系群众的桥梁和纽带，他们既继承了老一代劳模踏实苦干的优秀品质，是勤勤恳恳、自力更生的"老黄牛"，有着忘我的劳动热情和无私奉献精神、强烈的主人翁责任感和艰苦创业精神；他们又是新时期各行各业的能手和专家，"干一行爱一行，专一行精一行"，展现出强烈的开拓进取意识和创新求实精神、良好的职业道德和爱岗敬业精神。劳动模范孔祥瑞把工作岗位当成课堂，把生产实践作为教材，通过不断地钻研学习，把"死"知识变成"活"知识，把"活"知识变成真本事，用"小革新"解决"大问题",最终从一名只有初中文凭的码头工人成长为享誉全国的"蓝领专家"。"新时代雷锋"徐虎是一名水电修理工,他本着"辛苦我一人,方便千万家"的信念数十年如一日地为居民排忧解难,被亲切地称为"19点钟的太阳"。劳模精神的实质就是通过诚实劳动创造美好生活,这是改革开放实践所蕴含的时代精神。踏着时代发展的节拍,知识型、创新型、技能型、管理型的劳模队伍正在迸发出生机盎然、蓬勃向上的力量,为推动社会主义经济建设、政治建设、文化建设、社会建设、生态文明建设和党的建设做出重要贡献。

中国劳模精神的形成和发展史是近现代中国共产党人团结带领广大劳动人民的奋斗史,从"铁人精神"到"振超效率",从"埋头苦干"到"创新劳动",虽然不同时期有着不同的时代特色,但劳模精神的主旋律始终不变,传承劳模精神,任何时代都需保持劳动者的本色。中国特色社会主义新时代的劳模正在以实际行动向广大人民群众昭示着"劳动创造历史、劳动无上光荣"的理念,彰显了当代劳动者的精神气质,为中国经济社会的发展汇聚起强大的正能量,唱响了时代的最强音。发扬一代又一代劳模"传帮带"的优良传统,让劳模精神薪火相传。

二、劳模精神的内涵

在我们党团结带领人民进行革命、建设、改革各个历史时期,劳动模范始终是我国劳动者中一个闪耀的群体,享有崇高声誉,备受人民尊敬,长期以来,广大劳模以平凡的劳动创造了不平凡的业绩,铸就了爱岗敬业、争创一流、艰苦奋斗、勇于创新、淡泊名利、甘于奉献的劳模精神,丰富了民族精神和时代精神的内涵,是我们极为宝贵的精神财富。这二十四个字,构成了劳模精神的丰富内涵。

(一)爱岗敬业

人们要满足自身的物质文化生活需要,推动人类文明不断向前发展,就不得不从事各种职业活动,并且必须具有一定的爱岗敬业精神。爱岗敬业是爱岗和敬业的总称,二者相辅相成、互为前提。爱岗是指热爱自己的工作岗位,热爱本职工作。人生的大部分时间都是在工作中度过的,工作岗位没有高低贵贱之分,没有价值大小之别,它是实现人生价值的第一舞台,只有对自己所从事的职业饱含热爱,才能从事业的奋斗中获得最大的快乐和满足,在平凡的岗位上做出不平凡的业绩。敬业是指要用一种恭敬严肃的态度对待本职工作,做到对自己的工作极端负责。敬业作为现代人的必备素质之一,是对职业道德的最好阐释,与以往时代相比,现代社会知识更新越来越快,社会分工更加精细化,在有效提高生产效率的同时也给我们带来了更加严峻的挑战,任何环节出现问题都可能造成无法弥补的损失。

可见,作为一种职业道德,爱岗敬业蕴含职业人员对社会必要性和现实性的尊重,爱岗是敬业的基石，敬业是爱岗的升华，培育和发展爱岗敬业精神对于一个国家经济、社会和文化的发展起着越来越重要的作用，它既是发展中国家走向现代文明的必要条件，同时也决定着一个国家和民族在未来竞争中能否持续兴旺发达，是已经步入现代文明的发达国家持续前进的内在动力。爱岗敬业是当代中国劳模精神的基础，是身处工作岗位的每一个人最基本的道德素质和要求，是动员、凝聚、鼓舞和推动社会发展的无形力量。

（二）争创一流

雄鹰不甘宇下，骏马难守圈栏，争创一流作为一种昂扬向上的精神风貌，是指不断超越自我，创造优异的工作业绩，是走在时代前列的刻度和标志。劳动模范是充满活力的，他们身上总是有着善于"比"、敢于"拼"的干劲和勇气，永不满足于原有状态，在高起点上继续求高，在新起点上继续求新，顺应时代潮流，勇于走在前列。

争创一流的精神始终将追求最优作为自己的人生目标，力图把工作做到最好，这种积极奋发的精神状态可以激发人的内在动力，挖掘人的创新潜能和创造活力，积极进取、兢兢业业，不干则已，干就干出一流业绩。市场经济需要竞争，争创一流符合现代社会的主流思想，广大劳模以不能等待的危机感、不能拖拉的责任感、不能落后的紧迫感、不能退却的使命感，勇往直前、开拓进取，用一流的技术、一流的管理、一流的产品、一流的品牌、一流的服务、一流的信誉、一流的口碑，树行业标杆。我们要学习劳动模范，就要在日常的工作生活中始终保持开拓进取意识和创新意识，专业娴熟、技术精湛，用长足的眼光和开放的思维定一流目标，将原来的成功归零作为新的起点，不断向下一个目标迈进，不畏挫折、充满自信，用一流的行动去回击外部消极的杂音，用一流的国际形象捍卫中国劳动者的尊严和自信，争当各个行业和岗位的排头兵。正所谓"劳而优则模"，争创一流作为当代中国劳模以高标准、高目标要求自我的高尚情操，是当代中国劳模精神的灵魂。

（三）艰苦奋斗

艰苦奋斗作为中华民族的优良传统，是指不怕艰难困苦，坚持英勇斗争的精神追求、工作作风和生活态度，是当代中国劳模精神的本色。艰苦强调客观环境和条件，"不经一番寒彻骨，怎得梅花扑鼻香"，艰苦是成功的必经过程，只有真正经历过艰难困苦，才会有不畏困难、奋发图强的勇气。可见吃苦不仅是一种经历，更是一笔财富，我们要不怕吃苦、学会吃苦、以苦为乐，在艰难困苦中依旧保持清醒、坚持不懈，这样注定会攻破难题，取得成功。奋斗作为人的主观进取行为，是人生不变的主题，是艰苦奋斗的精髓。劳动模范的成长、成才和成功，关键在于奋斗，他们面对危险困难，始终保持努力拼搏的干劲、一马当先的闯劲和奋发有为的钻劲，将压力和目标转化为奋勇向前的动力，才有了平凡中的伟大成果和关键时刻的惊人之举。

从思想层面上讲，艰苦奋斗就是用人的主观进取行为去战胜恶劣的客观环境条件，艰苦和奋斗二者紧密相连，重在奋斗。习近平强调："社会主义是干出来的，新时代也是干出来的。"中国特色社会主义现代化所取得的成就是以当代劳模为代表的全体劳动者在艰苦的劳动实践中苦干、实干、巧干出来的，是脚踏实地奋斗出来的，是每一位劳动者"出大力、流大汗"的结果。无论时代如何发展，艰苦奋斗作为一种自强不息、奋发有为的精神风貌，永不过时。

（四）勇于创新

"创新是民族进步的灵魂，是一个国家兴旺发达的不竭源泉，也是中华民族最深沉的民族禀赋。"创新既是一个宏观的社会实践过程，又是一个微观的心理反应过程，其本质在于突破，核心在于"新"。勇于创新就是要克服循规蹈矩、封闭保守的思想，以锐意进取、求新求变的勇气攀高峰。在知识经济时代，我们不应满足简单的重复劳动，只有打破原有条条框框的束缚，转变思维方式，发扬探索精神，开展创造活动，向创新要效益、以创新求发展，才能在社会主义市场经济的大潮中激流勇进，不被湮没，才会有个人事业的成功和整个社会的发展。尤其是面临复杂的突发事件，劳动者更应该突破思维定式，善于应变，果断处理，抓住机遇，变被动为主动，开创新局面。

伴随着现代产业的发展，勇于创新是新时代劳模最为突出的表征，大批创新型劳模的涌现推动了"中国制造"向"中国创造"的转型，推动了我国技术创新和产业的进步，他们是社会主义现代化建设的创新主力和排头兵。我们要把握时代发展的脉搏，积极学习劳动模范勇于创新、与时俱进的开拓进取精神，充分调动自身的创新潜能和创造活力，将科学的态度和创造热情结合起来，在不断总结工作经验的基础上，善于改变思维、开拓思路、推陈出新、革故鼎新，从而创造性地建立新机制、采取新方法、取得新成绩。勇于创新是时代发展的需要，是中华民族走向世界、赢得未来的关键，是当代中国劳模精神的核心。

（五）淡泊名利

名利即"名位"与"利禄"、"名声"与"利益"，反映的是一个人的劳动成果和贡献得到社会认可，并获得相应报酬。淡泊名利是指清淡寡欲、轻名忘利，是中华民族的传统美德，体现了当代中国劳模精神的崇高境界。

随着社会生产力的迅猛发展，人们对物质文化的需要基本得到满足，开始追求美好生活，然而，现代社会在给人们带来诸多便利的同时也充满着浮躁和诱惑，多元的价值观冲击着人们的思想观念。如何在复杂的环境下科学地认识欲望、学会控制欲望显得尤为重要。正确的名利观会影响并铸就高品位和高格调的人，劳动模范之所以能做到淡泊名利，是因为他们拥有荣辱不惊、安贫乐道的豁达心态，不为功名所累，可以用奉献精神和有效行动冲破利益的诱惑，不忘初心、牢记使命，合理克制自己的欲望，用积极健康的正向欲望推动自己脚踏实地、气定神闲地走在时代前列。名利的光彩人人憧憬，但过于看重名利往往会被欲望蒙了心智，跌入低谷、身败名裂。

因此，在名利面前必须想得透、看得淡，锤炼廉洁自律、遵规守矩的高尚品格，清白做事，干净做人，自省自警，知足常乐。淡泊名利的精神体现了劳动模范的先进思想和精神风貌，体现了一个劳动者的时代价值和社会的正能量，对于促进社会和谐，推动社会主义现代化建设发挥了重要的作用。

（六）甘于奉献

"奉"即"捧"，是"给"的意思；"献"原意为"献祭"，指"把实物或意见等恭敬庄严地送给集体或尊敬的人"；奉献是指"恭敬地交付、呈献"，现在多指满怀感情地为他人提供不计回报的无偿服务，做出自己的贡献。奉献不仅是一种情怀，更是一种美德，是指对自己事业的不求回报的爱和全身心的付出，是一种敢于担当、乐于付出的行为品质，也是激励人们奋发向上的强大力量。甘于奉献就是在工作岗位上要有勇于牺牲、勇于奉献、舍己为人的精神，是当代中国劳模精神的底色。

"劳动模范不仅是一种荣誉表彰，更是一种精神力量，是一种对职业、对自我、对社会、对国家的大抱负、大情怀、大担当、大奉献。"广大劳模之所以获得社会的认同，是因为无论他们从事任何职业，都将自己的幸福融入国家和人民的幸福中，用最坚定的信念、最执着的精神、最寻常的举动在自己平凡的岗位上做出不平凡的功绩，用关键时刻的可贵坚守塑造了甘于奉献的英雄形象，以为国分忧、自强不息的豪迈壮志凝聚起强大的力量，影响和带动着整个社会前进，他们在甘于奉献中创造社会价值、实现自我价值。

无论时代如何变化，广大劳模甘于奉献的追求不会变，能奉献、乐奉献、求奉献已成为劳模的思想自觉和行动自觉，甘于奉献已经成为中国劳模精神最鲜明的标志，镌刻着劳模为党和人民贡献一切的光荣而不朽的印记，甘于奉献理应是当代中国劳模精神内涵中最亮丽的底色。我们要积极向广大劳模学习，懂得付出与担当，在甘于奉献的实践中实现人生价值。

第三节　工匠精神

2016年政府工作报告提到"提升消费品品质"时，强调要"培育精益求精的工匠精神"。这是"工匠精神"这一概念第一次出现在治国安邦的文件中。2017年，政府工作报告中再次强调："质量之魂，存于匠心。要大力弘扬工匠精神，厚植工匠文化，恪尽职业操守，崇尚精益求精，培育众多'中国工

（扫二维码观看本节视频）

匠'。"山东省 2018 年印发《关于实施"齐鲁工匠"建设工程的意见》，在全省范围内开展工匠选树活动，实施"齐鲁工匠"建设工程，选树的"齐鲁大工匠"和"齐鲁工匠"彰显了新时代的"齐鲁工匠"精神。党的十九届四中全会通过的《中共中央关于坚持和完善中国特色社会主义制度、推进国家治理体系和治理现代化若干重大问题的决定》提出"弘扬科学精神和工匠精神"。党的十九届五中全会再次提出"弘扬科学精神和工匠精神"。

一、工匠文化源远流长

我国古代行业之间有"士、农、工、商"之分，其中"工"就是从事制造业的手工业者，就是我们现在所讲的工匠。在中华民族悠久的文明历史长河中，这些工匠们用自己的精湛手艺、拼搏奋斗、不懈追求，留下了浓墨重彩的一笔。根据史料有关舜在河滨制陶的有关记载，早在 4300 年前，便出现了工匠精神的萌芽，已经开始追求手工产品的精细品质。随着我国古代政治、经济、文化、科技等方面的不断发展，在不同的历史朝代都有大量的工匠涌现，如鲁班、扁鹊、氾胜之、丁守存，等等，由此形成了我国独特的、悠久的工匠文化和工匠精神。这种深厚的工匠精神代代传承，其历史内涵可以概括为以下三个方面。

（一）"尚巧"的创造精神

成书于春秋末期战国初期的《考工记》是研究中国古代技术史极其重要的文献，全书共 7100 余字，记述了春秋战国时期官营手工业和家庭小手工业的主要工种，反映了当时我国所达到的科技及工艺水平。《考工记》把当时的社会成员划分为"王公、士大夫、百工、农夫、妇功、商旅"六大类，对百工的职责做了明确界定："审曲面势，以饬五材，以辨民器，谓之百工"，也就是说工匠的职责是需要充分了解自然物材的形状和性能，对原材料进行辨别挑选，加工成各种器具供人所用。所以，工匠的第一重社会身份首先是手工业者，他们以劳作创造物品，而巧思巧手、技艺精湛则是造物的前提，也是从普通手工业者走向工匠的第一要素。《考工记》记载："知者创物，巧者述之，守之，世谓之工。百工之事，皆圣人之作也"，这里将"创物"的"百工"称为"圣人"，充分体现了早期器具设计需要非凡的智慧。"巧"不是单一的机械性操作或者一次机缘巧合，而是多学科知识，全方位考察，因时、因势、因地加以引导的集中显现。"尚巧"的创造精神是工匠精神"创物"与"造物"的创新表现。

（二）"求精"的工作态度

如何使技艺达到熟练精巧，如何使作品达到尽善尽美，古代工匠们有着超乎寻常甚至可以说是近乎偏执的追求。工匠们在学艺过程中，必须经过日复一日的技能训练，同时，还需要修炼心性、人格等，才能更好地在技巧磨炼过程中不惜时间和精力，反复琢磨和改进产品，不断注重细节，追求完美极致，以严谨的精神和一丝不苟的态度精益求精。比如，在《考工记》中记载了以"轮人""舆人""辀人""车人"等为代表的制车系统。其中，"轮人"在木制马车的总体设计中专攻车轮，他们需要顺应天时、适应地气、材料上佳、工艺精巧，方可制得精良器物。考核车子的要领要先从地面的负荷开始，所以考核车子要先从轮子入手。"轮人"制作车轮，伐取木材的时候，必须先刻识阴阳记号，木材向阳的部分，纹理细密坚实，背阴的部分，纹理疏松柔弱，所以要用火烘烤背阴的部分，让它和阳面的木质保持一致，那么在使用中就不会因为变形而不平衡。辐条必须齐直，行驶在不同地面有不同的削细和安置方法，把辐条放在水中，浮沉的深浅都要保持一致，插在抱合之处时，不用楔都很牢固，最终达到轮圈很圆、轮圈两侧规整、上下两辐对直、水上浮沉深浅一致、两轮重量相等、中空之处容积相等诸多要求，方能制成一个车轮。由此可见，我国古代工匠对待自己产品的严苛程度。

（三）"道技合一"的人生境界

古代工匠在制作过程中，充分融合对技艺的浸淫、对作品的虔诚、对人性的体察、对自然的敬畏，将对生命和自然的感悟融入作品，创造出了绚烂辉煌的中国古代科技文明。"道"是中国古代一个十分重要的哲学概念，"道"是"万物之奥"，是一种信仰和追求，以此信仰为基点，增添了人们探索世界、克服困难、拼搏奋斗的精神动力，从而创造出了一系列物质文明和精神文明。"道"无形而"技"有形，"技"是具体的途径和方法。在先秦诸子中，墨子对"技"予以重视，墨子既是思想家、教育家，也是科学家、军事家，他在几何学、力学、天文学、军事科技、土木工程等方面都有显著成就。道家的代表人物庄子对"道"有深刻的论述，庄子认为"道"要通过"技"来不断探索和感悟，要先拥有高超的技艺，才能实现对"道"的感悟，即达到"道技合一"的境界，这是古代工匠们的终极精神追求。同样，对工匠而言，掌握高超的技艺是体悟"道"的基本前提，但这并不意味着因此就可以体悟到无形的、难以言表的"道"。在中国古代的工匠中，有着高超技艺的人不少，如宋代的潘谷不但善于制墨，而且鉴赏能力很高，能达到"揣囊知墨"的程度。《太平广记》第八十四卷中记载了一个名叫奚乐山的木匠，他手艺高超，所做器物十分精妙，锱铢无失，达到"众共惊骇"的程度。

二、工匠精神的当代内涵

工匠精神必须与时俱进，富有时代内涵，在传承传统工匠精神优秀品质的基础上持续发展。当代中国工匠精神是在充分适应现代生产力和生产关系的基础上而生发出的一种精神气质、道德要求及价值取向，且与社会主义核心价值观所倡导的爱国、敬业等价值观具有统一性。这种时代风貌和文化内涵不仅对中国进一步提升劳动者素质、实现高质量发展大有裨益，也因其先进性和实践性而具有世界意义。

（一）专业专注的敬业精神

"今夫弈之为数，小数也；不专心致志，则不得也。"意思是说，尽管下棋是一个小的技艺，但如果不能一心一意、心无旁骛地学，就不可能得到它的精髓。对于工匠精神，同样需要专注。专于其心，一心一意，一次只做一件事，这意味着集中精力，注重目标唯一，不轻易因其他诱惑而动摇。专注于一件事，看似简单，其实是对毅力与恒心的极大考验。我们想象一辈子只做好一件工作，似乎会伴随着漫长、枯燥、无趣等，但在工匠们眼中，这却是充满着无限魅力的一件事，他们专注于其中，更享受于其中。

（二）精益求精的品质追求

抱守元一、潜心钻研、精益求精是工匠们的一致追求，他们旨在打造最优质的产品，代代累积着属于工匠的坚持和匠心，他们有着严苛的技术标准和挑剔的审美眼光，追求每件产品的至善至美。把一件事情做好并不难，难的是做好每一件事情。工匠们所从事的工作是平凡的，但又是担负重大使命的。他们的每一份成绩的取得，都是反复试验、不断改进的结果，这其中必然要有精益求精这种精神的支撑。"做就做到最好"的极限精神激励着每一位工匠，他们把自己工作上的每一个进步都沉淀下来继续前进，向着更高峰攀登，永不止步。这种品质是当代工匠精神的最高要求，也是"中国制造2025"实现的重要精神保障。

（三）一丝不苟的职业态度

工匠们从事不同的职业，无论在什么样的工作岗位上，首先应保证自身的理论知识完备和操作技术娴熟，这是最基本的专业素养。同时，要有极度严谨的职业态度，并从中体会它带给自己的幸福感和成就感。职业没有高低贵贱之分，无论是高铁生产流水线上的高精尖还是普通车间里的一锤一钳，用心做好每一件小事，一丝不苟，这是工匠精神的核心体现。工匠们所追求的是产品的精确度毫厘不差，始终严格遵循工作规范和质量标准，兢兢业业做事，一板一眼工作，把每个操作要求和工作步骤都落实到位，不投机取巧，不寻求"捷径"，不敷衍了事，确保产品质量符合标准甚至高于标准，不留遗憾。

（四）追求卓越的创新精神

理论和实践是工作中两个层面的一体化，理论是实践的指导，实践是理论的来源，以知促行，以行促知。其中，实践是创新的基础，创新是实践推动认知发展的体现。工匠的这种精神不仅要求我们"能干苦干"，还要"精干巧干"。面对工作中时常会出现的"老大难"问题，不能绕道走，而是必须坚持不懈地搞创新，细心观察、耐心思考、用心琢磨，突破的问题越多，技术革新之路也就越宽，就能勇攀质量高峰，打造更多让消费者满意的知名品牌。追求卓越、崇尚质量、不懈奋斗，创新之路就能永葆光明。

思考与实践

1. 请寻访身边的劳模或工匠，了解他们的感人事迹，并制作一则三分钟短视频，对他们的事迹进行推介。
2. 请寻访本地区的非遗传承人，通过他们制作非遗产品过程，感悟工匠精神的内涵。
3. 你认为通过具体的劳动可以锻炼自己的哪些品质？请以具体事例来描述。

中篇

第五章　家风中的劳动精神传承

本章思维导图

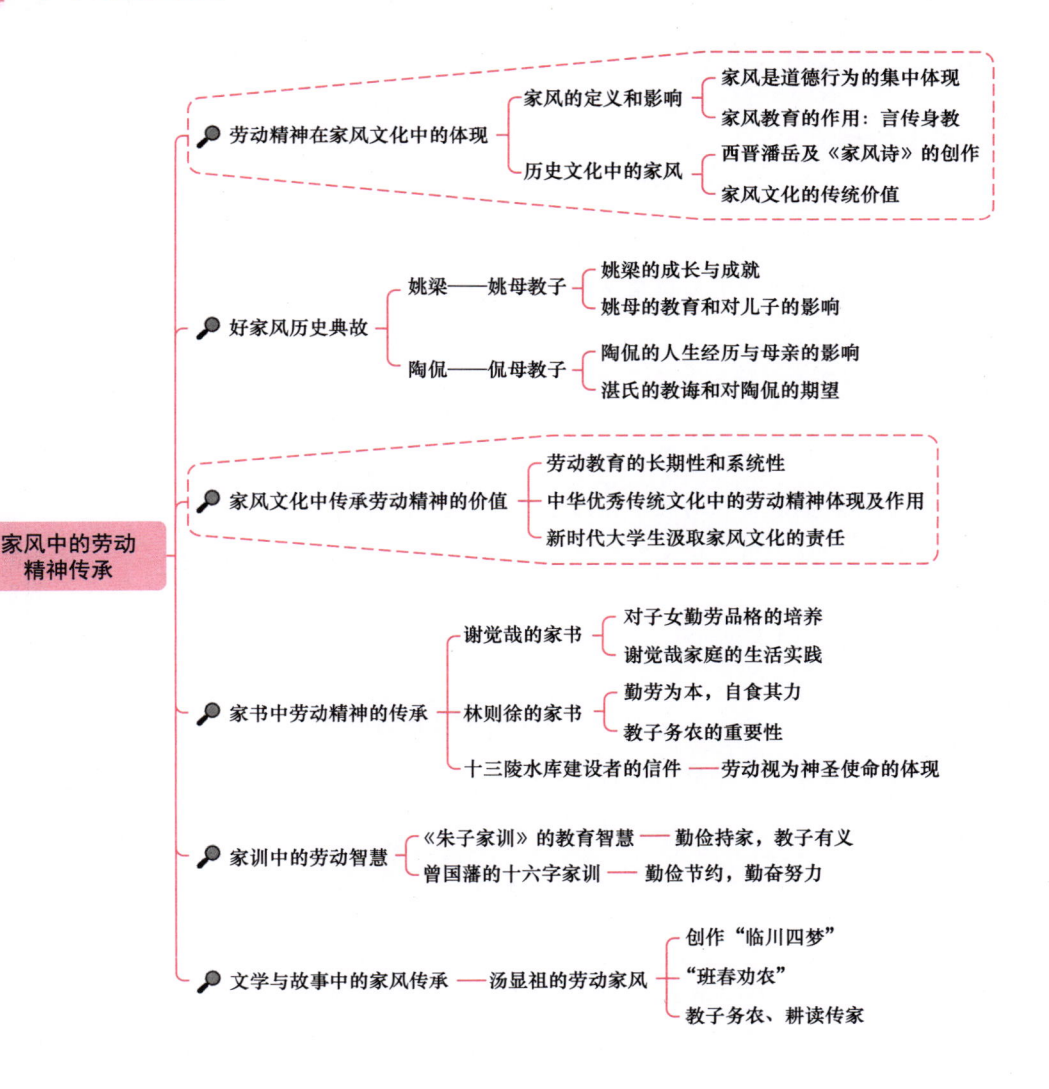

- **家风中的劳动精神传承**
  - 劳动精神在家风文化中的体现
    - 家风的定义和影响
      - 家风是道德行为的集中体现
      - 家风教育的作用：言传身教
    - 历史文化中的家风
      - 西晋潘岳及《家风诗》的创作
      - 家风文化的传统价值
  - 好家风历史典故
    - 姚梁——姚母教子
      - 姚梁的成长与成就
      - 姚母的教育和对儿子的影响
    - 陶侃——侃母教子
      - 陶侃的人生经历与母亲的影响
      - 湛氏的教诲和对陶侃的期望
  - 家风文化中传承劳动精神的价值
    - 劳动教育的长期性和系统性
    - 中华优秀传统文化中的劳动精神体现及作用
    - 新时代大学生汲取家风文化的责任
  - 家书中劳动精神的传承
    - 谢觉哉的家书
      - 对子女勤劳品格的培养
      - 谢觉哉家庭的生活实践
    - 林则徐的家书
      - 勤劳为本，自食其力
      - 教子务农的重要性
    - 十三陵水库建设者的信件——劳动视为神圣使命的体现
  - 家训中的劳动智慧
    - 《朱子家训》的教育智慧——勤俭持家，教子有义
    - 曾国藩的十六字家训——勤俭节约，勤奋努力
  - 文学与故事中的家风传承——汤显祖的劳动家风
    - 创作"临川四梦"
    - "班春劝农"
    - 教子务农、耕读传家

85

▶▶▶ 劳动教育通论

学习要点

　　劳动精神是一种以勤奋劳动、艰苦奋斗为核心的生活态度和价值观。它源于传统文化中的勤俭持家、辛勤劳动的优良传统。在现代社会中，它与职业精神、创新创业精神等紧密融合，成为人们追求成功、实现自我价值的重要支撑。

　　我国传统优良的家风蕴含着深厚的劳动思想，一代又一代中华儿女在家风中不断传承着劳动精神。一个个经典故事是家庭美德和家庭伦理的集中体现，至今读起来，仍具有很强的感染力。

　　在家风文化中传承劳动精神的方式有很多，如家书、家训、故事等，世代相传，影响后人。除此以外，在我国古代的各类文学作品中，也对家风进行阐释、赞颂，这些劳动格言逐渐成为劳动教育的重要组成部分。

知识目标

1. 了解劳动精神在我国家风文化中的具体体现。
2. 了解包含劳动精神的家训经典语句。
3. 掌握在家庭中传承劳动精神的重要意义。

能力目标

1. 通过学习和实践，自己深切感悟劳动家风中的劳动精神。
2. 寻找体现劳动精神的文学作品，并阅读。
3. 尝试写一篇书信，谈谈自己对劳动精神的理解和认识。

思政目标

1. 通过阅读文学作品，体会、感悟我国劳动精神实质。
2. 通过亲身努力，培养和践行劳动精神。

我国近代教育家蔡元培先生曾经在《中国人的修养》里这样提道："家庭者，人生最初之学校也。"强调了家庭教育的重要性。家庭是人生当中的第一所学校，是孩子梦想开始的地方，也是孩子生活的地方，是孩子一生中最坚强的后盾。一个人后天的思想、行为等都和原生家庭的教育和引导息息相关。如果一个家庭有良好的家风，孩子和父母都会从中受到滋养，进而将一个家的美好品质世代传承。青年学生劳动精神的养成，同样需要良好家风的涵养，需要优良家风文化的传承。这是新时代劳动教育的强烈需求，也是塑造大学生适应社会发展人才的必然趋势。

劳动精神在家风文化中的具体体现有哪些？我国知名人士如何在家风文化中传承劳动精神？在优秀家风中的又有哪些劳动格言呢？让我们在本章知识中寻找答案。

第一节　劳动精神在家风文化中的体现

（扫二维码观看本节视频）

在人类发展的漫长历史中，劳动创造了人类自身，劳动创造了历史。劳动是新时代培养德智体美劳全面发展的社会主义建设者和接班人的一个重要途径。从古至今，家庭一直都是青少年人生道路上的第一所学校，任何一个人的成长发展，家庭都起到了非常重要的引领和熏陶的作用。我国传统优良的家风蕴含着深厚的劳动思想，一代又一代中华儿女在家风延袭中不断传承着劳动精神。

一、家风及其重要性

家风主要指由父母或祖辈提倡，同时身体力行和言传身教，用来约束和规范家庭成员的一种风尚和作风。可以说，家风是家庭成员道德水平的集中体现。家风是需要一个家庭长期培育，并逐渐形成的一种文化和道德氛围，具有很强的感染力量，是家庭美德和家庭伦理的集中体现。家风作为一种精神力量，一方面能在思想道德上对家庭单个成员进行约束，另一方面还能促使家庭成员在一种文明、和谐、积极、健康的氛围中不断成长，形成良性互动的家庭气氛。

据考究，"家风"一词，最早可见于西晋文学家潘岳的作品中。西晋文学家夏侯湛将《诗经》中的六篇"笙诗"，补缀以成《周诗》，拿给潘岳看。潘岳认为，这些诗篇呈现出温文尔雅的特质和"孝悌"的本性。为了便于和友人唱和吟诵，潘岳写作《家风诗》，叙述家族风尚。

绾发绾发，发亦鬑止。日祗日祗，敬亦慎止。靡专靡有，受之父母。鸣鹤匪和，析薪弗荷。隐忧孔疚，我堂靡构。义方既训，家道颖颖。岂敢荒宁，一日三省。

上面这首诗中，作者并没有具体详细地描述自家家世，而是通过歌颂祖德、赞美自己的家族传统，来进行自我勉励。

中国古代的家风中孕育着大量劳动教育，它植根于伟大的中华优秀传统文化，承载着以劳动立德树人的理念。中国是一个重视家教家风的国家，自古关于好家风的历史典故不胜枚举。下面通过两个历史故事，来加深一下对家风重要性的理解。

延伸阅读：

1. 姚母教子

姚梁（1736—1785年），庆元县松源镇姚家村人。自幼好学，23岁保举优贡，清乾隆三十年（1765年）顺天乡试考取举人，清乾隆三十四年登进士，官至内阁中书，历任礼部主事、刑部员外郎、顺天乡试会试同考官、山东学政、饶州知府、川东分巡兵备道、江广按察司、河间府知府等职，所至皆有政绩。清乾隆三十五年后封奉直大夫、中宪大夫、通议大夫，世称"三大夫"。姚梁为官清廉，政绩累累，备受尊敬，这得益于姚梁从小受家庭诚信教育。庆元地方上流传着姚母教子的故事。

有一年，朝庭赐封姚梁为察司，要他去各州府查办贪官污吏。这事被他母亲知道了，她老人家深怕儿子胜任不了这桩大事，决定要试他一试。一日黄昏，姚梁刚从外面回家，他母亲劈头便问："梁儿，我中午煮了一大碗香蛋，好端端地放在橱内，晚上打开橱门一看，竟少了三个，莫非是给媳妇偷吃了，你要替我查一查，我要对家贼施行家教呢！"姚梁听了不觉好笑，心想家人吃几个香蛋，也值得这么认真。于是便对母亲说："几个香蛋吃了便算，不必追究吧。"不料他母亲却认真地说："你连家中小事都分不清，还敢上州下府去查案？"姚梁一听，明白了母亲的用意，随即找来几个脸盆、牙杯，盛上清水，叫拢母亲、妻儿等全家人，分给每人一个脸盆、一个牙杯，吩咐大家一齐漱口，并把口水吐入各自面前的脸盆中。姚梁一个个地观察过去，别人脸盆的口水都清清的，唯有母亲脸盆的口水漂着一些蛋黄碎。姚梁发觉吃蛋的不是别人，正是母亲自己，他正在犯难时，而他母亲却在旁一味催促，问他："查到了吗？"姚梁说："查是查着了，不过……"他母亲紧逼着说："不过要徇私，对否？"这时，姚梁实在无法只得壮着胆指出："蛋是母亲吃的。"姚梁媳妇直怨他不该当众让老人家难堪。谁料，他母亲却哈哈大笑，说："你能遇事细心，判事无私，我便放心了。"不久，姚梁奉旨到各州府明查暗访，根据查到的实情，严办了一批贪官污吏。传说姚梁"为官清廉耿直，毫不徇私"，取信于民，与母亲的家教是分不开的。

2. 侃母教子

东晋名将陶侃的母亲湛氏是中国古代一位有名的良母。她与孟母、欧阳母、岳母一起被尊为中国古代"四大贤母"。她出色的言传身教常使人感动得潸然泪下。《幼学》云:"侃母截发以筵宾。村媪杀鸡而谢客。此女之贤者。"这里的"侃母",指的就是这位伟大的母亲。

湛氏出生于三国时期吴国,16岁那年她嫁给吴国扬武将军陶丹为妾。生下陶侃没几年,丈夫陶丹便病逝。从此,家道中落,一蹶不振。由于孤苦无依,湛氏只好携带幼小的陶侃由浔阳(今九江市)回新淦娘家,以纺织为生,供陶侃读书。由于陶侃读书万卷,精通兵法,后被太守范逵荐为县令。陶侃在踏上仕途赴任之际,湛氏把儿子叫到跟前,语重心长地说:"侃儿,为娘苦了一世,总算看到你有了出头之日。但望我儿做一个清正之人,不可误国害民。""放心吧,母亲,陶侃记住了。""为娘拿不出什么东西为儿饯行,就送你三件土物吧。""三件土物?"陶侃颇为不解。湛氏拿出一个事先准备好的包袱递给陶侃说,"带上它吧,到时你自会明白的。"来到官府后,陶侃打开包袱一看,只见里面包着一坯土块、一只土碗和一块白色土布。他先是一怔,过了一会儿,才慢慢领悟到母亲的用意。原来,一坯土块,是教儿永记家乡故土;一只土碗,是教儿莫贪图荣华富贵,要保持自家本色;一块白色土布,更是教儿为官要尽心恤民,廉洁自奉,清清白白,永不忘本。

母亲的箴告深深地打动了陶侃的心。后来陶侃在仕途上果如湛氏所望,正直为人,清白做官。陶侃在浙江海阳做县吏时,恰好监管渔业。孝顺的陶侃念及一生贫居乡间的慈母,心中总觉歉然不安。有一次,趁下属出差顺路之便,嘱托他带了一坛腌鱼送交母亲。谁知湛氏却原封不动地将这一坛腌鱼退了回来,并在信中写道,"你身为官吏,拿官家的东西回来,不但没有好处,反而会增加我的精神负担啊!"陶侃收到母亲退回的腌鱼和回信,大为震动,愧疚万分。他决心遵循母亲的教导,清白做人,廉洁为官,勤于政事,多为国家做有益的工作。

陶侃学富五车,为人正直,秉公守法,他的仕途十分顺利。他从长吏、太尉、都督大将军一直到被封为长沙郡公,成为中国古人治学和为官的表率。而这一切都与陶母的教育是分不开的。

家风是一种耳濡目染、潜移默化的教育力量,虽为无形,但对孩子的成长大有裨益,影响深远。

二、家风的传承性

在中国传统文化的影响下,中华优秀家风包含着丰富的内容,既有读书治学、自律自立的修身之法,孝悌和亲、齐家兴业的持家之道,还有崇德向善、亲仁济众的处世之方、家国同构、保家卫国的家国之情深刻诠释了修身、齐家、治国、平天下的要义。在形式上，它主要以家书、家约、族规、遗训等为载体，生动地体现了中华民族的优良道德传统，对当今社会精神文明建设，尤其是家庭美德建设、社会风尚引领等都具有重要意义。

家风的形成不是一朝一夕的，它具有社会性、实践性，同时具有较强的传承性。例如，孔子以诗、礼传家，庭训其子孔鲤，"不学礼，无立。"颜氏家族"世代以儒雅为生"，颜之推生有三子皆"学而优则仕"。北宋司马光家风家训"世以清白相承""以素俭为美"，司马家族认为教子之道应当"以德为礼"，治家之道应当"以廉以俭"。所以世人在谈及家风时，多以"家风世德""世家风范"等词来表达对先辈传统的继承意义，也表明了家风具有传承性特点。

> **延伸阅读：** 焦裕禄家风
>
> 焦裕禄（1922—1964年），山东省博山县北崮山村人，干部楷模，革命烈士。1946年加入中国共产党，1947年到渤海地区集训，后随军南下，1950年被任命为河南省尉氏县大营区委副书记兼区长，1962年调任河南省兰考县县委书记。在兰考任职期间焦裕禄所表现出来的"亲民爱民、艰苦奋斗、科学求实、迎难而上、无私奉献"的精神，被后人称为"焦裕禄精神"。
>
> 焦裕禄出生于农民家庭，1938年年末，当日军占领博山县城时，16岁的焦裕禄被迫辍学。为了维持生计，他的母亲开始教授他农业生产和日常生活的基本技能，不仅经常带着他下地干农活，还在农忙之余教他认识并采挖马齿苋、灰灰菜等野菜，做成野菜粥充饥。这样的劳动习惯，他一直坚持了很多年。
>
> 焦裕禄的大女儿焦守凤喜欢读书，中考落榜后哭着要父亲给她安排复读，焦裕禄却没同意。后来父亲安排她去当腌咸菜的小工，焦守凤有时一天要腌上近千斤萝卜，有时一天要切几百斤辣椒，每天还要挑着沉重的担子走街串巷吆喝售卖。焦裕禄对女儿说："县委书记的女儿，更应该热爱劳动，带头吃苦。"
>
> 焦裕禄家风是焦裕禄精神的重要组成部分，"热爱劳动、艰苦朴素、不搞特殊化"的家风思想是焦裕禄留给其子女、留给所有后人、留给中国文化谱系弥足珍贵的精神财富。

第二节　在家风文化中传承劳动精神

劳动教育是一项系统性、长期性工程。在实施的过程中，需要持续注入内涵动力和文化活水，才能推进劳动教育的可持续发展。中华优秀传统

（扫二维码观看本节视频）

文化蕴含着悠久的文化内涵和历史积淀，它是中华民族强大的精神基因，也是中华民族深厚的文化软实力，要以文化引领助力劳动教育，以内涵建设推进劳动教育提升。

作为新时代大学生，我们要传承中华优秀传统文化，从重温先贤崇尚劳动的家风家训中，获知宝贵的知识和品德。要善于利用以传统家书、家训为代表的中华优秀传统文化资源，发挥其文化优势，延续文化基因，释放文化生机，在家风传承中，我们能够体会到"劳动最光荣、劳动最崇高、劳动最伟大、劳动最美丽"的道理，从而以劳树德、以劳增智、以劳强体、以劳育美，真正成长为成有益于国家和人民的栋梁之才。

一、家书中的劳动精神传承

锻炼身体与精神
谢觉哉致子女

【家书原文摘编】

谦芳、茂杞、岂凡、学涵、学初、峙璜、延仁、学安：

你们这批我不认识的人，我却喜欢看你们的来信，尤其说到你们思想改进想做番事业的信……学涵说："我这次的决定，经过了一段很痛苦的思想斗争。"学初说："我真欢喜，我突破了五关，斩了六将。"如果不是说考试的关而是说"很痛苦的思想斗争"的关的话，那我要告诉你，你们过的还只是"童子关"——笠仲没过得去的关而不是真正的关。前几年你们的叔父或哥哥——谢放，随军队由北打到南，又由南打到北，满以为看不到了，忽出现在我面前，黑瘦得只剩几根骨头。我写过首诗给他，是旧诗，不便抄给你们看，意思是说，要从艰苦的过程中，得出隽永的味道，像云长到达黄河渡口的样子，才算过关。如果过关后感到松劲，那是"偷关"，不算过关，以后遇着关会过不去。

你们当不会再有那样险阻的关，但困难总是有的。必须锻炼身体与精神，服从组织，力求上进，老老实实，讲到哪里就做到哪里，你们的前途才是无限的。不然的话，也许碰着平阳的关也闯不过去，碰着一员裨将也斩不下来。峙璜似乎是看了我去年的一封信，打破了做"少爷"的梦，很好。干军队是要有好身体，挑八十斤，走十里路，算什么？你伯父那样小个子，不也能抬轿走长路吗？你父亲那样文弱，听说现办两个学校，今天走这，明天走那，身子还好了些。劳动是最神圣的事，不肯劳动是反动社会传下的坏观念。

这是谢觉哉写于1951年1月27日的一封家书。信中提到的谢茂杞、谢笠仲是谢觉哉的侄子，谢谦芳、吴岂凡是谢觉哉的侄女与侄女婿，陈学涵是谢觉哉的外孙女婿，谢学初、谢峙璜、谢延仁、谢学安都是谢觉哉的孙子。

谢觉哉常说，人生最大的快乐是自己的劳动得到了成果。他非常注重子女勤劳品格的培养，早在参加革命前就曾告诫还在上高小的长女，"读书和劳动是两不误的事情，学会烧茶、煮饭等治家之事同等重要"。新中国成立后，谢觉哉教导子女"凡自己能做的事，都要自己动手，扫地、洗衣服、煮饭、炒菜、院子里挖土种菜，都要做，做惯了就闲不住，身体也会强壮"。他是这么说的，也是这么做的。三年困难时期，院子里有块空地，他就在休息时间带着家人翻地种菜，自力更生。

在这封信中，谢觉哉用谢放的故事和关羽过五关斩六将的典故，教育孩子们面对人生的难关时应有怎样的态度。1937年，谢放（谢觉哉的儿子）从湖南老家只身来到延安。1944年11月，谢放参加了由王震任司令员、王首道任政治委员的南下支队。南下大军自延安出发后，战斗频繁，历经艰险考验，谢放经受了实际斗争的考验，后和战友们一道从中原突围返回延安。南下支队的主力部队是八路军三五九旅，这支部队最为著名的事迹要数垦荒南泥湾。正如歌曲中唱的那样，"往年的南泥湾，处处是荒山，没呀人烟"，而经过三五九旅的垦荒努力，南泥湾已然成为"陕北的好江南"。

写这封信时，全国正在开展土改，谢觉哉很关心在湖南老家的子女们土改之后的劳动生产状况。1951年5月25日，他在给儿子谢廉伯等人的信中强调"土改后不再容许依靠封建剥削致富，而应该是勤劳致富"，对他们"仍想过不劳而食的生活"，谢觉哉直言"看不到你们有志气、有计划地创造自己的前途，就要生气"。

终日勤动不知倦
林则徐致儿子

【家书原文摘编】

字谕聪彝儿：

……

尔今犹是青衿一领。本则三子中惟尔资质最钝，余固不望尔成名，但望尔成一拘谨笃实子弟。尔若堪弃文学稼，是余所最欣喜者。

盖农居四民之首，为世间第一等高贵之人。所以余在江苏时，即嘱尔母购置北郭隙地，建筑别墅，并收买四围粮田四十亩，自行雇工耕种，即为尔与拱儿预为学稼之谋。尔今已为秀才，就此抛弃诗文，常居别墅，随工人以学习耕作，黎明即起，终日勤动而不知倦，便是田园之好弟子。

这封家书是清代名臣林则徐写给二儿子林聪彝的。写下此信时，林则徐已因被诬陷而流放到边疆伊犁。但在这封信中，不见只言片语诉说谪戍边塞之苦和牢骚不平，反而是心平气和地教育儿子如何发挥自身价值。

信中，林则徐将农民尊为"四民之首"，认为农民勤劳、肯干，是"世间第一等高贵之人"，所以他并不鼓励已为秀才的儿子林聪彝进一步读书求仕，而是要儿子做农民，这种见解实在难能可贵。他告诉儿子，能做到跟随工友学习耕作，清晨就起床，劳作终日而不知疲倦，这就是农家好子弟。

第五章　家风中的劳动精神传承

勤劳为本、自食其力是林则徐家风家教的重要内容。林则徐在字里行间向儿子悉心传递劳动崇高、务农光荣的理念，教导儿孙将勤劳作为自己的生活方式和习惯。

不仅是林则徐，在我国古代家庭教育中，历来重视对子女的劳动教育。著名戏剧家汤显祖告诫子女"闲游不是儿家业，大好归来学种田"，要重视农桑，热爱劳动。明代学者史桂芳曾在家书中用东晋陶侃运砖习劳的故事，启迪儿孙树立正确的劳动观点，持守积极的劳动态度，"陶侃运甓，自谓习劳，盖有难以直语人者。劳则善心生，养德、养身咸在焉；逸则妄念生，丧德、丧身咸在焉。吾命言儿、稽孙，不外一'劳'字；言劳耕稼，稽劳书史，汝父子其图之。"不足百字的家书，处处不离"习劳"二字。

夜灯与星星争光

十三陵水库建设者致妻子

【家书原文摘编】

懿珍：

你好！

时间真快，十多天过去了，不知你怎么样？在这十多天的劳动中，我的体会是很多的。能有机会参加修建世界闻名，这样巨大工程的水库感到荣幸，这不仅仅是个劳动锻炼问题，最主要的是政治上的两个阵营的斗争问题。自从党提出："红色水库一定在六月十五号完成"的口号以后，在工地上可以明显地看出两种不同的态度。我们社会主义的兄弟国家，他们的使者、记者希望我们也相信我们能顺利完成，同时也为我们捏着一把汗。他们在工地上与我们共同劳动着、忙碌着；而在另一方面，我们则可看到的是资本主义国家的使者、记者，他们不相信我们的力量，他们等着十五号的到来，叫洪水冲垮我们的水坝，好在他们的报纸上诽谤我们的党，看我们的笑话。所以党提出，一定要完成，这是一项政治任务，让帝国主义发抖，让耳光打在他自己的脸上。

工地上热闹极了，大坝上有推土机、卷扬机、起重机，还有叫不上名字的各种机器。火车、推车、汽车……各种工具。十万劳动大军，白天一片人，夜晚一片灯，夜景比白天还美，真是数不清的人，数不清的灯。只有这样比喻：天上多少星，地上多少灯。人们的干劲冲天，忙个不停，和时间争光，和洪水争先。人们提出，一点当两点，一天当两天，就是用这种干劲来完成党的任务。我的具体工作，目前是扳道岔，推车，以后就不知道干什么了。

我们现在是夜班，23点—7点，8个小时，是很紧张的，当然也累，但一到工地，激动人心的工程就会将疲劳赶走，这里是共产主义思想教育的大学堂，谁到这里谁都会被激动。这里会扫掉"六气"，在这里只看到集体，个人那是渺小极了。

1958年1月21日，北京十三陵水库正式破土动工，建设者们住在水库工地，夜以继日地奋战。信的作者俊峰，当时是总政话剧团的干部，收信人是他的妻子懿珍。

93

工地上的劳动生活忙碌且辛苦。去了北京十三陵水库十多天后，俊峰终于抽出一点时间，给妻子写了一封信，分享了自己在工地工作的感受。他告诉妻子，北京十三陵水库是为了在七月一号向党的生日献礼，自己为这个伟大工程而努力，觉得是一件很幸运的事情。

自1月底开工，近40万人轮流义务来到工地参加劳动。6月30日，面积相当于20个颐和园昆明湖大小的北京十三陵水库竣工，这在我国水利史上创造了一个奇迹。

这封信让我们看到了北京十三陵水库工地热火朝天的劳动景象，更让我们看到，工地上的劳动者把劳动看成是自己的神圣使命，为了充满希望的新中国而拼搏。

社会主义是干出来的，新时代是奋斗出来的。亿万劳动者不辞涓流、不拒细土，用勤劳智慧的双手，以苦干实干的作风，成就了一个充满活力魅力的现代中国。新时代是劳动者的时代，新征程是奋斗者的征程，每一个追梦人都将是幸福的、光荣的。

二、家训中的劳动智慧

家训是家庭言行的方向灯，在一定程度上反映了一个家庭的价值观、世界观，也反映出道德水平。中国古代有不少家训，凝结着古人家庭教育的智慧，流传几百年，如经典的《朱子家训》。

《朱子家训》又名《治家格言》，是以家庭道德为主的启蒙教材。《朱子家训》文字通俗易懂、内容简明、对仗工整、朗朗上口，精辟地阐明了修身治家之道，是一篇家教名著。

《朱子家训》中"一粥一饭，当思来处不易；半丝半缕，恒念物力维艰""宜未雨而绸缪，毋临渴而掘井"等已成为家喻户晓、脍炙人口的教子治家经典家训。《朱子家训》中许多内容继承了中国传统文化的优秀特点，居身务期质朴，教子要有义方，勤俭持家，邻里和睦等，为历代儒客尊崇，在今天仍然有现实意义。

朱子家训

【家训原文摘编】

黎明即起，洒扫庭除，要内外整洁；既昏便息，关锁门户，必亲自检点。

一粥一饭，当思来处不易；半丝半缕，恒念物力维艰。

宜未雨而绸缪，毋临渴而掘井。

（更多内容请扫二维码）。

还有曾国藩的十六字家训："家俭则兴，人勤则健；能勤能俭，永不贫贱"，凝结了他对于家庭治理和个人品质培养的理解和要求。曾国藩认为，家庭的繁荣兴旺离不开家庭成员的勤俭节约，而一个人的健康壮实则源自于勤奋努力。

曾国藩强调勤俭和勤奋的双重要求，认为只有既勤奋劳动，又勤俭节约，才能摆脱贫困状况并保持家庭的繁荣富裕。他要求家庭成员要具备勤奋劳动的习惯，希望家人能够主动参与劳动，不论身份地位高低，都要亲自做好家务。他不赞成任人伺候，也不鼓励铺张浪费的生活方式。相反，他希望每个人都能自食其力，通过勤奋努力来获得生活的富裕和自尊。

除此之外，我国传统家训中还有许多体现出了对子女孙辈的劳动要求。例如，南宋叶梦得在《石林治生家训要略》中认为："要勤"，则必须"每日起早，凡生理所当为者，须及时为之。如机之发，鹰之搏，顷刻不可迟也。"清代朱柏庐在《治家格言》中也强调，"黎明即起，洒扫庭除，要内外整洁。"曾受到朝廷嘉奖的"江南第一家"郑氏家族，对家人规定"子孙黎明闻钟即起，监视置《夙兴簿》，令各人亲书其名，然后就所业"。平日里，家中妇女们轮流做饭，十天一轮；其他人聚集一起，进行纺纱织布等劳动，并按百分之十的比例给予奖励。

这些家训中记录的劳动精神在今天仍然很值得我们学习借鉴。

三、古典文学与故事中的家风传承

明代著名戏剧家汤显祖一生坦荡真挚，亲近劳动大众，凭借源于劳动创造的语言和文字，创作出中国古代戏剧经典之作《紫钗记》《南柯记》《邯郸记》《还魂记》，世称"临川四梦"。汤显祖曾在浙江遂昌任知县五年，除虎患、制豪强、重教化、课农桑，勤政恤民，口碑载道。每年春耕时节，他与农民一起劳作，并兴奋地在《班春》诗中写道："家家官里给春鞭，要尔鞭牛学种田。盛与花枝各留赏，迎头喜胜在新年。"汤显祖不仅注重"班春劝农"，鼓励百姓投入农业生产，而且把教子务农、耕读传家看成是修身齐家的重要内容。

明万历二十八年（1600年）七月，汤显祖的长子士蘧在南京去世，他派二儿子大耆赴南京料理丧事，并入太学。可是，大耆去后半年多不见归来，汤显祖便作诗寄怀《望耆儿》，"雨过杏花寒食节，秣陵春色也依然。闲游不是儿家业，大好归来学种田。"诗中教导儿子，年轻人不可闲游、虚度时光，应该及早返回故乡"学种田"，重视农桑，参加劳动，这样才是正道，才能有助于自己的成长。

汤显祖两首诗中的"学种田"，把劳动视为人生的"治生之本""治生之道"，提倡通过劳动和创造播种希望，收获果实，磨炼意志，感受快乐，体现了一位睿智长者对劳动价值的认可与崇尚，对立德成人的重视与践行。

第三节　优秀家风中的劳动格言赏析

在我国古代的各类文学作品中，有大量对家风的阐释、赞颂，里面蕴含着对劳动精神的感悟和深思，而这些作品中有关劳动的感悟，在流传中逐渐形成了人们耳熟能详、传颂的格言。这些劳动格言也逐渐成为劳动教育的重要组成部分。

1. 姬旦《诫伯禽书》

作者周公旦（约公元前1100年），姓姬名旦，称周公。相传他制礼作乐，建立典章制度，被尊为儒学奠基人。

故旧无大故则不弃也，无求备于一人。

君子力如牛，不与牛争力；

走如马，不与马争走；

知如士，不与士争知。

德行广大而守以恭者，荣；

聪明睿智而守以愚者，益。

译文：亲戚故人没有发生严重过失，就不要抛弃他。不要对某一人求全责备。有德行的人即使力大如牛，也不会与牛竞争力的大小；即使飞跑如马，也不会与马竞争速度的快慢；即使智慧如士，也不会与士竞争智力高下。德行广大者以谦恭的态度自处，便会得到荣耀；聪明睿智而用愚陋的态度处世，你将获益良多。

《诫伯禽书》讲的是谦虚谨慎的美德。即使贵为天子，之所以富有四海，也是因为遵循了这些品德。不知谦逊从而招致身死国丧，桀纣就是这样的例子。

2. 司马谈《命子迁》

司马谈（约公元前165—公元前110年），西汉时史学家，汉武帝时任太史令，司马迁之父。

且夫孝，始于事亲，中于事君，终于立身。

扬名于后世以显父母，此孝之大者。

译文：孝道可分成三个阶段，幼年时期便是承欢膝下，事奉双亲。到了中年，便要从事奉父母延伸到事奉君王，藉以为国家尽忠，为民众服务。到了老年，就要检查自己的身体和人格道德，没有缺欠，也没有遗憾，最终圆满于立身行道，这才是孝道的完成。通过扬名后世来显耀父母，这才是最大的孝道。

司马谈学富五车，他后来做了汉武帝的太史令，通称太史公，掌管天时星历，还职掌记录，搜集并保存典籍文献。司马谈在临死时，拉着儿子司马迁的手，边哭边嘱咐，这就是司马谈的《命子迁》。司马谈希望自己死后，司马迁能继承他的事业，更不要忘记撰写史书。司马迁不负父亲之命训，最终写出被誉为"史家之绝唱，无韵之离骚"的《史记》，名垂青史。有人甚至说，没有司马谈的《命子迁》，就没有司马迁的《史记》。

3. 诸葛亮《诫子书》

诸葛亮（公元181—234年），字孔明，阳都（今山东沂南）人，三国时蜀汉丞相，中国历史上著名的政治家、军事家，更是中国人心目中智者的化身。

夫君子之行，静以修身，俭以养德。
非淡泊无以明志，非宁静无以致远。
夫学须静也，才须学也。
非学无以广才，非志无以成学。
慆慢则不能励精，险躁则不能治性。
年与时驰，意与岁去，遂成枯落，多不接世。
悲守穷庐，将复何及？

译文：有道德修养的人，是这样进行修养锻炼的，他们以静思反省来使自己尽善尽美，以俭朴节约来培养自己高尚的品德。不把名利看得轻淡就不会有明确的志向，不能平静安详全神贯注地学习就不能实现远大的目标。学习必须静心，才识需要学习，不学习无从拓广才识，不立志不能学习成功。沉迷滞迟就不能励精求进，褊狭躁进就不能冶炼性情。年年岁岁时日飞驰，意志也随光阴一日日逝去，于是渐渐枯零凋落，大多不能融入社会，可悲地守着贫寒的居舍，那时后悔哪来得及！

三国时蜀汉丞相诸葛亮被后人誉为"智慧之化身"，他的《诫子书》也可谓是一篇充满智慧之语的家训，是古代家训中的名作。文章阐述修身养性、治学做人的深刻道理，读来发人深省。它也可以视为诸葛亮对其一生的总结，后来更成为修身立志的名篇。

4. 诸葛亮《诫外甥书》

夫志当存高远，慕先贤，绝情欲，弃凝滞，使庶几之志，揭然有所存，恻然有所感；忍屈伸，去细碎，广咨问，除嫌吝，虽有淹留，何损于美趣，何患于不济？若志不强毅，意不慷慨，徒碌碌滞于俗，默默束于情，永窜伏于凡庸，不免于下流矣。

译文：一个人应该树立远大的理想，追慕先贤，节制情欲，去掉郁结在胸中的俗念，使几乎接近圣贤的那种高尚志向，在你身上明白地体现出来，使你内心震动、心领神会。要能够适应顺利、曲折等不同境遇的考验，摆脱琐碎事务和感情的纠缠，广泛地向人请教，根除自己怨天尤人的情绪。做到这些以后，虽然也有可能在事业上暂时停步不前，但哪里会损毁自己高尚的情趣，又何必担心事业会不成功呢！如果志向不坚毅，思想境界不开阔，沉溺于世俗私情，碌碌无为，永远混杂在平庸的人群之中，就会难免沦落到下流社会，成为没有教养，没有出息的人。

《诫子书》和《诫外甥书》分别是诸葛亮为告诫其子诸葛瞻和其外甥庞涣所作。诸葛亮46岁才得子诸葛瞻，他很喜欢这个儿子，希望儿子将来能成为国家栋梁。诸葛亮有两个姐姐，二姐所生子叫庞涣，深得诸葛亮喜爱。诸葛亮常年征战，政务缠身，但仍不忘教诲儿辈，他写给诸葛瞻和庞涣的两封家书可以说各有侧重，《诫子书》强调了"修身学习"的重要性，《诫外甥书》则阐述了"立志做人"的重要性。

5. 欧阳修《欧阳永叔集》

欧阳修（1007—1072年），字永叔，号醉翁、六一居士，北宋政治家、文学家。官至翰林学士、枢密副使、参知政事，谥号文忠，世称欧阳文忠公。累赠太师、楚国公。后人又将其与韩愈、柳宗元和苏轼合称"千古文章四大家"。与韩愈、柳宗元、苏轼、苏洵、苏辙、王安石、曾巩被世人称为"唐宋散文八大家"。

"玉不琢，不成器；人不学，不知道。"然玉之为物，有不变之常德；虽不琢以为器，而犹不害为玉也。人之性，因物则迁，不学，则舍君子而为小人，可不念哉！

译文：玉不雕琢，就不能制成器物；人不学习，也就不会懂得道理。然而玉这种东西，有它永恒不变的特性，即使不磨制作成器物，但也还是玉，不会受到损伤。人的本性，受到外界事物的影响就会发生变化。因此，人们如果不学习，就要失去君子的高尚品德从而变成品行恶劣的小人，难道不值得深思吗？

欧阳修4岁时父亲就去世了，母亲对他的教育很严格。为节减开支，母亲用芦苇、木炭作笔，在土地或沙地上教欧阳修认字。欧阳修在家训中希望儿子能继续养成读书的习惯，并从书中学会做人的道理。

6. 琅琊王氏家训

琅琊王氏是我国古代顶级门阀士族，晋代四大盛门"王谢袁萧"之首，素有"华夏首望"之誉称。"二十四史"中记载，从东汉至明清1700多年间，琅琊王氏共培养出了以王吉、王导、王羲之、王元姬等人为代表的35个宰相、36个皇后和36个驸马以及186位文人名仕。

夫言行可覆，信之至也；推美引过，德之至也；扬名显亲，孝之至也；兄弟怡怡，宗族欣欣，悌之至也；临财莫过乎让：此五者，立身之本。

译文：言行能一致，是信的极点；把美名推让给别人而自己承担过失，是德的极点；传播好名声使亲人显赫，是孝的极点；兄弟和乐，宗族欢欣，是悌的极点；在财物面前没有比谦让更好的了。这五条是立身的根本。

以信为首，以行达信，开门施教，贵在待人。王氏家训把处理好人与人的关系放在首位，把"信"作为立身处世的第一要务。这摒弃了"死读书"关门式的教育方式，教育后人走出家庭，诚信地与人交往。

7. 《包拯家训》

包拯（999—1062 年），字希仁，庐州合肥（今安徽合肥肥东县）人，北宋名臣。包拯做官以断狱英明刚直而著称于世，有"包公""包青天"之美誉。

后世子孙仕官，有犯赃滥者，不得放归本家；亡殁之后，不得葬于大茔之中。不从吾志，非吾子孙。

译文：后代子孙做官的人中，如有犯了贪污财物罪而撤职的人，都不允许放回老家；死了以后，也不允许葬在祖坟。不顺从我志愿的，就不是我的子孙后代。

包拯以公廉著称，刚直不阿，执法如山。他在晚年为子孙后代制定了一条家训，共三十七字，其下押字又云："仰珙刊石，竖于堂屋东壁，以诏后世。""珙"者即包拯的儿子包珙。包拯的这则家训是他生前对子孙的告诫，并让其子包珙镌刻在石上，竖于堂屋东壁，以照后世。这寥寥数字，凝聚着包公的一身正气、两袖清风，足为世人风范。

8. 司马光《家范》

司马光（1019—1086 年），字君实，号迂叟，陕州夏县（今山西夏县）人，世称涑水先生。北宋政治家、史学家、文学家，主持编纂了中国历史上第一部编年体通史《资治通鉴》。

为人母者，不患不慈，患于知爱而不知教也。古人有言曰："慈母败子"。爱而不教，使沦于不肖，陷于大恶，入于刑辟，归于乱亡，非他人败也，母败之也。自古及今，若是者多矣，不可悉数。

译文：当人母亲不担心她不慈祥，担心的是过于溺爱而不知道教导他们。对于母辈，古人说，慈母之所以败子，关键在于爱而不教，只是过分的宠爱和溺爱。小则使儿女们只知饭来张口，衣来伸手，不知稼穑之艰，不晓生计之难；大则使儿女们任性孤行，不顾纲纪，无法无天，以至于做出不忠不孝、丧尽天良的事，到头来身入囹圄，身首异地，成为社会上的渣滓和罪人。

司马光自己说，《家范》比《资治通鉴》更重要。他说，欲治国者，必先齐其家。就研究立身处世和处理复杂的身边矛盾而言，《家范》确实重要且实用。现代人需要从古训中汲取智慧，做一个"世事练达"之人。

9. 陆游《放翁家训》

陆游（1125—1210 年），字务观，号放翁，汉族，越州山阴（今绍兴）人，南宋文学家、史学家、爱国诗人。

后生才锐者，最易坏。若有之，父兄当以为忧，不可以为喜也。切须常加简束，令熟读经子，训以宽厚恭谨，勿令与浮薄者游处。如此十许年，志趣自成。不然，其可虑之事，盖非一端。吾此言，后生之药石也，各须谨之，毋贻后悔。

译文：才思敏捷的孩子，最容易学坏。倘若有这样的情况，做长辈的应当把它看作忧虑的事，不能把它看作可喜的事。一定要经常加以约束和管教，让他们熟读儒家经典，训导他们做人必须宽容、厚道、恭敬、谨慎，不要让他们与轻浮浅薄之人来往。就这样十多年后，他们的志向和情趣会自然养成。不这样的话，那些可以担忧的事情就不会只有一个。我这些话，是年轻人治病的良药，都应该谨慎对待，不要留下遗憾。

陆游一生极其重视家庭教育，写了大约二百首有关教育子女的家训诗。《放翁家训》是陆游的一部家训专著，此书由两部分组成。前一部分约写于其四十四岁时，后一部分约写于其八十岁左右。《放翁家训》在宋代的家训中有一定的地位，此书结合陆游自己的切身经验写成，故在道德教育方面有独特发人深省之处，其中最突出的思想是教育子孙要继承清白家风，做清白人，专心耕读，做乡中君子。

拓展阅读

1. 程兴爱，李景明. 孔子教子 [M]. 济南：山东友谊出版社.
2. 徐仲林，熊明安，李定开，等. 中国教育家传略 [M]. 昆明：云南人民出版社.

思考与实践

1. 分组探寻文学著作中有关劳动书信的内容，并分享学习心得。
2. 了解北宋著名文学家苏洵、苏轼、苏辙的文学成就和家训家风故事。
3. 以劳动感悟为题，为亲朋好友写一封书信，探讨参与劳动对促进个人成长的价值及意义。

第六章　中华诗词中的劳动文化

本章思维导图

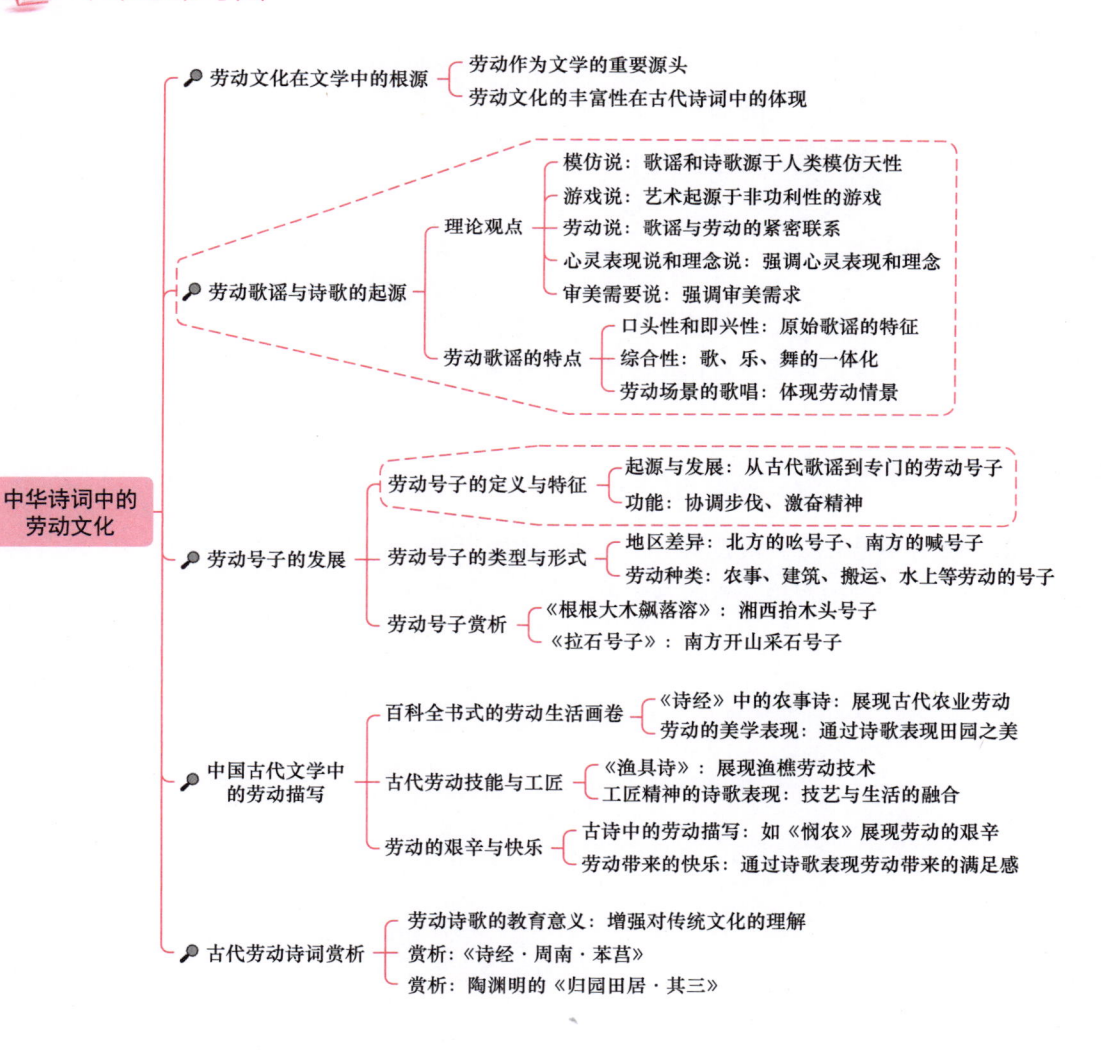

- 中华诗词中的劳动文化
  - 劳动文化在文学中的根源
    - 劳动作为文学的重要源头
    - 劳动文化的丰富性在古代诗词中的体现
  - 劳动歌谣与诗歌的起源
    - 理论观点
      - 模仿说：歌谣和诗歌源于人类模仿天性
      - 游戏说：艺术起源于非功利性的游戏
      - 劳动说：歌谣与劳动的紧密联系
      - 心灵表现说和理念说：强调心灵表现和理念
      - 审美需要说：强调审美需求
    - 劳动歌谣的特点
      - 口头性和即兴性：原始歌谣的特征
      - 综合性：歌、乐、舞的一体化
      - 劳动场景的歌唱：体现劳动情景
  - 劳动号子的发展
    - 劳动号子的定义与特征
      - 起源与发展：从古代歌谣到专门的劳动号子
      - 功能：协调步伐、激奋精神
    - 劳动号子的类型与形式
      - 地区差异：北方的吆号子、南方的喊号子
      - 劳动种类：农事、建筑、搬运、水上等劳动的号子
    - 劳动号子赏析
      - 《根根大木飙落溶》：湘西抬木头号子
      - 《拉石号子》：南方开山采石号子
  - 中国古代文学中的劳动描写
    - 百科全书式的劳动生活画卷
      - 《诗经》中的农事诗：展现古代农业劳动
      - 劳动的美学表现：通过诗歌表现田园之美
    - 古代劳动技能与工匠
      - 《渔具诗》：展现渔樵劳动技术
      - 工匠精神的诗歌表现：技艺与生活的融合
    - 劳动的艰辛与快乐
      - 古诗中的劳动描写：如《悯农》展现劳动的艰辛
      - 劳动带来的快乐：通过诗歌表现劳动带来的满足感
  - 古代劳动诗词赏析
    - 劳动诗歌的教育意义：增强对传统文化的理解
    - 赏析：《诗经·周南·芣苢》
    - 赏析：陶渊明的《归园田居·其三》

▶▶▶ 劳动教育通论

学习要点

劳动被广泛认为是文学的重要源头之一。在中华诗词中，我们可以发现丰富的劳动文化。早期的劳动歌谣记录了劳动与文学之间的紧密联系。人们熟知的劳动号子就是在劳动过程中产生的，它与劳动密不可分，并因各地地理风俗等不同特点而呈现出各具特色的号子形式。

中国古代有许多作家和作品以诗词的形式描绘了劳动场景，这些作品层出不穷。

劳动诗词勾勒出了一幅中国古人农耕、牧养、狩猎等劳动活动的精彩画卷，从各个方面展现了中华民族热爱劳动、勤奋劳动等劳动精神。

知识目标

1. 通过本章学习，了解与劳动相伴而生的劳动歌谣、劳动号子相关知识。
2. 理解并感悟古典文学诗词中的劳动之美。

能力目标

1. 通过本章学习，初步具备阅读赏析劳动诗词的能力。
2. 掌握古代劳动诗词中所体现出的劳动精神。

思政目标

1. 通过劳动歌谣、劳动诗词体味劳动人民的辛劳。
2. 通过诗词美的陶冶，培养热爱劳动的人文精神。

第六章　中华诗词中的劳动文化

> 　　劳动被广泛认为是文学的重要源头之一。在中华诗词中，我们可以发现丰富的劳动文化。早期的劳动歌谣记录了劳动与文学之间的紧密联系。人们熟知的劳动号子就是在劳动过程中产生的，它与劳动密不可分，并因各地地理风俗等不同特点而呈现出各具特色的号子形式。
>
> 　　中国古代有许多作家和作品以诗词的形式描绘了劳动场景，这些作品层出不穷。劳动诗词勾勒出了一幅中国古人农耕、牧养、狩猎等劳动活动的精彩画卷，从各个方面展现了中华民族热爱劳动、勤奋劳动等劳动精神。

第一节　劳动歌谣的起源

　　在探讨歌谣和诗歌的起源时，存在多种理论观点。其中，有人认为人类模仿天性是歌谣和诗歌的起源，即"摹仿说"；也有人认为艺术起源于非功利性的游戏，即"游戏说"；还有人从社会学角度出发，认为巫术是歌谣和诗歌的起源，即"巫术说"。此外，还有将人类基本实践联系起来的"劳动说"，以及强调心灵表现和理念的"心灵表现说"和"理念说"，近年来还出现了强调审美需求的"审美需要说"等。在这些观点中，"劳动说"更具本源意义。原始歌谣的口头性和歌舞一体的综合性都表明了歌谣与劳动之间的紧密联系。

（扫二维码观看本节视频）

一、原始歌谣的口头性

　　中国的原始歌谣产生于原始社会和奴隶社会早期，是《诗经》之前人民口头创作的。这种史前的口头创作即兴而发，率性而唱，展现出了强烈的口头性特征。

　　"歌，咏其声也"，原始歌谣源自劳动中简单的声音单位。最初的歌并非有意识的创作，而是作为劳动的附属物在劳动中不自觉地产生的。在上古时期，劳动是人类最基本的生活现实。当时的人们在集体劳作时会发出有节奏的、无明确意义的"啊""哦"等声音，以便协调动作、巧妙使力、减轻疲惫并激发劳动激情。这便是原始歌谣的主要功能，这些由"啊""哦"组成的"劳动歌"即是歌的原始形态。正如闻一多所推断："想象原始人最早因情感的激荡而发出有如'啊''哦''唉'或'呜呼''噫嘻'一类的声音，那便是音乐的萌芽，也是孕而未化的语言……这样界乎音乐与语言之间的一声'啊'……便是歌的起源"。然而，声音只是歌产生的一个物质条件，最重要的外在推动力还是早期人类的劳动生产实践。《淮南子·道应训》中讲："今夫举大木者，前呼'邪许'，后亦应之，此举重劝力之歌也。"前呼后应的"邪许"正可以统一劳动者的步伐，协调一致的步调无疑会加快劳动速度。

鲁迅先生在《且介亭杂文·门外文谈》一文中，谈到文学的起源时指出："我想，人类是在未有文字之前，就有了创作的，可惜没有人记下，也没有法子记下。我们的祖先的原始人，原是连话也不会说的，为了共同劳作，必需发表意见，才渐渐的练出复杂的声音来，假如那时大家抬木头，都觉得吃力了，却想不到发表，其中有一个叫道'杭育杭育'，那么，这就是创作；大家也要佩服，应用的，这就等于出版；倘若用什么记号留存了下来，这就是文学。"鲁迅先生在这里提到的"杭育杭育"与举大木者的"邪许"一样，都表明歌起源于劳动，文学起源于劳动之歌。

在"举重劝力之歌"的基础上，人们开始在有节奏的劳动呼声中加入一些简单的语言，形成了诗歌的雏形，这就是所谓的劳动歌。劳动歌的歌词一般只有几个字，内容是劳动临时所见，顺口咏唱，起着组织和指挥劳动的作用。这种歌的内容随着劳动种类的不同而有所变化，后世的夯歌、舂歌、渔歌、樵歌、拉网歌等都是其发展的产物。

二、原始歌谣歌舞一体的综合性

歌谣源于劳动者协调动作、缓解疲劳的需要，因此往往表现出歌、乐、舞三位一体的综合性。普列汉诺夫在《没有地址的信》中曾就劳动与歌谣的关系做过如下论述："在原始部落那里，每种劳动都有自己的歌谣，歌谣的节奏总是十分精确地适应于这种劳动所特有的生产动作的节奏……在所有场合下，歌谣的节奏总是严格地由生产过程的节奏决定的。不仅如此，生产过程的技术操作性质对于伴随工作的歌谣内容也有着决定性的影响。研究劳动、音乐和诗歌的相互关系，使毕歇尔得出如下结论：在其发展的最初阶段，劳动、音乐和诗歌是极其紧密地联系着的，然而这三位一体的基本组成部分是劳动，其余的组成部分只具有从属的意义。"

中国早期的歌谣往往具有歌舞不分的特点。林庚曾说："初民的文艺发生于劳动的韵律，因此在上古时歌舞常是孪生的。"歌与舞不分，歌唱的时候伴有舞蹈表演，劳动的场景会更加形象地呈现出来。《吕氏春秋·古乐篇》中记载："昔葛天氏之乐，三人操牛尾，投足以歌八阕。"其中"遂草木""奋五谷""总禽兽"三阕与劳动相关，演唱的是农业与牧业劳动的内容。《易经·归妹》中"女承筐，无实。士刲羊，无血"，据说是一首反映初民剪羊毛的原始歌谣，歌意是少女用筐接羊毛，蓬松的羊毛显得虚松不实；小伙子用刀割取羊毛，刀刀下去无血。歌词非常朴实简练，有种一气呵成的浑融感。人们在农忙时配合韵律歌唱，边劳动边唱，在农闲之时又可将劳动的场景编成舞蹈，边歌边舞，劳动几乎就是上古时期人民生活的全部。

歌谣协调动作、缓解疲劳的特点早被我国古代人民所认识。《东周列国志》记载了一个故事：春秋时期，齐国国相管仲随齐桓公兵伐山戎诸国。当军队进入孤竹国境内，顽石突兀，草木丛生，大军难以顺利通过。为了鼓舞士气，管仲创作了两首歌曲。一首叫《上山歌》，一首叫《下山歌》，教会将士们唱。《上山歌》曰："山嵬嵬兮路盘盘，木濯濯兮顽石如栏。云薄薄兮日生寒，我驱车兮上巉岏。风伯为驭兮俞儿操竿，如飞鸟兮生羽翰，陟彼山巅兮不为难。"《下山歌》曰："上山难兮下山易，轮如环兮蹄如坠，声辚辚兮人吐气，历几盘兮顷刻而平地。捣彼戎庐兮消烽燧，勒勋孤竹兮亿万世。"

这两首歌曲旋律优美动听，歌词简单易记，能够协调士兵们的动作，缓解疲劳，提高士气。在管仲的带领下，齐国军队克服了重重困难，最终取得了胜利。这个故事充分说明了歌谣在劳动中的重要作用。将士们唱起歌来，你唱我和，士气高昂，极大地加快了施工进度，车轮急转如飞，行军速度也由此加快，为此次战役获胜打下了良好的基础。齐桓公问其原因，管仲认为："凡人劳其形者疲其神，悦其神者忘其形。"意思是说，人的体力消耗必然带来精神的倦怠，而精神上的欢快愉悦，则可以使人忘记疲劳。还有《水经注》《渡漳歌》，据说黄帝大战蚩尤时，大军追到漳河畔，士兵无法渡河，黄帝便命伶伦制作此歌，由于其节奏雄壮，振奋了士气，大军很快渡过漳河，击败蚩尤。

三、原始歌谣歌唱劳动情景

原始歌谣以简洁的文字记载当时劳动的情景，较有代表性的主要有《弹歌》和《击壤歌》。

弹歌

断竹，续竹；飞土，逐宍。

《弹歌》是中国上古时期的歌谣，反映了原始社会的狩猎生活，描绘了古人从制作工具到进行狩猎的全过程。制作工具分为两步：首先是"断竹"，这两个字再现了一群围裹着树叶、兽皮的原始先民在茂密的原始竹林旁手拿骨刀、石斧砍伐竹子的场景；其次是"续竹"，这是制作过程的第二步。歌中没有交代"断竹"后如何削枝、去叶、破竹成片，但从画面的组接上来看，从"断竹"到"续竹"，中间已经有所省略和承接。到了"续竹"阶段，狩猎工具已经制成。接下来就是打猎的过程，也分为两步：首先是"飞土"，把泥弹装到弓上打出去；至于泥弹的制作过程，诗中也没有交代，但从"续竹"到"飞土"，可以想象还有一个制作泥弹的环节。而"飞土"的目标可能是飞禽或走兽，一旦打中，便向猎物奔去；"逐宍"则是指追捕受伤的鸟兽。根据社会发展史和古人类学的研究，人类学会制作弓箭等狩猎工具已经是新石器时代的事情了。那时的人们究竟如何进行生产劳动和生活，只能从残存的原始洞岩壁画、上古歌谣以及考古发现中去探寻。在这一点上，这首古老的《弹歌》起到了活化石的作用。因为有了它，后人才得以窥见洪荒时代先民们生产与生活的部分生动图景。

反映古代劳动画面的诗歌，还有著名的《击壤歌》。

击壤歌

日出而作。日入而息。凿井而饮。耕田而食。帝力于我何有哉。

这首民谣描绘的是上古尧时代的太平盛世，人们过着无忧无虑的生活。他们每天太阳升起时开始劳动，太阳下山时休息养生。他们打井取水，整理田地种植五谷，享受着丰收的喜悦。这首民谣简单而朴素，仿佛听到一个年迈而健硕的农人在广阔的田野中吟唱。这是他们对自己简朴生活的满足和自足的歌唱，展现了农耕时代上古先民幸福生活的场景，诠释了原始的自由、安闲和自给自足的简单快乐。在这里，人们过着安居乐业、清贫自守和与世无争的生活。这些人的生存、生活都与土地息息相关，从生存资源到生活安排，土地占据了他们生活的大部分内容。可以说，这些人依赖土地而生。然而，这种依赖并不是不劳而获的寄生，而是需要人们付出努力才能获得回报。

第二节　劳动号子

后世的劳动号子与原始的劳动歌谣一脉相承。其中一部分沿着文学的路径发展为诗，另一部分则沿着音乐的路径发展为劳动号子。原始劳动歌谣可以说是劳动号子的早期形态，在代代传承中，劳动号子衍生出更多种类，并与劳动的结合更为具体。

一、劳动号子简述

劳动号子是一种最古老、最普及、最实用的群众文化创作和艺术表现形态，它起源于民间，起始于劳动。从《诗经·魏风·伐檀》里"坎坎伐檀兮，置之河之干兮"的原始劳动情景描述，到《大路歌》词"嘿哟吭哟……我们大家同心干哪"的低吟浅唱，从大西北黄土高坡"信天游"的高亢激越吊嗓，到长江船工们那低沉急促的顿足吆喝——世界上恐怕没有任何一种艺术表现能够像劳动号子那样简练、凝聚人心、协调步伐、激奋精神并给人以震撼。

我国幅员辽阔，各地都流传着富于地方或民族色彩的劳动号子。北方常称"吆号子"，南方常称"喊号子"，四川则称之为"哨子"。由于生产劳动的多样性，因此产生了多种多样的劳动号子。例如，农事劳动有栽秧子号子、车水号子、打场号子等；建筑劳动有打夯号子、打哦号子等；搬运劳动有装卸号子、挑担号子等；水上劳动有摇橹号子、拉纤号子、捕鱼号子、排筏号子等；林区劳动有伐木号子、拉木号子等；作坊劳动有榨油号子、擀毡

(扫二维码观看本节视频)

号子、打蓝号子、竹麻号子等。每种劳动号子的音乐都与这种劳动动作的特点紧密联系，因此产生了不同的曲调、节奏、曲式结构和歌唱形式。即使是同类的劳动，不同地区的劳动号子也有所不同。歌词多为即兴创作，内容广泛。歌唱形式除了一领众合外，还有齐唱和独唱的形式。

二、劳动号子赏析

号子一般都有领唱部分与齐唱部分，其领唱节奏具有鲜明的切分特色，齐唱的部分节奏简洁、强弱分明，与身体动作相配合，具有强烈的应答色彩。下面欣赏两首劳动号子。

《根根大木飙落溶》赏析

歌词：

一声号子上木山，套起索子把木盘，齐个脚步攒个劲，把木盘到仙人湾。二声号子响沉沉，惊动四方土地神，土地公公宽心坐，土地婆婆报太平。三声号子把山封，样样危险丢溶中，蛇虫蜈蚣都不见，大鬼小鬼躲进洞。四声号子把官封，个个都是赵子龙，手把手来肩并肩，根根大木飙落溶。

《根根大木飙落溶》是著名的湘西号子，湘西一带木材资源丰富，林业曾经是当地农家收入的重要来源。由于山高林密，道路不畅，伐木和盘木（抬运木头）一直是山里男人的重体力活。这首劳动号子的原词比较整齐，但在实际喊号子的过程中可能会是以下的样貌：

（领）哎哟嚎沙嚎　　　（合）哟哦嚎
（领）一声那个号子哟　（合）嗨哟嗬
（领）上木山呐　　　　（合）哎呀子哟嗬
（领）哎哟嚎沙嚎　　　（合）哟哦嚎
（领）套起那个索子哟　（合）嗨哟嗬
（领）把木来盘啦　　　（合）哎呀子哟嗬
（领）哎哟嚎沙嚎　　　（合）哟哦嚎

在实际喊号子的过程中，加入了很多衬字。在盘木劳动中，齐整的队伍需要攒劲发力，因此需要一个酝酿和施令的过程。而统领者的"呼"与众人的"和"便成了最好的沟通方式。正是这些"嗨哟嗬"这类的语气词，让整首劳动号子活了起来，使我们似乎朦胧中看到一群抬木头的壮夫正迈着稳定的步伐、喊着雄壮的号子向我们走来。

《拉石号子》赏析

（领）一声的哒，号子儿哟嗬　　（合）哟嗬，咗嘞！
（领）人站嘞个齐哟嗬　　　　　（合）哟嗬喂哒，咗嘞！
（领）二声的哒，号子儿哟嗬　　（合）哟嗬，咗嘞！

107

（领）齐卯嘞个力哟嗬	（合）哟嗬喂咃，咋嘞！
（领）前拔的咃，龙头儿哟嗬	（合）哟嗬，咋嘞！
（领）中拔哪嘞个腰哦嗬	（合）哟嗬喂咃，咋嘞！
（领）全凭的咃，后头哟嗬	（合）哟嗬，咋嘞！
（领）莽起往前的捎哦嗬	（合）哟嗬喂咃，咋嘞！
（领）哟嗬，咋嘞！	（合）哟嗬，咋嘞！

拉石号子是中国民歌体裁劳动号子的一种，广泛流传于我国南方的开山采石工地。本首《拉石号子》是四川马渡县用于搬运石头时唱的号子，采用一领众合的演唱形式，以节奏性很强的呼号声体现齐心协力的劳作场景。与很多劳动号子一样，歌词中并没有多少实质性的内容，大部分为语气词。领唱者既指挥、组织了劳动，又以风趣的唱词鼓舞和调节劳动者的情绪。

《拉石号子》歌曲结构为简单的一段曲式，从调式上来看，属于中国传统五声徵调式，通过四段歌词进行"领"与"合"的反复，达到统一步调、统一节奏，指挥行动与鼓舞士气的目的，最后以重复衬词"哟嗬，咋嘞"结束。

第三节　中国古代文学中的劳动

中国古代文学，尤其是古代诗词中，涉及劳动的作品非常丰富。可以说，劳动贯穿了中国古代诗歌的各个阶段。

一、百科全书式的劳动生活画卷

（一）农业劳动图景

《诗经》是我国古代第一部诗歌总集，共收录了305篇诗歌，内容涉及广泛。从中我们可以明显地了解到上古时期人们的生产生活状态，以及他们的农业劳动和牧猎劳动情况。《诗经》中的农事诗约有20余首，其中一部分是祀农诗，用于祭祀和祈祷来年风调雨顺、农业丰收。这些诗歌大部分出现在雅、颂两部分中，一般从开荒垦植写到五谷丰登，再到祭礼求福。这表明这类农事诗具有鲜明的功利目的，即祈求神灵保佑来年风调雨顺，永享景福。更为可贵的是，这些诗歌展现了周代大规模的垦荒活动、周初五谷丰登的社会状况以及祈年的风俗等。

首先，劳动收获大。《周颂·丰年》中有"丰年多黍多稌，亦有高廪，万亿及秭"，

《小雅·甫田》中有"倬彼甫田，岁取十千""曾孙之稼，如茨如梁。曾孙之庾，如坻如京。乃求千斯仓，乃求万斯箱"之句。这些诗歌都描述了收获之大，庄稼堆成了高丘，粮仓也堆满了粮食。

其次，劳动人物多。"十千为耦"（《周颂·噫嘻》）、"千耦其耘"（《周颂·载芟》）都描述成千上万的劳动者集体劳动的盛大场景。

再次，耕种面积大。"骏发尔私，终三十里。"（《周颂·噫嘻》）周成王初设农官，每三十平方里面积为一区，置一个农官主管，由一万农民耕种。试想农忙时节，万人共同耕作于三十平方里的公田中，场面何其壮观！

《诗经》国风中出现了更多的劳动场景。《豳风·七月》是一篇类似于农业百科全书的作品，全面地反映了周代农家生活的全貌。其中不仅包括了农家一年四季的农耕、打猎、采桑织布等劳动场景，还涉及节令气候、饮食起居、仓储纳阴、筑场修屋、春酒贺寿、羔韭祀神、衣着分配等周人生活中各个方面的情景，因此说它是一篇百科全书似的作品毫不夸张。清人姚际恒《诗经通论》评价《七月》说："鸟语虫鸣，草荣木实，似《月令》；妇子入室，茅綯升屋，似《风俗书》；流火寒风，似《五行志》；养老慈幼，跻堂称觥，似庠序礼；田官染职，狩猎藏冰，祭献执宫，似国家典制书。其中又有似采桑图、田家乐图、食谱、谷谱、酒经：一诗之中，无不具备，洵天下之至文也！"

宋代范成大的《四时田园杂兴》共六十首，像一部月令农书一样，分为"春日""晚春""夏日""秋日""冬日"五组，全面、细致地描述了农村一年四季的生产劳动、生活习俗、乡村风光和赋税徭役等方面。从春天的"吉日初开种稻包"，到浸种准备播种；从秋收脱粒的"一夜连枷响到明"，到蚕事丰收后的优质蚕丝都充租纳税，蚕农才能为自己"留得黄丝织夏衣"；从稻麦生产到牛鸭养殖、蔬果生产，甚至"菜市喧时窗透明""明日西门卖丝去""知有行商来买茶"等农副产品贸易情况也都反映在他的诗中，真实地展现了农村农民日常生活的场景。

（二）采集与牧猎

《诗经》中不仅有农事诗，还有妇女的采集之歌、牧人的放牧之歌和猎人的狩猎之歌。其中，《周南·芣苢》是妇女在采集时的即兴歌唱，而《召南·采蘩》则生动地描绘了女子们在沼泽、沙地和山涧中忙碌地采撷的场景，直到她们光亮的发髻散乱如蓬才结束一天的劳作。《小雅·吉日》则描写了狩猎场面："吉日维戊，既伯既祷。田车既好，四牡孔阜。升彼大阜，从其群丑。吉日庚午，既差我马。兽之所同，麀鹿麌麌。漆沮之从，天子之所。瞻彼中原，其祁孔有。儦儦俟俟，或群或友。悉率左右，以燕天子。既张我弓，既挟我矢。发彼小豝，殪此大兕。以御宾客，且以酌醴。"全诗四章，每章六句。第一章写打猎前的准备情况，第二章写选择了良马正式出猎，第三章写随从驱赶群兽供周王射猎，第四章写周王射猎得胜返朝宴享群臣。整首诗完整展现了当时打猎的过程及狩猎手段。

另外，《诗经》中还写到女子采桑养蚕进行纺织工作。《大雅·瞻卬》云"妇无公事，休其蚕织"，《豳风·七月》写女子在春日采桑，"女执懿筐，遵彼微行，爱求柔桑"，八月的时候就到了将丝织品上色做成衣服的阶段，"载玄载黄，我朱孔阳，为公子裳"。

由此可见，《诗经》中已经出现早期的男女分工，男子耕田、打猎，女子采集、纺织。

二、在劳动中体验田园之美

古人的劳动诗词中，很多都通过歌咏农业劳动，表现出恬美静穆的田园生活，以及劳动美与风景美的完美融合。

东晋时期的陶渊明是最早通过劳动体验田园美的诗人之一。在《归园田居》其三中，他真实地表达了自己参与劳动的感受："种豆南山下，草盛豆苗稀。晨兴理荒秽，带月荷锄归。道狭草木长，夕露沾我衣。衣沾不足惜，但使愿无违。"这首诗描绘了诗人从早到晚辛勤劳作的场景，虽然辛苦，但却充满了诗情画意。

在《庚戌岁九月中于西田获早稻》一诗中，陶渊明对劳动的艰辛有了更深刻的体验，并从中获得了内心的宁静和安乐。"开春理常业，岁功聊可观。晨出肆微勤，日入负耒还。山中饶霜露，风气亦先寒。田家岂不苦，弗获辞此难。四体诚乃疲，庶无异患干。"同时，他也指出了劳动的意义："人生归有道，衣食固其端。孰是都不营，而以求自安。"他认为，只有在自食其力的艰辛劳动中，人们才能找到心灵的安放之地。

唐代诗人王维以如画之诗描绘了田园美景，《春中田园作》中写道："屋上春鸠鸣，村边杏花白。持斧伐远扬，荷锄觇泉脉。"鸠鸟歌唱，燕子翩翩起舞，杏花纷纷飘扬，农人忙着整理桑树和治理水源，短短几笔，一幅充满春意的田园风情画便展现在眼前。生命因劳动而充满希望，希望中也充满着欢乐。宋代诗人翁卷在《乡村四月》中写道："绿遍山原白满川，子规声里雨如烟。乡村四月闲人少，才了蚕桑又插田。"在烟雨蒙蒙的初夏，人们采桑喂蚕，水田插秧，恰如一幅幅色彩鲜明的田园画，而劳动的繁忙和紧张也在这里得到了彰显。陆游在《游山西村》中写道："莫笑农家腊酒浑，丰年留客足鸡豚。山重水复疑无路，柳暗花明又一村。箫鼓追随春社近，衣冠简朴古风存。从今若许闲乘月，拄杖无时夜叩门。"这首诗既描绘了农人的好客、秀丽的山村自然风光，又表现了质朴的农村风俗，三者很好地融合成一幅和谐的农村风俗画，画面背后透露出农民的勤劳与简朴。

三、反映劳动的艰辛与快乐

劳动是艰辛的，这一点在我国古代诗歌中也得到了充分的反映。唐代诗人李绅的《悯农》可谓将劳动者的辛勤劳作描绘得淋漓尽致："锄禾日当午，汗滴禾下土。谁知盘中餐，粒粒皆辛苦。"明代冯梦龙的诗句"富贵本无根，尽从勤里得"则告诉人们所有的富贵荣华都是从艰苦的劳动中创造出来的。此外，无论是刘禹锡的"美人首饰侯王印，尽是沙中浪底来"，还是郑遨的"一粒红稻饭，几滴牛颔血"，都写出了劳动者的不易。白居易的《观刈麦》更是经常被人称道："妇姑荷箪食，童稚携壶浆。相随饷田去，丁壮在南冈。足蒸暑土气，背灼炎天光。力尽不知热，但惜夏日长。"诗中劳动环境的恶劣更凸显了劳动者的艰辛。

劳动虽然艰辛，但也有无尽的快乐。宋代诗人范成大在《四时田园杂兴》中，生动地描绘了农民通宵打稻的欢乐场景："笑歌声里轻雷动，一夜连枷响到明。"这展现了农民收获的喜悦和劳动的快乐。而在另一首同题诗中，他写道："昼出耘田夜绩麻，村庄儿女各当家。童孙未解供耕织，也傍桑阴学种瓜。"这些诗句将农家生产的场景描绘得栩栩如生，充满趣味。宋代诗人王禹偁的五首《畲田词》是他谪居商州时所作。商州地处偏远，但农民们依然保持着互相帮助、协力耕种的古老传统。诗人为这种质朴淳厚的风习所感动，特意创作了这组言辞俚俗的诗歌，以便农人歌唱。第一首："大家齐力劚孱颜，耳听田歌手莫闲。各愿种成千百索，豆其禾穗满青山。"描绘了农人齐心协力开垦土地的情景。第四首"北山种了种南山，相助刀耕岂有偏？愿得人间皆似我，也应四海少荒田。"表达了对劳动的赞美以及劳动者对社会和生活的期盼。这组诗歌具有浓郁的民歌风味，它是在吸收民歌营养的基础上创作的。农人们在耕作时可以边干边唱，唱出他们劳动时的快乐和对丰收的期盼。

四、古诗词中的劳动技能与古代工匠

（一）诗歌中展现的劳动技能

晚唐诗人陆龟蒙和皮日休是最早关注劳动技术的人，他们将劳动工具引入诗歌中，展现劳动技术的精湛。陆龟蒙长期隐居农村，亲自参加田间劳动，经常与农民、渔民、樵夫来往，因此他们的生活情况和精神面貌成为他创作的重要题材。特别是陆龟蒙写了一组《渔具诗》，包括《网》《鱼梁》《罩》《罛》《钓筒》《钓车》《叉鱼》《射鱼》《鸣桹》《沪》《笭箵》《舴艋》等十五首诗，介绍了这些渔具的制作材料、形态、性能、操作方法和应用范围等。皮日休与陆龟蒙交好，受其影响，亦作十五首《奉和鲁望渔具诗》，二人又各有十首樵人诗。陆龟蒙和皮日休二人生活于晚唐，人生态度比较消极，视野多在渔、樵，虽诗歌有所寄托，并非以介绍劳动技术为目标，却侧面展现出了渔夫、樵民的精湛技术。

宋代开始，关于劳动技能的诗逐渐普及。苏轼重视民生，即使在被贬谪到惠州时，他仍然积极推广秧马，并创作了《秧马歌》："我有桐马手自提，头尻轩昂腹胁低；背如覆瓦去角圭，以我两足为四蹄。"描述了秧马的外观和功能。"耸踊滑汰如凫鹥，纤纤束藁亦可赍；何用繁缨与月题，揭从畦东走畦西。"描述了秧马的轻便。此外，苏轼还关注农业工具，创作了《无锡道中赋水车》一诗，描绘了水车的形状和灌溉场景，并通过干旱时期的农作来突出水车的功效。杨万里在担任江东转运使期间曾亲自巡视圩田，调查圩事，并写下了十首《圩丁词》。他在序言中写道："圩者，围也，内以围田，外以围水。盖河高而田反在水下，沿堤通斗门，每门疏港以溉田，故有丰年，而无水患。"王安石和梅尧臣曾创作农业工具唱和诗，梅尧臣在嘉佑二年任参详官于汴京时，曾写下十五首《和孙端叟寺丞农具诗》。从诗题可以看出，梅尧臣的这首诗是一首和诗，而最初的作者是孙端。当时王安石担任常州知州，读到梅尧臣的诗歌后非常赞赏，于是亲自作诗回应，写下了《和圣俞农具诗》。这些诗歌不仅反映了他们的重农思想，还展示了当时农具的功能和生产过程。

宋朝还出现了一种重要的农技诗形式——耕织图诗，这种诗歌通过图文并茂的方式传播农业技术知识。所谓"图绘以尽其状，诗歌以尽其情"，一时之间朝野传诵几遍。南宋时期，楼璹任临安府於潜县令时，深感"农夫蚕妇之苦"，绘制了一组耕织图，其中耕图21幅，织图24幅，每幅图都附有一首五言古诗。这些图画就像连环画一样展现了耕织的场景，反映了南宋初年浙江乃至整个江南地区的农业生产和乡村生活情景。现代人称赞这是"我国最早完整地记录男耕女织的画卷"，后世的耕织图多效仿这种方法。

（二）古代工匠境界的追求

古代文学作品中塑造了一批身怀绝技的劳动者，称之为工匠毫不为过。这些工匠以他们的聪明才智和勤劳努力，创造出了许多令人惊叹的作品。例如，卖油翁这个耳熟能详的人物，他技艺高超却不自傲，因为他将技艺的获取归结为"无他，但手熟尔"，这种熟能生巧的勤奋精神在他的轻描淡写中给人留下了深刻印象。还有《庄子·养生主》中塑造的庖丁，他因为熟悉牛的结构，解牛才如此得心应手。在庖丁这里，劳动成为了一种艺术，劳者、观者皆享受其中，庖丁也因而达到工匠境界。

轮扁斫轮的故事则道出劳动者的最高境界。

桓公读书于堂上。轮扁斫轮于堂下，释椎凿而上，问桓公曰："敢问，公之所读者何言邪？"公曰："圣人之言也。"曰："圣人在乎？"公曰："已死矣。"曰："然则君之所读者，古人之糟魄已夫！"桓公曰："寡人读书，轮人安得议乎！有说则可，无说则死。"轮扁曰："臣也以臣之事观之。斫轮，徐则甘而不固，疾则苦而不入。不徐不疾，得之于手而应于心，口不能言，有数存焉于其间。臣不能以喻臣之子，臣之子亦不能受之于臣，是以行年七十而老斫轮。古之人与其不可传也死矣，然则君之所读者，古人之糟魄已夫！"

这是一段关于制作车轮的工匠与国君之间的对话。工匠用自己的深刻体会让国君折服，他的道理完全来自制作车轮的劳动过程。劳动没有既定的法则可循，劳动的真意只可意会，不可言传，并随人的消亡而消亡。轮扁的劳动是符合道的生活，即通过斫轮过程，体验到全身心统一的劳动过程。在庄子笔下，劳动者已经超越了物质追求层面而进入精神境界的追求，劳动一旦进入精神层面，则劳动者的技艺即可达到心手相应的极高境界。

（三）古代女性的刺绣技艺

古代女性幽居深闺，女红是她们的日常。刺绣被称为"闺中四绝"之一，最能显示女性的劳动技艺。绣娘是以刺绣为生的劳动者，深闺中的贵族女性亦不乏绣技高超者，只不过她们的绣品不外传，外间难以见到，但在文学作品中却可以窥见一二。清代流传下来的女性刺绣诗赋众多，其中可见她们高超的刺绣技巧。例如，高景芳《刺绣赋》：

尔其红闺暇日，青琐晴窗。香浮兽鼎，茵施象床。中陈独坐，旁列明珰。进妾御而程工，颂绒线以盈筐。罗轻绫滑，针细绷方。剪欲下而还停，尺已度而重量。较花样之深浅，计衣裳之短长。分析既定，督率有常。研粉调朱，或飞或翔。鱼跃于沼，兽走在岗。连林独树，杏茂桃芳。花花相间，叶叶相当。尽描摹之能事，窥生动于毫芒。或用旧式，或逞新妆。缠枝贵乎蔓衍，界划宜乎端庄。龙跳虎卧，精神发扬。莺梭燕剪，姿态回徨。各依次而来呈，渐披图而审详。

刺绣诗题材广泛，涉及绣品、刺绣高超的"针神"、刺绣经验等，从中可见女性对刺绣技艺的不断探索与追求。

第四节　古代劳动诗词赏析

从古代劳动诗词中，我们不仅可以领略到古人的劳动智慧，也能从中读出古人的劳动精神和工匠精神，更能从中感悟到劳动之美。颂读这些经典诗词能够浸润我们的劳动思想，进一步增强我们对中华优秀传统文化的深刻理解。

下面就让我们通过几组诗歌赏析，进一步加深对劳动的理解。

《诗经·周南·芣苢》

采采芣苢，薄言采之。采采芣苢，薄言有之。
采采芣苢，薄言掇之。采采芣苢，薄言捋之。
采采芣苢，薄言袺之。采采芣苢，薄言襭之。

译文：鲜艳繁盛的芣苢呀，采呀采呀采起来。鲜艳繁盛的芣苢呀，采呀采呀采得来。鲜艳繁盛的芣苢呀，一片一片摘下来。鲜艳繁盛的芣苢呀，一把一把捋下来。鲜艳繁盛的芣苢呀，提起衣襟兜起来。鲜艳繁盛的芣苢呀，披起衣襟兜回来。

请扫二维码进行赏析。

《归园田居·其三》
陶渊明

种豆南山下，草盛豆苗稀。

晨兴理荒秽，带月荷锄归。

道狭草木长，夕露沾我衣。

衣沾不足惜，但使愿无违。

译文：我在南山下种植豆子，野草茂盛，豆苗稀疏。清早起下地铲除杂草，夜幕降披月光扛锄归去。狭窄的山径草木丛生，夜露沾湿了我的衣。衣衫被沾湿并不可惜，只希望不违背我归耕田园的心意。

请扫二维码进行赏析。

《浣溪沙》
苏轼

簌簌衣巾落枣花，村南村北响缫车。半依古柳卖黄瓜。

酒困路长惟欲睡，日高人渴漫思茶。敲门试问野人家。

译文：枣花纷纷落在行人的衣襟上，村南村北响起车缫丝的声音，古老的柳树底下有一个身穿粗布衣的农民在叫卖黄瓜。路途遥远，酒意上心头，昏昏然只想小憩一番，太阳正高，人倦口渴，好想喝些茶水解渴。于是敲开野外村民家，问可否给碗茶？

请扫二维码进行赏析。

《乡村四月》
翁卷

绿遍山原白满川，子规声里雨如烟。

乡村四月闲人少，才了蚕桑又插田。

译文：山坡田野间草木茂盛，稻田里的水色与天光相辉映。天空中烟雨蒙蒙，杜鹃声声啼叫，大地一片欣欣向荣的景象。四月到了，没有人闲着，刚刚结束了蚕桑的事又要插秧了。

请扫二维码进行赏析。

《插秧歌》
杨万里

田夫抛秧田妇接，小儿拔秧大儿插。
笠是兜鍪蓑是甲，雨从头上湿到胛。
唤渠朝餐歇半霎，低头折腰只不答。
秧根未牢莳未匝，照管鹅儿与雏鸭。

译文：种田的农夫将秧苗抛在半空，农妇一把接住，小儿子把秧苗拔起，大儿子再把秧苗插入水中。斗笠是头盔，蓑衣是战甲，但似乎没什么用，雨水从头上进入，直湿到肩胛。喊他停下来吃早餐好休息一会儿，那农夫低头弯腰，努力插秧，半天不回答。秧苗根部尚不牢固，栽种也还没完成，一定要照看好小鹅小鸭，不要让它们来破坏秧苗。

请扫二维码进行赏析。

拓展阅读

1. 请阅读《古代耕织图诗汇编校注》，了解古代的相关技术。
2. 请查阅相关资料，颂读南宋诗人范成大的田园诗歌。

思考与实践

1. 收集家乡的劳动号子，写成家乡劳动号子集锦或制作劳动号子视频。
2. 熟读背诵三到五首古代劳动诗歌，体味其中蕴含的劳动情怀，并写一篇有关劳动诗词的评述文章。

第七章　文艺作品中的劳动美学

本章思维导图

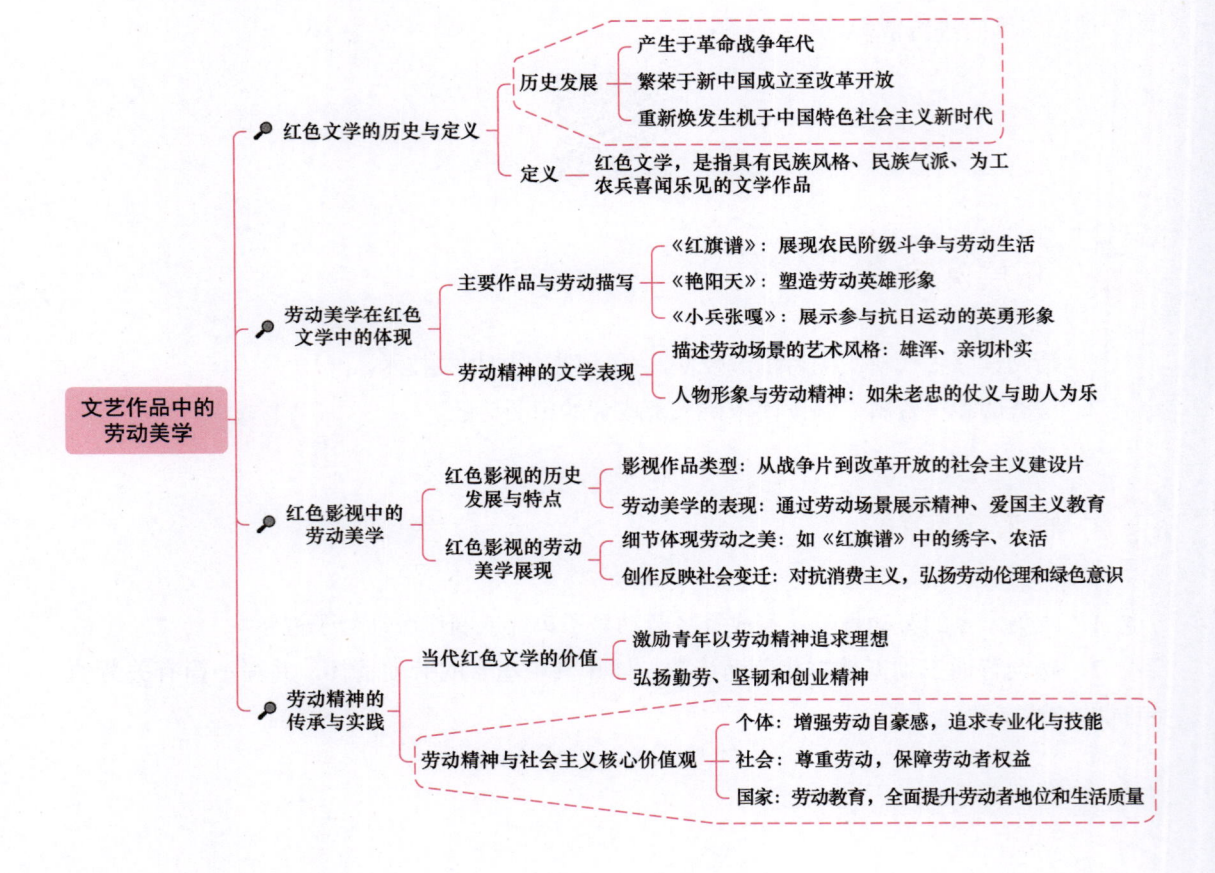

- 文艺作品中的劳动美学
  - 红色文学的历史与定义
    - 历史发展
      - 产生于革命战争年代
      - 繁荣于新中国成立至改革开放
      - 重新焕发生机于中国特色社会主义新时代
    - 定义：红色文学，是指具有民族风格、民族气派、为工农兵喜闻乐见的文学作品
  - 劳动美学在红色文学中的体现
    - 主要作品与劳动描写
      - 《红旗谱》：展现农民阶级斗争与劳动生活
      - 《艳阳天》：塑造劳动英雄形象
      - 《小兵张嘎》：展示参与抗日运动的英勇形象
    - 劳动精神的文学表现
      - 描述劳动场景的艺术风格：雄浑、亲切朴实
      - 人物形象与劳动精神：如朱老忠的仗义与助人为乐
  - 红色影视中的劳动美学
    - 红色影视的历史发展与特点
      - 影视作品类型：从战争片到改革开放的社会主义建设片
      - 劳动美学的表现：通过劳动场景展示精神、爱国主义教育
    - 红色影视的劳动美学展现
      - 细节体现劳动之美：如《红旗谱》中的绣字、农活
      - 创作反映社会变迁：对抗消费主义，弘扬劳动伦理和绿色意识
  - 劳动精神的传承与实践
    - 当代红色文学的价值
      - 激励青年以劳动精神追求理想
      - 弘扬勤劳、坚韧和创业精神
    - 劳动精神与社会主义核心价值观
      - 个体：增强劳动自豪感，追求专业化与技能
      - 社会：尊重劳动，保障劳动者权益
      - 国家：劳动教育，全面提升劳动者地位和生活质量

第七章　文艺作品中的劳动美学

学习要点

新中国成立以来，国家越来越重视文艺作品对社会大众的教育功能。社会主义文学传统中有丰富的诗化劳动的力与美的资源，成为社会主义文学价值体系建构与发展的一个重要的突破口。

红色文学作品作为红色文化资源的一种，集中展现了新民主主义革命时期和社会主义建设时期以及改革开放以来的以爱国主义为核心的民族精神和以改革创新为核心的时代精神，同时也是劳动精神在文学领域的深刻体现。

红色影视剧是新中国成立以来推出的一系列影视作品，影响了数代人的成长，以最朴实的方式、最常见的劳动形式展现给观众，以影视特有的方式向观众诠释了"劳动创造美"这一观念。全面认识和充分发挥红色影视作品的劳动教育功能，对于弘扬中国特色社会主义核心价值观，实现中华民族伟大复兴具有重要意义。

知识目标

1．了解红色文学中有关劳动场景的经典描写。
2．掌握红色影视作品的劳动文化内涵。

能力目标

1．通过了解红色文学中的经典文学作品，培养自身的劳动情感。
2．能够了解红色影视中的经典劳动美学。
3．将红色精神铭记于心并自觉践行，传递一分耕耘一分收获的劳动价值观，提升个人劳动审美。

思政目标

1．通过品读红色文学经典，培养热爱中华优秀劳动文化的深厚情怀。
2．将红色精神融入劳动教育，增强劳动意识，形成正确的劳动价值观。

▶▶▶ 劳动教育通论

红色文学是中国共产党在革命、建设、改革的不同时期形成的精神财富和思想瑰宝。在文学作品、影视作品中，劳动精神得到充分而精湛的书写与展现，长久以来发挥了劳动文化鼓舞人、激励人、启迪人的巨大作用。

在新时代，劳动文化的概念正走向多元化，表现形式也更加丰富多彩，波澜壮阔的时代背景和丰富的写作经验，成为劳动文学创作的能量源泉，也为新时代的劳动书写赋予了长久的生命力。如何进一步吸取丰富的劳动精神营养，增强劳动化的精神动力，这也对劳动文化的传承发展有了更高要求。

第一节　红色文学中的劳动思想

红色文学是一个蕴含特殊政治含义的名词，它的产生和发展跌宕起伏。它产生于革命战争年代，繁荣于新中国成立以后到改革开放时期，沉默于改革开放后期至新世纪头十年，重新焕发生机于中国特色社会主义新时代。

（扫二维码观看本节视频）

一、红色文学的定义

目前学术界对于红色文学概念的定义大致分为两种。

第一种是以时间线来定义的，学者们认为红色文学是1921年到1976年间包括革命文学、左翼文学、解放区文学以及新中国成立以后到1976年间反映社会主义改造和建设的文学。

第二种是以红色文学所反映的内容特点和体裁作为定义的基点，有专家认为，"红色文学是以《可爱的中国》《红岩》《红日》《红旗谱》《艳阳天》《小兵张嘎》《我爱这土地》等为主的讲述中国共产党的革命事迹，塑造共产党的英雄形象，展示共产党的伟大英明，饱含爱国主义情感，期盼民族独立思想的小说、诗歌和散文等，也包括思想取向上与这些作品一致的红色电影文学和主旋律文学"。

引导广大青少年从红色文学里汲取营养，树立远大理想的同时，更要引导他们立志做一位务实的劳动者，懂得劳动的真实意义，懂得需要靠自己的智慧与辛勤的劳动获取幸福的生活。

以文学作品《红旗谱》为例来说，该作品以朱、严两家三代农民同地主冯老兰父子两代的矛盾斗争为主要线索，描写了冀中地区"反割头税"斗争和保定二师的学生爱国运动，真实地反映了从第一次国内革命战争前后到"九·一八"事变时期北方社会错综复杂的阶级关系，展现了20世纪二三十年代中国共产党领导中国人民进行革命斗争的伟大历程。整部小说的书写都是在劳动人民日常生活的场景中展现的，农村生活、田间劳动、

第七章 文艺作品中的劳动美学

外出务工以及参加革命斗争为了党的事业而努力奋斗、不辞辛苦劳动的热烈场景等在艺术上风格雄浑而又亲切朴实，具有浓郁的劳动色彩。

尤其是小说中朱老忠人物形象塑造的极其成功，而小说形象的塑造均是通过劳动人民的精神品质表达的，比如朱老忠具有豪爽仗义、急公好义的性格，正是作者对劳动人民正直无私、慷慨仗义等精神品质的高度概括。

比如小说中提到，朱老忠主动帮助严志和料理丧事，并代替严志和步行到济南探监，而且还承担起了他们全家生活的担子。这一切，无不表现出朱老忠的古道热肠、慷慨无私，同时更是通过劳动的方式展现小说人物乐于助人的品格及中国传统文化里所蕴含的劳动基因。他的生活道路、斗争经历概括了20世纪初期中国农民的历史踪迹，同时也是每一个通过劳动试图改变自己命运的现代中国农民的必由之路。朱老忠的劳动形象高度概括了我国农民通过劳动实现革命斗争的历程，在他身上，有着中国农民传统的劳动美德。

延伸阅读　　　　《红旗谱》

朱老忠一家四口从关东回来，严志和一家担负两家人的生活。他们下决心从劳动里求生活，用血汗建立家园，不管大人孩子，成日成夜地种地盖房。严志和与伍老拔帮助朱老忠刨树架梁，大贵、二贵、涛他娘、贵他娘他们，也帮着拾掇盖房的活路。江涛还到学校里去读书。直到麦子黄梢的时候，三间土坯小房盖好了，光剩下打院墙，垒门楼，一些零碎活。那天，早饭还没吃完，涛他娘把草帽和锄头放在台阶上，挑起饭担，给忠大伯他们送饭去了。自从开始盖房，老是从家里把饭送去。他们黑天白日不停工，没有空隙回家吃饭。运涛一面端着碗吃饭，摩挲着江涛的头顶说："江涛！今日格不去上学，跟我到宝地上耪地去，你看那满地尽长了草！"江涛回过头，睁起明亮的眼睛，看了看哥哥，说："好！跟你耪地去！"说了这么一句话，就只是低下头吃饭。吃得热了，鼻子尖上挑着两颗大汗珠子。吃完了饭，运涛拿起一顶大草帽，戴在江涛头上。一人背上一张锄，顺着房后头那条小路，到宝地上去。弟兄两个走到东锁井小十字街上，向西一扭，路北里是大槐树冯老锡家的大四方梢门。向西一走，忠大伯和父亲在那里盖门楼打院墙。哥儿两个站在旁边看了一会，就沿着房西边的苇塘向南去，走过苇塘，走进大柳树林子。走过了河神庙，下了千里堤，小渡口上有只小木船，他们坐上小船渡过河去。到了宝地上，运涛也不说歇歇，抽个地头烟，拿起锄头来就耪。耪了多老远，回过头来一看，江涛两手拄着锄头，蹲在地头上楞着。他爱看滹沱河上的风光：河身里开着各色的野花，过往的船只撑起白帆……他爱问，看见不明白的事情就问。问了就想，转着眼珠儿想。运涛拾起块坷垃，投了他一下，说："嘿！还不快耪地，尽楞着干吗？"江涛笑默默地问："哥！为什么老是这么急急忙忙的？"运涛翘了一下嘴头儿，说："嗯，耪得快吗？快一点，天晌午要把这二亩谷子耪完，下午咱还要做别的活，快耪吧！快耪吧！"全村的人，谁都知道运涛是个做活的迷，成天价放下叉笆拿扫帚，两手不闲。自从小的时候，他看见父亲是这样过来的，祖父是这样过来的，他也学着这样过着这劳苦的日子。

二、红色文学中劳动场景的书写

《艳阳天》这部小说描写了1957年初夏的情形，整部小说努力塑造了工农兵这一劳动英雄典型，其中萧长春是我国农村社会主义高潮中涌现出来的成千上万劳动英雄人物的典型形象。这一人物之所以高大、丰满而感人，很重要的一点，是由于作者在创作中运用革命的现实主义和革命的浪漫主义相结合的创作方法，通过把现实生活中的矛盾和斗争典型化的途径，突出地刻画了萧长春的劳动英雄形象。在一个个劳动场面中，将现实生活中的阶级矛盾与斗争典型化，并再现了当下那个时代的劳动人民通过双手参与社会劳动的真实景象。

同样，《小兵张嘎》塑造了一个天真活泼又机智勇敢的抗日小英雄的形象。张嘎在敌人面前无所畏惧，表现出威武不屈的精神。当老满父子为掩护他而遭受伪军的毒打时，他敢于大义凛然地挺身而出："我就是你们要找的八路军，跟他们没有关系！"当他被敌人关在炮楼里进行拷问时，他敢于勇猛地咬敌人执着皮鞭的魔爪……在亲人面前，他撒娇发嗲，又显出天真的稚气，他会不讲道理地堵上胖墩家的烟囱；违反纪律将缴获敌人的手枪藏进乌鸦窝里……一幕幕都是作者为了刻画嘎子的形象而设置的，同时也是通过一个个劳动的场景，去发现、挖掘出那些通过辛勤劳动、那些埋藏在生活中的思想意义和社会价值，这是作者的独特感受，也是小说的特色所在，红色精神也在劳动的场景中得以展现，将红色精神投入了情感，融入到最可爱的嘎子形象中。

红色文学作品中都有大量劳动场景的描写，将劳动对于人救赎与改造的意义激昂颂扬，尤其是对农民和知识分子所具有的救赎与改造意义更是高昂振奋。作品里塑造了一个个劳动人物形象，他们是一个个平凡的人，但又充实着"劳动者"的生活。在现实与回忆的双线索叙事中，我们看到了一个个劳动形象是如何依靠劳动在那个社会生存下来的。红色文学中很多关于劳动的描述，无不宣扬着劳动并非为一种惩戒似的人生苦役，似乎非但不是痛苦和繁重的，而是激昂与奋进的，是希望与理想的化身，是美好与追逐的必经之路。

第二节　红色影视中的劳动美学

劳动美学以马克思主义关于"劳动创造美"的思想作为理论基础，主要研究物质生产领域中有关美学与生产劳动相互结合的问题，如物质生产体系中的艺术创作，从审美视角组织对象——空间环境，确定劳动本身审美关系的条件以及社会物质文化的审美价值等，旨在揭示生产环境、劳动条件以及劳动产品的审美改造与艺术改造的规律。

（扫二维码观看本节视频）

一、红色影视剧的劳动美学

红色影视剧是新中国成立以来推出的一系列影视作品，影响了数代人的成长。自 20 世纪 90 年代以来，一系列早期的红色影视作品经改编后被重新搬上荧屏，这其中最为引人注目的现象便是大批红色经典作品改编的电视剧被集中推出。自 20 世纪 90 年代以来，一些红色经典作品如《红旗谱》《林海雪原》《野火春风斗古城》《小兵张嘎》等经改编后陆续在全国各大电视台播出，重新焕发出强大的精神力量。

（一）红色影视中的细节体现劳动之美

这些红色影视作品均以其生动的直观性和逼近生活的真实感，让社会大众身临其境地感受了红色年代带给我们的震撼和体会。一部优秀的红色影片能使人得到美的享受和精神上的陶冶，同时也向我们再现了那个时代所沉淀下来的爱国精神、工匠精神，以及用勤劳双手致富的劳动精神。尤其是通过对红色影视欣赏，许多少年儿童在观看影片后都受到强烈的爱国主义教育，在人生成长阶段留下不可磨灭的印迹。这种欣赏、感悟、交流的过程就是学习收获的过程，同时也是领悟精神的过程，而这个过程大多是以现实的劳动场景在影视剧中呈现给观众的，以最朴实的方式、最常见的劳动形式展现给观众，以观众喜闻乐见的方式向观众宣扬红色文化的同时，也以影视特有的方式向观众诠释了"劳动创造美"这一观念。

电影《红旗谱》里有几个动人的细节：春兰为了支持两小无猜的运涛进行革命，她把"革命"两个字绣在衣襟上，不顾旁人的耻笑与非议，在集市之上宣传革命。将革命的决心通过绣字在衣服上这一当时农村女性的常见劳动形式之一来展现，既有当时那个时代的真实场景，又融合了中国传统纹绣文化的劳动形态，展现出革命与爱情的完美契合，人物形象更立体、更丰满、更生动，劳动美也同时呈现给观众。另一个细节是当运涛与春兰在瓜棚约会时，运涛要看春兰的手。春兰说："俺晨挑菜，夜看瓜。春种谷，秋收麻。长着什么好手呢？给你，看个够！"作者梁斌用短短几句话就把春兰温柔勤劳、既略带矜持又爽快干脆的性格表现得生动传神，同时更能塑造和展现了在当时那个社会时期里，女性如何为生存而辛勤劳动的精神，同时这些影片所呈现出的生存状态也成为一代人的集体记忆。

当年中国青年出版社为《红旗谱》再版的插图（见图7-1），其中塑造的最生动的形象是春兰。插图作者黄胄谈到关于《红旗谱》插图的创作时说："春兰就是按照生活里真实的人，受人物的感染而画的，追求的每一笔都是明确的，所以下笔比较肯定、准确……她的衣服似乎比较乱，这乱不是为乱而乱，其目的还是在于衬托形体，突出形象。这些来自生活里的探索，是真实的，不是弄虚作假，是在追求生活里自己感受到的东西。离开生活去追求形式，往往不耐看，容易空。"他还提到："春兰那幅画，在俏丽的外形下洋溢着冀中儿女的纯朴感情和青春气息，与其说它是从属于小说的插图，毋宁说是肖像描写。"这里所提到的"真实""生活里自己感受到的东西""纯朴感情"都是通过劳动这一形式而展现出来的，也是通过插图以及影视版的《红旗谱》中春兰的形象来向观众呈现劳动美。

图 7-1　中国青年出版社为《红旗谱》再版的插图

（二）红色影视的创作赞扬生产劳动之美

红色影视的创作不断赞扬生产劳动之美，这种对生产劳动的赞美与影视编导们的消费主义问题意识有关。从20世纪90年代开始，一种以极端个人主义和功利主义为内涵的消费主义开始在中国粉墨登场，这种消费主义崇尚享乐伦理，它与其他因素相结合摧毁了人的精神和自然生态。作为对这种消费主义的应答，红色影视的编导们致力于挖掘生产劳动中的工作伦理和绿色意识，以应对消费主义带来的精神和自然生态的危机。

这些改编后的作品大多依从于原作的基本情节框架展开叙事，同时努力在细节表现、形象诠释、历史认知等方面做出更为丰富、细致的表达，劳动美学也得以更完美的方式呈现。深入解析来看，红色经典改编电视剧热播现象的背后包含着多层面的劳动文化内涵。

首先，作为一种精神文化资源，新世纪以来红色经典改编的电视剧纷纷涌现，体现出了社会中心价值体系构建的历史延续性，红色经典依然承担着重要的思想教育和劳动精神塑型的功能；其次，作为一种集体性的历史记忆和曾经的阅读影响，红色经典改编电视剧牵连着的是几代中国人的怀旧情绪，正是这种怀旧心理与集体记忆使得红色经典具有了一种不断被推出的观赏期待。

此外，始于20世纪50年代的红色经典的打造工程，其叙事理念上带有深刻的、特定时代的劳动观。《井冈山》《星星之火，可以燎原》《高山下的花环》《历史的天空》《解放战争》等反映中国革命历史进程的经典电视作品，以及《我和我的祖国》《建党伟业》《八佰》《金刚川》《战狼》《红海行动》等为代表的以反映革命历史、爱国主义为题材的红色电影等，构成了当下中国文化发展中最具广泛意义的红色文学作品潮，它们从不同角度宣传着不同时代的劳动观，弘扬着中华文明千百年来勤劳致富的思想。

全面认识和充分发挥红色影视作品的劳动教育功能，对于宣传社会主义国家主流意识形态、弘扬中国特色社会主义核心价值观、实现中华民族伟大复兴都具有重要意义。

二、深挖红色影视作品的劳动精神

中华优秀传统文化是劳动精神的文化基础。劳动精神的形成和发展离不开中华优秀传统文化的深厚滋养。优秀的红色影视作品之所以历久弥新，深受广大人民群众的喜爱，在影视市场收获不错的口碑、取得良好的经济效益和社会效益，被老百姓称为"经典"，究其原因，红色影视作品中所蕴含的崇高的理想追求、大公无私的民族大义、坚如磐石的社会主义信仰、舍小家为大家的民族气节等思想内涵和与时俱进的时代内涵才是红色经典的生命之所在。

优秀的红色影视作品从来都不是靠堆砌流量明星吸引眼球而获得成功的,任何一部成功的红色影视作品靠的都是深耕优秀传统文化资源、拓展题材样式、深挖文化内涵、传达审美意象、创新叙事和传播手段,才成就了今天的"经典红色影视"。而这些红色影视作品的成功,更多的是将劳动人民的劳动场景情景化再现,通过劳动场景与劳动精神的展现,去实现理想的追求与大公无私、社会主义信仰、民族气节等,真正实现红色精神与劳动精神完美融合。

（一）深挖红色影视作品的劳动文化内涵

众所周知,红色影视作品是中国共产党领导全国人民进行革命、建设和改革的社会主义实践活动的影像形式再现,是中国共产党进行思想政治教育的重要载体,是中国共产党面向全体国民宣传党的基本路线、方针、政策的重要工具,是党凝聚人心,激励国民的重要手段。红色影视作品作为中国特有的国民教育形式,具有引导人们坚定中国特色社会主义道路自信、制度自信、理论自信和文化自信的使命,塑造中国人民积极向上的劳动精神风貌,增强新时代中国人民对国家的集体荣誉感和民族自豪感。

红色影视作品所肩负的使命和责任决定了劳动文化内涵始终是影视作品的重要内容,是发挥思劳动教育功能的关键所在,如果一部红色影视作品没有劳动文化内涵作为支撑,那么这部红色影视作品将会失去生机与活力。红色影视作品的劳动文化内涵就是"红色文化"与"艰苦奋斗"。

（二）深挖红色影视作品中的劳动时代品格

红色影视的发展并不是一成不变的,而是不断发展的,具有普遍的时代联系意义的,劳动的形式也是随着社会的发展不断更新的。随着社会主义市场经济的发展以及互联网信息技术的发展,劳动形式逐渐改变,从面对土地与机器的体力劳动变为面对电脑与操控台的人工智能形式,这就决定了无论是内容上还是形式上都要求红色影视作品与时俱进。

在新的时代要求下,以往的超现实的、表现"高大全"英雄主义的红色影视作品已经不能满足受众多样化的观影需求,只有制作精良、内容细腻、"接地气"的红色影视作品才是时代发展的新趋势。过去着重表现新民主主义革命的战争片以及英雄人物事迹片已经不能满足时代发展需求,现如今人们更喜欢表现改革开放以来社会主义建设成果的红色影视作品,该类红色影视作品具有很强的时代性,在剧情的不断推进中通过具备时代性的劳动场景的再现,表现中国的综合国力,展示中国面貌,增强新时代中国人民的民族自豪感和对"国家"观念的认同，提升全体中国人民的幸福感、获得感与责任感，提高广大人民群众投身中国特色社会主义现代化建设的积极性。

如2019年上映的《我和我的祖国》融入了丰富的时代元素，如国防科技战线的科研工作者为了心中对国家原子弹事业的大爱甘愿放弃与恋人的小爱，从此人生只能相遇，而不能相聚的故事等。这些影视作品不再拘泥于革命故事，而是立足于当下，将现实中尽忠职守，默默为祖国奉献的无名英雄编成剧本，拍成电影，阐述新时代背景下的"红色精神"、劳动精神和爱国内涵。

劳动精神在新时代具有更为深刻的内涵。红色影视剧里，观众们不难发现新时代的中国人在实现理想的路上，离不开爱岗敬业、勤奋务实、诚实守信与艰苦奋斗。劳动是人类的本质，是人类社会生存和发展的基础。劳动精神指的是广大劳动人民在劳动过程中秉持的劳动观念、价值理念以及展现出来的劳动态度、精神风貌。而这些精神都在红色影视中得到精湛的体现。劳动精神是民族精神和时代精神的生动体现，是国家繁荣、民族强盛、人民幸福的强大精神动力，具有深厚的历史积淀和丰富的思想内涵，这也是在民族、全社会发扬红色文化、观看红色影视的目标之一。

第三节　阅读红色经典，传承劳动精神

一、红色文学的当代价值

红色经典为我们留下了许多耳熟能详的英雄人物：《青春之歌》中绽放着青春风采、勇敢追求民主和自由的知识女性——林道静；《英雄儿女》中面对敌人凶猛进攻英勇作战，为了胜利而牺牲自己，不惜高喊"向我开炮"的英雄——王成；《红岩》中忍受酷刑、坚贞不屈、怀着崇高理想不畏牺牲的革命烈士——江姐；《创业史》中勤劳朴实、坚韧不拔，虽然遭遇磨难却仍坚持创业的普通劳动者——梁生宝。这些栩栩如生的英雄人物向我们展现了中华民族不屈不挠、英勇奋斗的革命精神，伴随红色经典作品深入人心，激励着一代又一代年轻人为了理想而拼搏奋斗。

红色经典的文学作品在展示文学价值的同时，更是蕴含着精神上的高尚美与理想美，借助文学艺术的感染力和传播力，产生了超越时空的精神力量。今天，红色经典整体上的文学价值日益被认同，其引人入胜的故事情节、鲜明动人的人物性格、扑面而来的生活气息、气势恢宏的史诗品格等，让我们重估红色经典的文学价值和文学地位。

（扫二维码观看本节视频）

二、以劳动精神培育促进社会主义核心价值观的认同与践行

中国共产党领导中国人民不断推进革命、建设、改革、复兴事业，筚路蓝缕、披荆斩棘、艰苦创业、铸就辉煌，劳动价值得到了充分彰显，劳动精神得到极大弘扬。面对新时代生活方式，我们需要培养与践行新时代的劳动精神，树立新时代中国特色社会主义劳动价值观，从而更好地践行社会主义核心价值观。具体可以从以下三个维度展开。

（一）个体维度

劳动没有高低贵贱之分，任何职业都很光荣、都能出彩。各行各业劳动者都要增强劳动自豪感和职业认同感，自觉锤炼劳动品格、涵养劳动情怀、激发劳动潜能、释放劳动激情，努力成为有劳动素养的、全面发展的新时代劳动者。既要有坚守岗位的担当、敬业奉献的执着，还要有专注细节的严谨、力求完美的追求，亦要有敢于探索的精神、勇于创造的智慧，把"劳动最光荣、劳动最崇高、劳动最伟大、劳动最美丽"理念内化为自觉的劳动行为，在平凡的岗位上施展能力和才华，彰显独特优势和核心竞争力，努力创造出不平凡的业绩，争做更加优秀的乃至楷模式的劳动者。

（二）社会维度

2013年4月28日，习近平总书记在同全国劳动模范代表座谈时的讲话中指出："全社会都要贯彻尊重劳动、尊重知识、尊重人才、尊重创造的重大方针，维护劳动者的利益，保障劳动者的权利。要坚持社会公平正义，排除阻碍劳动者参与发展、分享发展成果的障碍，努力让劳动者实现体面劳动、全面发展。全社会都要热爱劳动，以辛勤劳动为荣，以好逸恶劳为耻。"

从这个意义上来说，全社会要树立要尊重劳动的良好氛围，更要保障广大劳动者的各项基本权益，引导劳动者"辛勤劳动、诚实劳动、创造性劳动"，找到人生定位、实现人生价值。要让有梦想的人都有出彩机会，积极为劳动者成长发展创造良好条件，完善现代职业教育体系，健全技术工人培养、使用、评价、激励、保障等措施，让多劳者多得、技高者多得，增强技术工人荣誉感、自豪感、获得感，打造一支知识型、技能型、创新型的劳动者大军，为新时代培养更多高技能人才和大国工匠，汇聚起实现中国梦的磅礴力量。

（三）国家维度

继续真正将劳动教育纳入大中小学人才培养全过程，增强时代性和实效性，努力造

就具备深厚劳动精神的"劳动后备军"。整合学校、社会、家庭各方面力量，创新教育内容、途径和方法，教育引导学生在学习和掌握基本劳动知识技能的过程中，树立正确的劳动观和价值观，真正成长为担当民族复兴大任的时代新人。在国家顶层设计上保证劳动者尊严，维护社会公平正义。大至改革治国，小至柴米油盐，切实全面解决好同劳动者生活息息相关的教育、就业、收入、住房、医疗社保、养老等问题，做好普惠性、基础性、兜底性民生建设，织密编牢托底的民生"保障网"，使改革发展成果更多更公平地惠及于民、造福于民，给劳动者带来实实在在的获得感、幸福感、安全感。

延伸阅读：

1. 影视推荐：《麓山之歌》《许振超》《大江大河》等
2. 文学作品：《骆驼祥子》《家》《四世同堂》《创业史》等

思考与实践

1. 请同学们重温所阅读的文学经典，找出三至四个最能打动你的劳动场景。
2. 结合自己的观影经历，谈谈你最喜爱的红色影视中的劳动文化。

第八章 新媒体时代的劳动宣传

本章思维导图

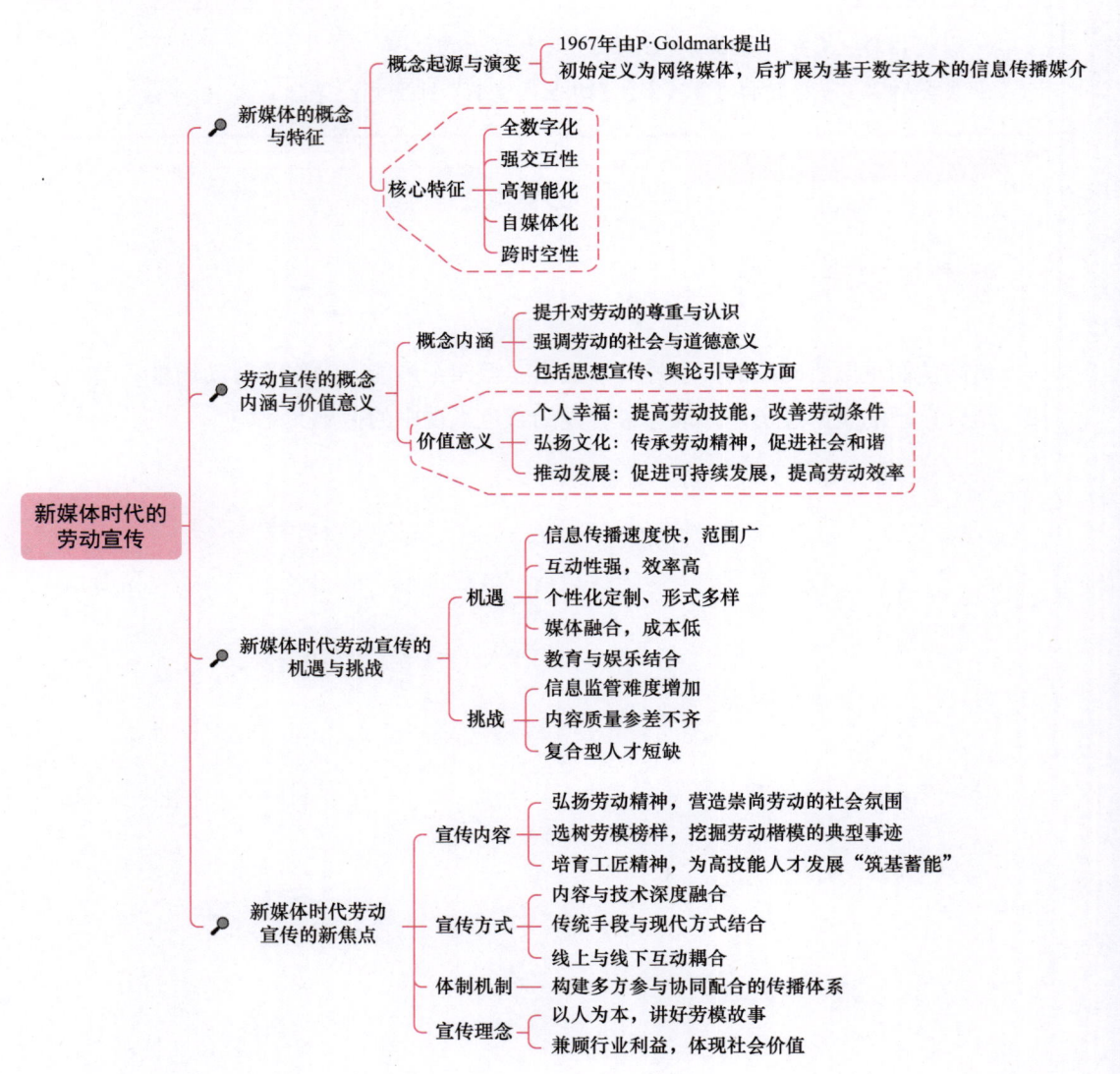

- 新媒体时代的劳动宣传
  - 新媒体的概念与特征
    - 概念起源与演变
      - 1967年由P·Goldmark提出
      - 初始定义为网络媒体，后扩展为基于数字技术的信息传播媒介
    - 核心特征
      - 全数字化
      - 强交互性
      - 高智能化
      - 自媒体化
      - 跨时空性
  - 劳动宣传的概念内涵与价值意义
    - 概念内涵
      - 提升对劳动的尊重与认识
      - 强调劳动的社会与道德意义
      - 包括思想宣传、舆论引导等方面
    - 价值意义
      - 个人幸福：提高劳动技能，改善劳动条件
      - 弘扬文化：传承劳动精神，促进社会和谐
      - 推动发展：促进可持续发展，提高劳动效率
  - 新媒体时代劳动宣传的机遇与挑战
    - 机遇
      - 信息传播速度快，范围广
      - 互动性强，效率高
      - 个性化定制、形式多样
      - 媒体融合，成本低
      - 教育与娱乐结合
    - 挑战
      - 信息监管难度增加
      - 内容质量参差不齐
      - 复合型人才短缺
  - 新媒体时代劳动宣传的新焦点
    - 宣传内容
      - 弘扬劳动精神，营造崇尚劳动的社会氛围
      - 选树劳模榜样，挖掘劳动楷模的典型事迹
      - 培育工匠精神，为高技能人才发展"筑基蓄能"
    - 宣传方式
      - 内容与技术深度融合
      - 传统手段与现代方式结合
      - 线上与线下互动耦合
    - 体制机制——构建多方参与协同配合的传播体系
    - 宣传理念
      - 以人为本，讲好劳模故事
      - 兼顾行业利益，体现社会价值

第八章　新媒体时代的劳动宣传

📕 学习要点

2020年11月24日，习近平总书记在全国劳动模范和先进工作者表彰大会上的讲话中指出，"全社会要崇尚劳动、见贤思齐，加大对劳动模范和先进工作者的宣传力度，讲好劳模故事、讲好劳动故事、讲好工匠故事，弘扬劳动最光荣、劳动最崇高、劳动最伟大、劳动最美丽的社会风尚"，对新时代的劳动宣传工作指引了方向。

我们国家历来重视劳动宣传，致力于通过传播优秀作品，激发和鼓舞人们的精神。通过广泛宣传各级劳动模范和工匠的感人故事，在全社会营造人人崇尚劳动、尊重劳动，树立劳动光荣、劳动伟大的良好氛围。

在新媒体时代，劳动宣传面临着前所未有的发展机遇和挑战。我们需要不断创新报道手段，利用融媒体的多样化平台，讲好新时代劳模工匠故事，积极推动劳模精神、劳动精神和工匠精神深植于广大群众心中，激发他们的热情和创造力。

📕 知识目标

1. 深入理解新媒体的定义、劳动宣传的核心要义及其在当代社会的重要性。
2. 全面了解新媒体时代劳动宣传所面临的新机遇与挑战。
3. 掌握新媒体时代劳动宣传的新焦点。

📕 能力目标

1. 能够理性分析新媒体时代劳动宣传工作的着力点。
2. 掌握一种或多种新媒体传播工具和手段，以提升劳动新闻宣传的效果。

📕 思政目标

1. 深刻认识到劳动对于个人成长、社会发展的根本作用。
2. 树立尊重劳动、尊重每一位普通劳动者的价值观，认识到劳动的尊严和价值。
3. 牢固确立劳动最光荣、劳动最崇高、劳动最伟大、劳动最美丽的观念，激发对劳动的热爱和尊重。

新时代劳动宣传的核心，关键在于劳动精神、劳模精神、工匠精神是否易于被人们接受。要让劳动文化深入人心，就要创新宣传方式、丰富传播手段，拓展劳动资源的运用场域，根据不同受众群体采取不同的传播形式，增强表达效果。

尤其在媒体融合趋势下，劳动宣传要充分利用大数据技术、新媒体平台，搭建线上线下传播渠道，打造一批具有强大影响力、感染力、号召力和竞争力的传播平台；建立看、听、悟、行的宣传方式，把沉淀在历史书中的劳模故事、工匠故事，充分挖掘出来，把收藏在博物馆、展览馆、纪念馆中的劳动文化、劳动资源用新媒体技术展现出来，使其能真正融入人们的现实劳动之中，激发全社会的创造力。

第一节　新媒体时代的劳动宣传概述

一、新媒体的概念与特征

（一）新媒体的概念内涵

"新媒体（New Media）"一词诞生于1967年，最初由美国CBS（哥伦比亚广播公司）技术研究所所长P·Goldmark在其一份商品开发计划中提出。新媒体并非一个固定不变的概念，它随着科技的进步与社会需求的变化而不断演变。在早期，联合国教科文组织将新媒体简明扼要地定义为"网络媒体"。后来，有学者将其界定为"基于数字技术，通过网络为载体进行信息传播的媒介"。如今，新媒体通常被理解为以数字技术为核心，具备即时互动、广泛兼容等数字媒体特性的传播方式。

媒体作为一种工具，其物质形态随着科技的跃进而不断发展。从最古老的口语传播到文字记录，再从印刷技术到电子传播，媒体始终随着生产力的提升而演化，其内涵与外延也随着传媒技术的进步而不断拓展。所以说，新媒体是一个与传统媒体相对照而产生的具有相对性、时间性和历史性的概念。在媒介发展的历史长河中，每一次重大变革都催生了所谓的"新媒体"，例如，广播相对于印刷是"新媒体"，互联网相对于广播是"新媒体"，社交媒体则是对报纸和电视的"新媒体"创新。事实上，不仅是技术创新和物质形态的变化能够孕育新媒体，新的软件开发、信息服务模式的创新都能够推动新媒体平台的诞生。新媒体对传统媒体产生了巨大影响，改变了人们获取信息的方式和途径。新媒体还对社会产生了深远的影响，不仅重塑了政治和经济领域，也深刻改变了我们的生活方式和思维模式。

新媒体时代，是在数字化和互联网技术的驱动下，信息传播和社会互动模式发生了根本性转变的时代。它是人类社会在工业社会基础上演进而成的一种新的社会形态，主要依托于数字技术、网络技术和移动通信技术等新型媒介，构建了一个数字化、交互性、高科技支撑的全球性、开放性、立体化的信息空间。新媒体时代的到来，一方面丰富了受众的新闻信息获取渠道，另一方面也对传统新闻传播产生了挑战，促使新闻传播趋于多样化。

（二）新媒体的核心特征

新媒体的崛起标志着媒体行业从传统模式向新型形态的根本转变，这一变革不仅体现在技术革新上，更深刻影响着信息的生产、传播和消费方式，推动新媒体在信息传播、新闻报道、营销传播等多个领域发挥着重要作用。概括来说，新媒体具有以下几个核心特征。

一是全数字化。在技术层面，新媒体以数字技术为基础，所有信息的生成、存储、处理和传输均以数字形式进行，这一点是其最基本也是最重要的特征。全数字化不仅极大地提高了信息处理的效率和准确性，还使得信息能够无损地在全球范围内迅速传播。数字化还促进了多媒体内容的融合，如文本、图像、音频和视频可以无缝集成，为用户提供丰富多样的体验。此外，数字化为大数据分析提供了可能，使媒体平台能够精准把握用户需求，实现个性化推荐。

二是强交互性。在应用层面，新媒体颠覆了传统媒体单向传播的模式，引入了双向甚至多向的互动机制。用户不仅是信息的接收者，同时也能成为内容的创造者和传播者。这种互动性不仅增强了用户的参与感和归属感，还促进了社群的形成，加速了信息的扩散速度和广度。

三是高智能化。随着人工智能、机器学习等前沿技术的融入，新媒体在功能层面展现出高智能化的特点。智能算法能够分析用户行为，预测兴趣偏好，从而推送高度个性化的内容。同时，人工智能技术还能辅助内容创作，如自动生成文章摘要、视频剪辑等，提高内容生产的效率与质量。智能助手、聊天机器人等应用也日益普及，为用户提供更加便捷、贴心的服务体验。

四是自媒体化。在传播层面，新媒体时代的一个重要趋势是自媒体的兴起，使普通个体能够通过博客、微博、短视频平台等渠道，自主地发布个人观点、生活记录或专业知识，成为信息的传播者和意见领袖。这种去中心化的传播模式颠覆了传统的信息传播模式，促进了信息多样性和社会话语的多元化。

五是跨时空性。新媒体突破了物理空间和时间的界限，实现了信息的即时全球共享。无论身处何地，只要有网络连接，用户就能实时获取全球各地的最新资讯，也能随时与他人进行沟通交流。这种跨时空的特性不仅拉近了人与人之间的距离，也为远程工作、在线教育、跨境电商等领域的发展提供了强有力的支撑。

二、劳动宣传的内涵及意义

了解劳动宣传概念的内涵及意义，是科学正确地认识劳动宣传的意义和作用的首要问题。

（一）劳动宣传的内涵

宣传，作为一种传播观念和主张的行为，是指人们向社会或别人强制灌输自己的某种观念和主张，也包括对某种观点、思想、主张的张扬或褒贬。劳动宣传是指在全社会范围内，通过各种形式和途径，普及科学的劳动价值观，提高公众对劳动的认识和尊重。这种宣传不仅强调劳动的道德和社会意义，还倡导对劳动者的表彰与赞扬，突出那些勤勉工作、坚守岗位的个体所展现的高尚品质。总的来说，劳动宣传是一种全面的社会文化活动，旨在提升全社会对劳动的认识和尊重，激发人们的劳动热情和创造潜能，从而为实现社会主义现代化国家的宏伟蓝图注入强大的动力。

劳动宣传通常包括思想宣传、舆论引导、实践养成、倡导平等以及提升认识等几个方面。思想宣传是指通过劳动教育、媒体宣传等渠道传播劳动的价值和意义，强调劳动是社会进步和个人发展的基础；舆论引导是指利用公共讨论和媒体报道来形成尊重劳动、尊重劳动者的社会氛围；实践养成指鼓励人们通过实际参与劳动活动，体验劳动带来的成就感和满足感，从而内化为个人的价值观；倡导平等是强调各种劳动没有高低贵贱之分，每一份职业都是光荣的，每一位劳动者都应该得到尊重；提升认识是帮助人们认识到劳动不仅是谋生的手段，更是一种生活态度和社会责任。

（二）劳动宣传的意义

劳动宣传在中国社会中扮演着重要的角色，它不仅影响着每个个体的幸福感和成就感，而且对于推动国家的持续发展与进步具有深远的意义。具体来说，劳动宣传的意义主要体现在以下几个方面。

一是有助于实现个人幸福。在中国文化中，劳动被视为一种美德，不仅是生存的手段，更是实现个人价值和幸福感的重要途径。首先，劳动宣传有助于树立正确的劳动观念。通过宣传，广大人民群众认识到劳动不仅是创造物质财富的源泉，还是实现个人成长和幸福的基石。这种观念的转变有助于激发人们的劳动热情，让他们在劳动中找到成就感和满足感。其次，劳动宣传有助于提高人们的劳动技能。在信息化时代，许多工作需要特定的技能和知识。劳动宣传和教育可以普及相关的劳动技能和知识，有效提升劳动者的技能和素质，帮助人们更好地适应市场需求，提高就业竞争力，从而实现个人的经济独立和社会地位的提升。再次，劳动宣传有助于改善劳动条件。通过宣传，过度劳累、低薪劳动等一些劳动领域存在的问题引起社会的关注，将促使政府和企业采取措施改善劳动条件，保障劳动者的基本权益。此外，劳动宣传还有助于增进社会对劳动者的尊重和理解。通过劳动宣传，更多的人了解劳动者的艰辛和付出，从而消除对他们的偏见和误解，增进社会对劳动者的尊重和理解。同时，劳动宣传还能激发人们的创造力和创新精神，推动社会的进步和发展，进一步提升人们的幸福感。

二是劳动宣传有助于弘扬中国传统文化。劳动不仅是人类生存的基础，更是中华民族精神的核心体现之一。劳动宣传不仅有助于弘扬中国优秀的传统文化，更能在全社会范围内营造尊重劳动、热爱劳动的良好氛围。首先，中国的传统文化中蕴含着丰富的劳动精神。从"耕读传家"的古训，到"勤劳致富"的谚语，再到"敬业乐群"的典故，无不体现了劳动的崇高地位和中华民族对劳动的深厚情感。这些传统文化不仅是我们民族的瑰宝，更是我们民族精神的根基。通过劳动宣传，我们可以将这些优秀的传统文化传承下去，让更多的人了解和感受到劳动的魅力和价值。此外，劳动宣传还有助于激发人们的劳动热情和创造力。在当前社会，一些人对劳动存在着消极的态度，认为劳动是辛苦的、没有前途的。而通过劳动宣传，我们可以让更多的人了解到劳动的伟大意义和价值所在，从而激发他们的劳动热情和创造力。同时，我们还可以宣传一些劳动模范和先进工作者的事迹，让他们成为全社会的榜样，引领更多的人投身到劳动中去。其次，劳动宣传有助于营造积极向上的社会氛围，促进社会的和谐稳定。中华民族是勤于劳动、善于创造的民族，崇尚劳动光荣是社会主义的本质特征之一。劳动宣传有助于改变人们对劳动的偏见，可以让更多的人明白劳动的重要性，懂得尊重他人的劳动成果，从而形成良好的社会风尚和道德规范。在一个尊重劳动、热爱劳动的社会中，每个人都能在劳动中找到属于自己的位置，人们之间的关系会更加和谐融洽，社会矛盾也会得到有效缓解。这不仅有助于维护社会的稳定和繁荣，还能为我们的经济发展提供强大的精神动力和道德支撑。

三是劳动宣传有助于推动社会可持续发展。劳动宣传与实现"两个一百年"奋斗目标和中华民族伟大复兴的中国梦紧密相连。在当前全球环境问题日益突出的背景下，可持续发展已经成为全球性的共识。通过劳动宣传，我们可以让更多的人认识到节约资源、保护环境的重要性，从而在劳动过程中采取更加环保、节能的方式，推动我们的社会实现可持续发展。此外，通过大力宣扬劳动的重要性，强调劳动者的尊严和价值，鼓励全社会树立正确的劳动观念和职业道德，激发人们的劳动热情和创新热情，为国家的繁荣、民族的振兴提供坚实的人才保障和精神动力。

综上所述，劳动宣传在实现个人幸福、弘扬中国优秀传统文化和推动社会可持续发展等方面都发挥着不可替代的重要作用。因此，我们应该高度重视和加强劳动宣传工作，让劳动的光辉照亮我们的道路，让劳动的光辉照亮每一个人的心灵。

▶▶▶ 劳动教育通论

第二节 新媒体时代劳动宣传面临的机遇和挑战

随着科技的飞速发展，人类社会已经迈入了新媒体时代。在这个信息爆炸的时代，网络信息传播呈现移动化、个性化、休闲化、互动化等特点，为劳动宣传带来了前所未有的机遇。

（扫二维码观看本节视频）

一、新媒体时代劳动宣传面临的新机遇

（一）传播速度快、范围广

新媒体以其信息传播速度极快而著称。一条关于劳动精神的宣传信息，可以在短时间内传遍大江南北，甚至跨越国界，传遍全球。这种高效的传播方式，为劳动宣传提供了广阔的传播空间，使得劳动的价值和意义能够迅速传播给更多的人。

新媒体还打破了地域界限，使得劳动宣传内容可以迅速传播到世界各地。这对于提升中国劳动精神的国际影响力具有重要意义。通过新媒体平台，我们可以向世界展示中国人民的勤劳和智慧，传播中国的劳动文化，增强国际间的交流与合作。

（二）互动性强、效率高

新媒体具有强大的互动性，这使得劳动宣传更加精准有效。通过新媒体平台，我们可以方便地与受众进行双向沟通，及时获取反馈。这种互动性不仅有助于提高受众的参与度，还可以帮助我们及时调整宣传策略，使劳动宣传更加贴近实际、贴近生活。

新媒体提供的数据分析工具也为我们提供了实时监控宣传效果的可能。通过数据分析，我们可以了解哪些内容受到受众的欢迎，哪些内容需要改进。这种基于数据的决策方式，大大提高了劳动宣传的效率和效果，使劳动宣传工作更具针对性和实效性。

（三）个性化定制、形式多样

新媒体依托大数据等技术，可以根据用户的兴趣爱好和行为习惯进行个性化推荐。这意味着我们可以为不同的受众群体提供定制化的劳动宣传内容，使劳动宣传更加贴心和精准。这种个性化的宣传方式，不仅可以提高受众的接受度，还可以增强他们对劳动价值的认同感。

新媒体可以利用文字、图片、音频、视频等多种形式进行宣传。这种多样化的宣传形式使得内容更加丰富多彩，更容易吸引受众的眼球。生动有趣的宣传内容可以激发受众对

劳动的热爱和尊重，提高劳动宣传的吸引力和感染力。

（四）媒体融合、成本低

新媒体可以实现跨平台运营，无论是手机、电脑还是平板，都可以随时随地接收和分享劳动宣传内容。这种跨平台的运营方式大大提高了宣传的便捷性和可达性，使得劳动宣传可以覆盖更广泛的受众群体。

相比于传统媒体，新媒体的运营成本通常较低。这使得更多的组织和个人能够参与到劳动宣传中来，扩大了宣传的力量。通过新媒体平台，我们可以汇聚更多的社会力量，共同推动劳动精神的传播和发展。

（五）教育与娱乐相结合

新媒体时代为劳动宣传提供了将教育与娱乐相结合的机会。通过制作有趣、富有教育意义的劳动宣传内容，可以在轻松愉快的氛围中传播劳动知识，提高宣传效果。这种寓教于乐的方式不仅可以吸引受众的注意力，还可以让他们在不知不觉中接受劳动教育。

同时，新媒体平台上的点赞、转发、评论等功能可以激励更多的人创作优质的劳动宣传内容。这种正向的激励机制有助于形成良好的宣传氛围，推动劳动宣传工作的持续发展。

总之，新媒体时代为劳动宣传提供了前所未有的机遇。在此时代背景下，应该善于利用新媒体的特点和优势，创新劳动宣传的方式和方法，有效地传播劳动的价值和意义，激发全社会的劳动热情。

二、新媒体时代劳动宣传面临的新挑战

（一）信息监管难度增加

新媒体的传播速度快，覆盖面广，但也带来了信息监管的挑战，虚假信息和不实报道可能会迅速传播，对劳动宣传的真实性和权威性构成威胁。同时，新媒体环境下，信息来源更加复杂，舆论监督的主体更加多元，导致舆论监督的复杂性增加。此外，劳动者权益保护面临新的挑战，如平台经济下的劳动关系模糊、社会保障不完善等问题，需要格外引起重视。

（二）内容质量参差不齐

新媒体使得内容生产的门槛降低，但同时也导致了内容质量的参差不齐，这可能影响到劳动宣传的质量和效果。与此同时，新媒体环境下，用户的注意力被多种信息源分散，劳动宣传需要在海量信息中脱颖而出，吸引目标受众的关注，增大了劳动宣传的难度。此外，新媒体的普及程度在不同地区和群体中存在差异，数字鸿沟可能导致一部分人群无法

接触到劳动宣传信息。

（三）复合型人才短缺

随着新媒体技术的迅猛发展和持续迭代，劳动宣传面临着转型升级的迫切需求。为了紧跟技术进步的步伐，劳动宣传工作者必须不断提升自身的技术水平和适应能力。特别是新媒体平台的算法对内容推送和曝光起着决定性作用，这就要求宣传人员不仅要熟悉传播规律，还要掌握如何根据算法优化内容策略，以提高宣传效果。在这样的背景下，新媒体发展需要更多懂技术、懂传播、懂内容的复合型人才，这对人才培养和队伍建设提出了新要求。

面对这些挑战，劳动宣传工作需要不断创新方法和手段，提高宣传的针对性、有效性和吸引力，同时也需要加强新媒体环境下的舆情管理和危机应对能力，确保劳动宣传工作的顺利进行。

第三节　新媒体时代劳动宣传的新焦点

劳动教育离不开强有力的社会舆论氛围，这既是劳动教育的一种方式，也是劳动教育的重要组成部分。在新媒体时代背景下，劳动宣传作为一项经常性的核心工作，对于赢得社会各界的支持、推动劳动工作的深入开展具有重要意义。应当根据党中央的指示要求、新时代社会变化的特征以及青年学生的实际需求，加大劳动宣传力度，将新时代的劳动精神、劳模精神和工匠精神加以总结并广泛宣传出去，引领并带动人们以实现中华民族伟大复兴为己任，人人参与、人人奉献，在劳动实践中与社会主义现代化建设同心同德、同频共振。

（扫二维码观看本节视频）

一、宣传内容：以弘扬新时代的劳动精神、劳模精神和工匠精神为核心

（一）弘扬劳动精神，营造崇尚劳动的社会氛围

良好的社会文化环境是营造浓厚劳动氛围的重要因素，也是借助劳动培养社会公德、弘扬热爱劳动风尚的重要保证。在新媒体时代，劳动精神的宣传更加注重多元化与互动性。利用社交媒体、短视频等平台开展劳动宣传教育，能够让劳动精神的宣传变得更加生

动、直观，从而形成一片热火朝天的劳动"场域"，使身处其中的每个个体都在潜移默化中受到感染和教育，进而形成劳动最光荣、劳动最崇高、劳动最伟大、劳动最美丽的良好社会风尚。例如，讲述劳动者的故事，展示他们在平凡岗位上的不平凡贡献，激发全社会对劳动的尊重与热爱之情。同时广泛传播劳动科学和劳动技能，强调劳动不只是谋生的手段，更是实现个人自我价值与社会价值的重要途径，弘扬敬业、创新和奉献精神，激励每个人以更饱满的热情和更坚定的信念投身于劳动之中。

（二）选树劳模榜样，挖掘劳动楷模的典型事迹

在劳动宣传中，劳动模范的宣传尤为重要。新媒体为劳动楷模的宣传搭建起更为广阔的平台，使劳动模范的事迹得以迅速传播，影响更为广泛的受众群体，培育广大青年崇尚劳动、崇尚劳动英雄。例如，中华全国总工会在"五一"劳动节前夕召开大会，对全国五一劳动奖章和全国工人先锋号获得者予以表彰。这些模范人物中，既有从事脑力劳动的"最强大脑"，也有"金牌焊工""最美快递员"等。他们是依据一定的社会价值导向，考虑广泛的代表性和群众性基础，在不同领域和行业中选出的先进典型。借助召开劳模先进事迹报告会、座谈会、交流巡讲以及社交媒体、直播、短视频等形式，展示劳动模范和先进工作者的先进事迹，展现他们爱岗敬业、勇于创新、无私奉献的精神风貌。充分发挥劳动模范、大国工匠的榜样作用，以榜样的力量引导激励广大劳动者尤其是青年一代学习楷模精神，牢固树立劳动观念，增长劳动才干，争做新时代的奋斗者。

（三）培育工匠精神，为高技能人才发展"筑基蓄能"

在新媒体时代，劳动宣传正以空前的速度和广度，深刻影响着公众对劳动价值的认知与尊重。特别是对于培育工匠精神、推动高技能人才发展提供了广阔舞台和强大工具。新媒体平台凭借其覆盖广泛、互动性强、形式多样等优势，深入挖掘各行各业中的"大国工匠"，讲述他们在技艺传承与技术创新等方面的非凡成就，展现其精益求精、追求卓越的工匠精神。社交媒体、短视频、直播等新媒体形式，能够迅速触达大量用户，打破地域限制，让优秀的工匠故事与技艺展示不再局限于小范围传播；观众能够通过点赞、评论、分享等方式，直接参与到内容传播过程中，形成口碑效应，增强信息影响力；利用动画、VR/AR技术等创新手段，使复杂的工艺过程变得直观易懂，吸引更多年轻人关注并产生兴趣；创建线上社群或论坛，鼓励工匠之间以及工匠与爱好者之间的交流互动，促进知识共享和技术迭代。从而推动中国制造向中国创造转变、中国速度向中国质量转变、中国产品向中国品牌转变。

除了劳动精神、劳动模范和工匠精神宣传，劳动法制建设、劳动科技发展、和谐劳动关系创建等，无一不和广大人民群众的切身利益密切相关，要不断挖掘关注。

▶▶▶ 劳动教育通论

延伸阅读：

100多个电话里的和谐故事
——"我的和谐创建故事"主题征文获奖作品选登
（附二维码）

二、宣传方式：技术赋能的创新性表达

（一）内容与技术深度融合

在新媒体时代，劳动宣传工作迎来了以技术为驱动的新机遇。随着网络新技术和新应用的迅猛发展，内容与技术的相互促进和深度融合已成为显著趋势。为了把握这一趋势，劳动宣传可以依托各级融媒体技术平台，积极采用人工智能、云计算等前沿技术，对劳动宣传的策划、采集、生产、审核、分发、接收到反馈等全产业链进行智能化改造。这不仅能提升内容生产效率，更能将先进技术有效融入劳动文化的传播之中。特别是通过加大算法运用和大数据技术，可以更准确地把握受众的文化需求，从而提供更精准、更贴心的劳动文化产品。

（二）传统手段与现代方式结合

劳动宣传工作，早期主要依托于板报、报刊等平面媒体，由于其内容与官方纸媒传播的主流价值观高度契合，成为报刊报道的重点内容。随着广播、电视等媒体的发展，劳动宣传开始采纳广播故事、电视新闻报道等多种形式，实现了从单一平面到多维立体的传播方式转变。直至今日，报刊、广播、电视等传统媒体依然是劳动宣传的重要渠道。在这样的背景下，将传统宣传手段与现代传媒紧密结合，能够以更加丰富多元的方式展现劳动的价值和意义。一方面，通过传统的宣传渠道如宣传栏、讲座等，以生动的图片、鲜活的文字和感人的讲述，让受众更深入地了解劳动者的付出与奉献，把劳动之美传递给每一个人。这些传统方式虽然看似简单，却能直击人心，引发共鸣。另一方面，充分发挥微博、微信、短视频平台等现代传媒的优势，以其传播速度快、覆盖范围广、传播形式新颖的优势，以生动活泼、贴近生活的方式，讲好劳动、劳动者、劳模以及工匠的故事。这种结合不仅丰富了劳动宣传的形式，也提高了宣传的互动性和覆盖面，使得劳动宣传工作更加生

动、直观，更易于被广大受众接受和理解。

（三）线上与线下互动耦合

将线上宣传与线下活动相结合，形成互动耦合，是新媒体时代劳动宣传的重要策略。线上平台通过微博、微信、短视频、H5等新媒体形式，创作生动有趣的劳动主题内容，增强宣传的吸引力和感染力。同时，线上互动也激发了公众的参与热情，可以通过评论、点赞、定制活动专属红包封面、扫码参与等方式表达对劳动者的支持和敬意。而线下活动则更注重与受众的直接交流和互动。通过组织劳动技能大赛、劳动体验日、设置拍照打卡等活动，让公众亲身参与劳动，感受劳动的乐趣和价值。这种线上线下的多元互动不仅能够提升宣传的质量和效果，还能增强公众的参与感和认同感，也将为劳动工作的顺利开展提供强有力的舆论支持和社会氛围。

延伸阅读： 石化工人24小时

2023年10月底，第三十三届中国新闻奖评选结果揭晓，由工人日报社提报的《职业总动员②｜石化工人24小时》荣获"融合报道"奖。节目通过记者前往基层一线，亲身体验石化工人这种职业，践行"四力"，再通过后期具有"网感"的剪辑方式进行创新性表达，让观众在轻松的氛围中了解不同行业的真实工作内容和生活侧面。

《石化工人24小时》是工人日报社推出的融合创新的职业体验系列视频《职业总动员》的其中一期。2022年4月，记者在北京市燕山石化与石化工人一起同吃、同住3天，亲身体验石化工人的日常工作和生活，借此让网友感受到现代化产业工人的劳模精神、劳动精神、工匠精神。该视频的创新之处在于内容表达上有鲜明特色，在真实基础上融入了个性化表达和符合网络传播的剪辑方式。整个视频通过白班、日常巡检、高空巡检、内操、夜班等几个板块展现石化工人的工作，其中开头的混剪、时常穿插的"梗"点、高空巡检的真实反应、以及结尾的体验感受都是非常新颖的表现形式，节目具有较高的新闻价值和传播价值。作品发布后，众多石化工人和网友纷纷点赞评论，不少网友留言，表达对作品的喜爱之情，认为其"接地气""有趣好看"。

三、体制机制：构建多方参与协同配合的传播体系

为了实现劳动教育社会传播的稳定化与持久化，并达到潜移默化的教育效果，需要构建一个由宣传部门、教育部门、各大宣传媒体、工会等群团组织，以及社会各界共同参与的协同配合传播体系。

宣传部门应发挥其政策导向作用，明确劳动教育的核心价值和传播方向；教育部门则负责将劳动教育融入学校课程体系，培养学生的劳动观念和实践能力；各大宣传媒体则利

用其广泛的受众基础和传播渠道,通过新闻报道、专题节目等形式,生动展示劳动者的风采和劳动的价值;工会等群团组织则可组织各类劳动竞赛和技能培训活动,激发职工的劳动热情和创新精神。同时,社会各界也应积极参与劳动教育的社会传播,如企业可通过开展员工劳动技能培训和劳动竞赛等活动,提升员工的劳动素养和团队协作能力;社区可组织居民参与公共设施维护、环境整治等公益活动,培养居民的公共意识和社会责任感。

总而言之,通过构建这样一个多方参与、协同配合的传播体系,能够形成强大的合力,推动劳动教育在全社会范围内的普及和深化,让尊重劳动、热爱劳动、投身劳动成为社会的普遍共识和自觉行动。

四、宣传理念:以人为本讲好劳动故事

在宣传理念上,应该坚持以人为本,精心讲述劳模的故事。通过选树和展示劳动模范、大国工匠的全面风采,深入挖掘他们爱岗敬业、精一行专一行的典型示范作用。通过具体而微的语言和形象生动的影像,讲述他们立体可感的动人故事,树立起劳动模范、大国工匠的正面形象,充分释放他们的精神价值。这样的宣传不仅让劳模成为人们心目中可亲、可敬、可学、可追随、可实现的榜样,也进一步拉近了劳动模范、大国工匠与普通群众之间的距离。

在劳动宣传中,要兼顾行业利益。通过选树一个模范/工匠,深入展示一项工作、一个行业,可以推动社会大众对某项专业劳动、细分领域的关心了解,提升劳动者的行业认可度和工作热情,促进行业发展进步。要体现社会价值,紧扣社会主义核心价值观,充分挖掘劳模、工匠群体的时代价值,开展宣传,在广大劳动者中和全社会唱响"劳动者之歌",弘扬主旋律,传播正能量,在全社会形成崇尚劳动、热爱劳动、辛勤劳动、诚实劳动的良好风尚。这样以人为本、充满情感的宣传方式能够更好地传递劳动的价值,激发社会对劳动的尊重和热爱,为构建和谐社会贡献力量。

延伸阅读: "研究生月嫂"体现多元劳动价值观

2023年10月,一则"杭州'95后'姑娘做月嫂月入过万"的新闻冲上热搜。故事的主人公小喻本科毕业,1995年出生。别看她年纪轻轻,带过20多个宝宝的她现在工作订单已排到了明年。无独有偶,32岁的王玉兰2013年研究生毕业做了两年老师后,就转行当了月嫂。当时老师只有不到四千的收入,但是做月嫂年收入能达二十万。

广州市家庭服务行业协会的一项调查发现,越来越多具有高等教育背景的人在申请月嫂职位。在79820名家政服务人员中,超过4%,即3547人拥有大学文凭,甚至有5名是研究生,小学生同比下降1.4个百分点。其他城市也是如此。在一些热门的求职和招聘网站上搜索"大学毕业的月嫂",北京的搜索结果可高达1000个,上海也是这样。月嫂从业者的高学历趋势与这份职业的高自由度和高收入不可

分割。新华网的一项调查显示，月嫂的平均月薪超过1万元，高于北京市的工资平均水平。在深圳，金牌月嫂的月薪最高可达26000多元。

更多的高端人才的加入有助于提升整个行业的水平。2019年6月，国务院办公厅印发《关于促进家政服务业提质扩容的意见》，提出10方面重点任务，其中就包括提高家政从业人员素质、支持院校增设一批家政服务相关专业。北师大教育学副研究员陈霄表示，越来越多受过高等教育的人从事服务行业，将有助于提高从业人员的素质。可以预见，职业选择和产业调整将越来越从传统认知中解放出来。

思考与实践

1. 结合校园媒体宣传，调查本校劳动宣传的情况。
2. 发现身边的"最美劳动者"，制作一则3分钟以内的原创短视频进行宣传分享。

下 篇

第九章　劳动工具及社会发展

本章思维导图

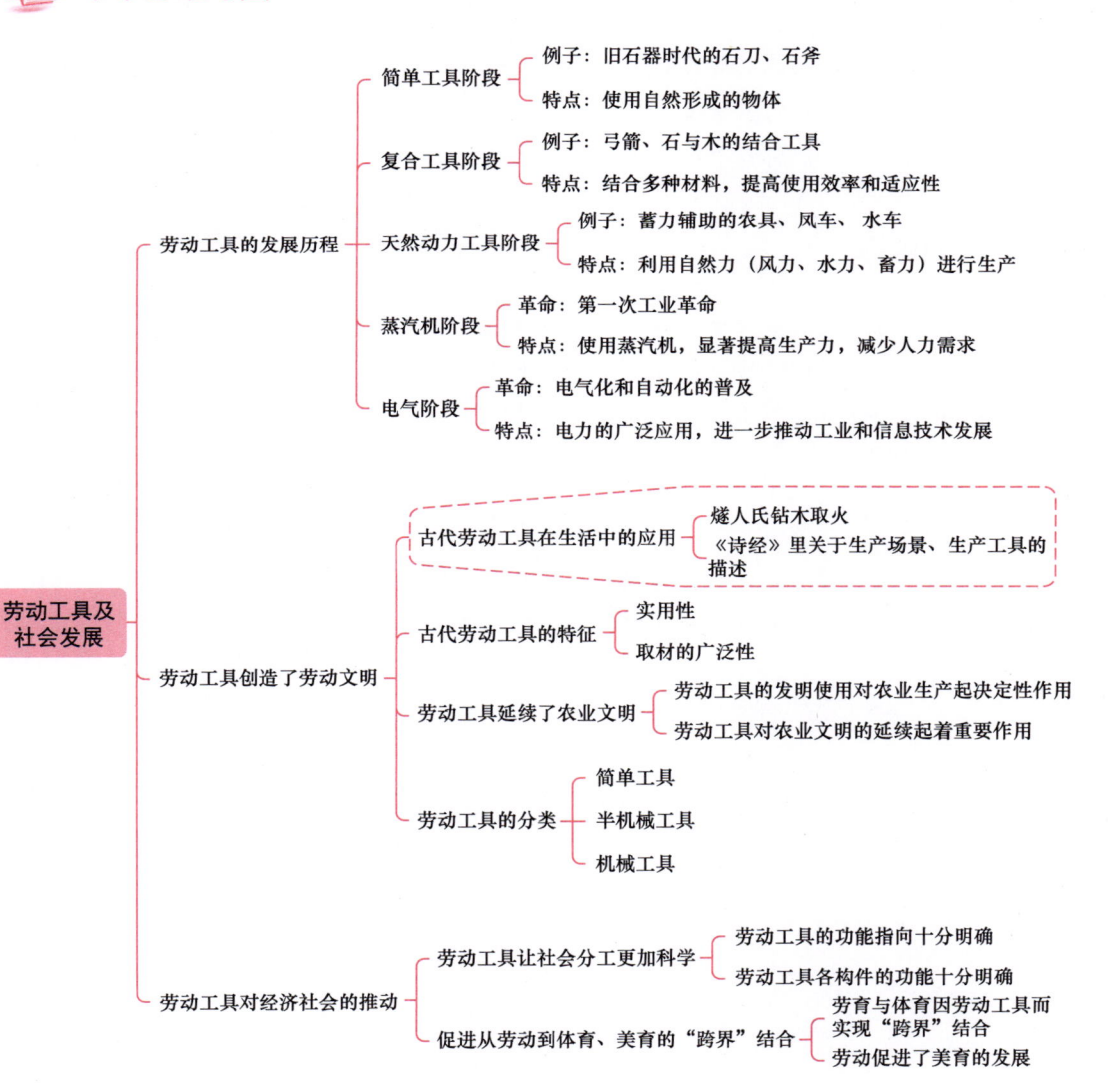

- **劳动工具及社会发展**
  - 劳动工具的发展历程
    - 简单工具阶段
      - 例子：旧石器时代的石刀、石斧
      - 特点：使用自然形成的物体
    - 复合工具阶段
      - 例子：弓箭、石与木的结合工具
      - 特点：结合多种材料，提高使用效率和适应性
    - 天然动力工具阶段
      - 例子：畜力辅助的农具、风车、水车
      - 特点：利用自然力（风力、水力、畜力）进行生产
    - 蒸汽机阶段
      - 革命：第一次工业革命
      - 特点：使用蒸汽机，显著提高生产力，减少人力需求
    - 电气阶段
      - 革命：电气化和自动化的普及
      - 特点：电力的广泛应用，进一步推动工业和信息技术发展
  - 劳动工具创造了劳动文明
    - 古代劳动工具在生活中的应用
      - 燧人氏钻木取火
      - 《诗经》里关于生产场景、生产工具的描述
    - 古代劳动工具的特征
      - 实用性
      - 取材的广泛性
    - 劳动工具延续了农业文明
      - 劳动工具的发明使用对农业生产起决定性作用
      - 劳动工具对农业文明的延续起着重要作用
    - 劳动工具的分类
      - 简单工具
      - 半机械工具
      - 机械工具
  - 劳动工具对经济社会的推动
    - 劳动工具让社会分工更加科学
      - 劳动工具的功能指向十分明确
      - 劳动工具各构件的功能十分明确
    - 促进从劳动到体育、美育的"跨界"结合
      - 劳育与体育因劳动工具而实现"跨界"结合
      - 劳动促进了美育的发展

▶▶▶ 劳动教育通论

学习要点

劳动工具是社会发展的标志。从本质上来讲，人类文明进化史，也是一部劳动工具进化史。劳动工具是人们在体力劳动和脑力劳动中的发明创造，有了这些工具可以大大地提高劳动生产率，加速社会财富的创造。我国古代人民，以其智慧，在生产生活中，发明了各式各样的劳动工具，人类的工具发明也经历了从低级到高级，从简单到复杂的各个阶段。

劳动工具的发明，既推动了经济社会的快速发展，也让社会分工更加科学；同时，劳动工具的发明也促进了劳动与体育、美育等领域的融合。

知识目标

1. 了解劳动工具发明的起源及经历的重要阶段。
2. 理解劳动工具发明的重要意义。
3. 探究在人工智能背景下未来劳动工具的新形态。

能力目标

1. 能够熟练掌握一些劳动工具的使用技能。
2. 通过劳动工具的使用，提高自身实践能力。
3. 提升新劳动形态下工具的使用理念。

思政目标

1. 通过学习古代劳动发明，增强自身的社会责任感。
2. 通过工具发明，增强自身探究未知世界、改造世界的精神动力。

第九章 劳动工具及社会发展

> 马克思指出，各种经济时代的区别，不在于生产什么，而在于怎样生产，用什么劳动资料生产。劳动资料不仅是人类劳动力发展的测量器，而且是劳动借以进行的社会关系的指示器。这说明每个时代的劳动资料都决定了当时人们的生产方式，劳动资料的变化反映了不同时代人类劳动力的不同发展水平。在这里，劳动资料一般指劳动者在劳动过程中作用于劳动对象的物质资料，其中起决定作用的是劳动工具。
>
> 劳动工具是社会发展的标志。纵观人类发展历史，劳动工具的发明与使用，使人与动物有了本质的区别。恩格斯认为最早的劳动工具是用于渔猎的，这使人类将动物的肉纳入食物来源，而肉食引起"两个新的有决定意义的进步"，即火的使用和动物的驯养。从这个意义上来说，人类文明进化史，也是一部劳动工具进化史。"工欲善其事，必先利其器""磨刀不误砍柴工"，古人这些谚语说明了劳动工具的重要性，即生产工具是提升生产力的核心因素。劳动工具是人们在体力劳动和脑力劳动中的发明创造，有了这些劳动工具可以大大地提高劳动生产率，加速社会财富的创造。

第一节 劳动工具发展所经历的几个阶段

劳动工具的发展历程，最早开始于简单的使用，大体经历了简单工具阶段、复合工具阶段、天然动力工具阶段、蒸汽机阶段、电气阶段。

（扫二维码观看本节视频）

一、简单工具阶段

太古时代，地理环境变化剧烈，迫使古猿从树上转移到地面生存。古猿开始使用天然工具，如木棍、石块。在这一进化过程中，古猿学会了制造工具。从现已发现的出土文物中，可以看到在旧石器时代，古猿就已经通过将木棍、石块经过简单的加工，使其变成更加锋利、作为捕猎的工具。

从制造出第一把石刀起，古猿进化为人，劳动工具的发展进入简单工具阶段，即旧石器阶段。简单工具的出现，堪称工具发展史上的第一次革命。恩格斯认为："人能够用他的手把第一块岩石做成石刀，终于完成了从猿到人转变的决定性一步。"由此可见，"从猿到人转变的决定性一步"即制造工具。

据考证，中国猿人文化以周口店第十三地点为最早，在这里发现了一枚燧石制的石核石器，这是中国境内最早的石制工具。截至目前，在我国境内已发现的各种古代猿人制造的石器已达十万件，但经过二次加工的并不多。在我国山西芮城西侯度、河北阳原东谷坨、北京周口店龙骨山、辽宁营口金牛山及贵州观音洞等遗址中都发现了这种打制石器。

147

人类最初使用石块、树枝等做生产工具,这些石器主要有尖状器、刮削器和砍砸器。目前发现的有石刀、石斧、石锛、石镞、石磨、石碾、石杵、石臼等。这些打制石器主要用于捕猎、加工食物,刮削器的锋利边缘,可以帮人类割开动物的皮毛。劳动工具的使用过程,其实也是人类提高自身体能与技能的过程。人类最初使用石块、树枝等做生产工具。

早期的这种生产工具往往笨重且不够锋利,因而使用起来较费力,生产效率并不是很高。但劳动工具的使用过程,其实也是人类提高自身体能与技能的过程。研究发现,这些打造石器的制作技术也是不断进步和发展的。

二、复合工具阶段

距今约一万多年前,在旧石器晚期,人类开始用两种不同质地的材料制成复合工具。在中石器时代,人类已发明了弓箭这种复合工具。

复合工具,即用两种或以上原料的组合制造出来的工具。复合工具可发挥不同材料的特性,以改善工具的性能,提高工具的使用效率。《周易》里记载:"神农氏作,斫木为耜,揉木为耒,耒耨之利,以教天下。"这说明神农氏通过对木材的加工,制作出了耒、耜这些工具,并教人们使用。通过复合工具的使用,人类开始创造出了农具,目前仍然有个别地区使用木制工具,如木耒、木铣、木叉、木铲等,大大减轻了人们的劳动强度,促进了生产力的发展和生产效率水平的提高,为民生的改善提供了技术条件。

在复合工具的制作中,绳子以及绑扎技术是关键性技术。复合工具通常是石器与木器或木器与骨器相结合,再使用绳子进行绑扎,因此木棍是制作复合工具必不可少的原料,像目前我们发现的旧石器时代典型的复合工具弓箭、长矛等。

在复合工具阶段,对人类的生存来说,以捕猎为主要目的的弓箭发明有着重要意义。弓箭可以实现远距离猎获动物,而且体积小,携带方便,既降低了狩猎的风险,又进一步提高了狩猎的成功率。弓箭的发明或许源于猿人在树木之间采集果实时,发现了树枝具有弹性的特点。通过外力的作用,弯曲的树枝会把人给弹出去,经过长期的实践,人类便掌握了曲木弹物的作用。

到了新石器时代,人类学会了磨制工艺和凿孔工艺,促进了原始农业和畜牧业的发展。复合工具的发明标志着人类已经学会利用杠杆等最简单的力学原理,这是劳动工具发展史上的第二次革命。

劳动工具的演变反映了人类追求自身解放的历程。人与动物的根本区别之一在于人会制造工具。制造并使用工具进行劳动,使人类摆脱了蒙昧状态,向人类自身的解放迈出了第一步。

尽管人们掌握了对木石的加工技术,复合工具的使用促进了社会的极大进步,但石器时代的生产力解放依然显得艰难而缓慢。随着人们发明并掌握了冶炼技术,发明了青铜工具，铜制劳动工具逐渐进入人们的生活，青铜制作的刀、剑、箭镞广为使用。随后人们又掌握了冶铁技术，铁器成为主要的生产工具，铁制的刀、锄、镐、犁、铣、铲、钎、斧、镰等工具，加上与木柄材料的综合运用，显得既轻便又锋利，大大提高了劳动效率，使人力的解放迈入了一个新的历史阶段。

三、天然动力工具阶段

约公元前1324—公元前1281年，我国劳动人民已经驯化家畜，将家畜作为劳动力进行生产劳作，掌握了用畜力辅助生产的技术，用牛拉犁、耕田、播种、灌溉、拉车、驮载，此外还掌握了用牛、驴等畜力拉动石磨进行磨面、碾米的技术。

此外，劳动人民掌握了利用自然资源的技能，将风力转化为生产动力。人们发明的风车把自然力转换为生产动力，把水力利用起来进行灌溉。畜力、风车和水磨等能量转换工具的发明和利用，是工具发展史上的第三次革命。

延伸阅读： 中国古代的风车

> 清代金武祥这样记载了大风车："寿阳祁春圃相国《谷曼谷九亭集》，有《水轮歌》一篇，其序云：余过南赣诸境，见农人机轮挽章、贡二水灌田，轮径围大可数丈，每轮以竹桶斜缀其首，吸水上升，俯泻木槽，分注田间，视龙骨车以人力挽水者，力逸而功倍矣。余按此须施于山涧及河水湍急处，以水激轮，以桶吸水，兼可作碓。余行湖湘两广间，均有之。吾乡田平水缓，江北通、泰诸邑，则用风车。其式以蒲为蓬，八中立柱，八蓬围绕之，随风左右；下置龙骨车，挽水而上，日夜不绝，较水车同一便疾也。"这段文字述及风车的构造、原理、应用地区及应用条件，并说明风车的效率之高。另外，在清代还有书记载："宁邑，稻田临滩提水，向用水车，运以骡马。同治十年，塘沽生员井熙，服贾江南临城县，见有稻田以风车提水，仿式造之，布帆八面，上有铁柱，下有铁碗，随风而行，不烦骡马。择临滩地势宽广者试用之，费省功倍。若开稻田者学制此车，利更溥矣。"这里提及大风车的构造，其中有相当于现代起轴承作用的铁柱、铁碗，用以减少摩擦。

四、蒸汽机阶段

约十八世纪，首先在英国发生了技术革命。这次技术革命以纺织机的发明为起点，以能够在工业中普遍应用的蒸汽机为重要标志。蒸汽机的广泛应用使劳动者摆脱了"能源奴隶"的处境，从牛马般的体力劳动中解放出来。蒸汽机体系的发明和应用是工具发展史上的第四次革命。蒸汽机的发明和广泛使用是人类认识和利用自然力的一个巨大进步。它把热能转化为机械能，为其他机器的运转提供了动力来源，结束了人类对畜力、风力、水力千百年来的依赖。随着现代科技的发展，电能的发现与应用，使人类从蒸汽机时代步入了电气化时代，人类追求自身解放的历史，达到了一个巅峰。

从原始的生产劳动工具到热能与电能的应用，真正解放了生产力，使人摆脱了繁重的体力劳动，但也相应地产生了体能消耗不足、肌肉饥饿等负面效应。

五、电气阶段

约十九世纪下半叶，世界上发生了一次新的技术革命。这次技术革命以电报、电话等通信工具的发明以及内燃机、电动机等新的动力工具的诞生为主要标志。信息传递工具的脱颖而出、社会性能源系统的形成、有机结合型机器系统的出现大致构成了第五次工具革命的图景。二十世纪中期以来，新的技术革命是一场以电子计算机为代表的信息革命。1945年年底，世界上第一台电子计算机问世。电子计算机在生产中的应用使机器系统产生了可用于加工处理信息的控制机。电子计算机的发明和广泛使用，实现了人脑的劳动功能向工具的部分转移，这是工具发展史上的第五次革命。

第二节　劳动工具创造了劳动文明

中华民族在漫长而悠久的发展历史中，以自己的聪明才智，在劳动工具的发明创造中，对人类文明的发展做出了巨大的贡献，从农业文明到工业文明再到科技文明，无不闪耀着智慧的光芒。

（扫二维码观看本节视频）

一、古代劳动工具在生活中的应用

中国古代神话中就有燧人氏钻木取火的故事，而在古人的生活实践中，就有石块相互敲击产生火星而引燃火种的实践，这种技术至今在一些少数民族部落中仍然在使用。这说明生产与生活是密不可分的，没有生产就没有生活来源，人们为了生存，必须搞好生产。在《诗经》里许多诗歌就有生产场景的描述，其中提及了不少生产工具，主要应用于农业生产，其中绝大多数至今仍然是常见的农具用品。

第九章　劳动工具及社会发展

例如，诗经中关于铁锹和镰刀，有这样的表述"庤乃钱镈，奄观铚艾"(《诗经·周颂·臣工》)，这里的"钱"，读 jiǎn，即铁锹，而"镈"指锄，"铚"就是镰刀。这句诗的意思是：把锄和锹都藏起来，拿起镰刀收麦子吧。因为要收麦子了，用不着锄和锹了。关于犁有这样的表述，"畟畟良耜，俶载南亩。播厥百谷，实函斯活"(《诗经·周颂·良耜》)。这首诗记述的就是当时农业生产的情形，"耜"是犁，"畟畟"形容耒耜的锋刃快速入土的样子，生动形象地描绘出犁地的场景。关于斧头和錾子，《诗经·豳风·破斧》有"既破我斧，又缺我斨"的句子。这里的"斨"是指凿石头用的錾子或者是凿子，斧和斨都是常见的铁制生产工具。在《诗经·豳风·七月》中有"二之日，凿冰冲冲"的诗句，即反映当时用凿子打孔、破冰、取冰的劳动场景。

中国人民在日常生活中使用的劳动工具，有以下几个特性。

（一）实用性

中国古代的劳动工具，主要是古人从大自然的各类物件中联想、启发而进行发明创造的。工具的使用，首要功能是突出其实用性。

被誉为"中国木匠鼻祖"和"建筑鼻祖"的鲁班（约公元前 507 年—公元前 444 年），是春秋末期鲁国人。我们目前使用的许多工具，如木匠所使用的工具曲尺、墨斗、凿子、刨子、钻子，乃至古代士兵攻城所用的云梯、老百姓加工粮食所用的石磨、防盗所用的锁子、遮雨用的雨伞，都认为是鲁班发明的。

现在人们之所以熟知工匠鲁班，主要是他发明锯子的传说家喻户晓。传说鲁班有一次在砍树时，手不小心被边缘有锯齿形状的野草划出一条血印，鲜血瞬间从伤口渗出。鲁班摘了一片叶子观察，发现叶片上长着密密麻麻的小齿。他用叶片在手背上划拉了一下，瞬间把手背割开一条口子。鲁班经过观察认识到，是叶片边缘的小齿增加了叶子的锋利程度，受此启发，他想：如果把条形工具做成带有小齿的形状，是不是可以切断木头？后来，鲁班经过大量实验，终于发明了锯子，大大提升了人们的工作效率。

这个故事只是传说，实际上考古学者从后期出土的各种器物进行考证，发现在鲁班发明锯子之前，中华大地上就已经出现了类似锯子的工具。在甘肃省宁夏回族自治区广河县齐家坪出土的石器中，就有一柄 10 厘米长的石锯，证明早在鲁班之前，我们的祖先就已掌握了石锯的制作技术，只不过人们在使用过程中，逐渐改进工艺，最终发展到了铜锯、铁锯、钢锯。在四川省博物馆中，收藏有战国时代的木柄青铜锯，与今天我们用的木柄锯形状基本一致。这说明，锯子这种锯齿形的切割原理一直没有变，无论是手工还是电动，人们最看重的仍然是它的实用功能。

作为一个农业大国，一提起劳动工具，人们最熟悉的是在农业生产领域中的使用。在实用性上，锄头能锄地、镰刀能割稻、手扶机能运载肥料、机耕机能犁地、收割机能收割作物、拖拉机能运载农产品、喷雾器能喷药、机井能抽水、节水设施能灌溉、栅架能保温，这些农业劳动工具都具有改变农业劳动对象的功能。

在我国劳动工具的使用上，被誉为中国最早的百科全书的《天工开物》有更为详细的描述，而且对各种工具应用进行了详细的归纳和总结。该书的上卷主要是关于民生的"衣""食"。例如，"乃服"一章，介绍养蚕织丝的要点、工具，以及饲养方法；"彰施"一章介绍织物的植物染料的提取、染色、配色技术等；"乃粒"一章，重点介绍小麦、水稻的育种、种植、栽培、防虫防灾、改良土壤，以及务农的工具，包括浇灌的水利器械等。

《天工开物》一书的中下两卷是关于手工业制造的，重点介绍人民生活中使用的器具以及货币铸造。例如，"冶铸"中关于铸铁锅、钱币、钟等技术是中国古代关于铸造技术最详细的记载，包括失蜡、实模和无模三种方法。该书所记载的这些工具的使用方法体现了技术为人们的生产生活服务的本质特征。

延伸阅读： 河南洛阳发现六千年前石锯

河南洛阳孟津县文物部门在对黄河南岸的会盟镇南徐遗址进行河南省第三次中国文物普查时，发现了一件新石器时代距今约6000年的多功能大型石锯。

经有关文物专家鉴定，称之为"中国最早的具有严格意义的锯"。

据介绍，该石锯用青色石灰岩大石片制作而成，平面略成长方形，背部左右两侧各有一柄，柄部经打制修整，有使用痕迹；刃部双面磨光，刃端局部成锯齿状；残长29厘米，高14厘米，背部厚度4厘米，柄长7厘米，该石器的刃部长度达17厘米且刃端锋利。左右两侧各有一个便于手握的柄，据此可证这是一件适合于两人相向用力切割的工具，其性质当为石锯。

文物专家根据石锯的制作方法（打制与磨制相结合），可确定该石锯的年代距今约6000年。另外，在石锯的背部可见敲击痕迹，推测它还兼有石楔的功能。

另外，在这件石锯的周围，文物普查人员还采集到仰韶文化时期的石斧、陶釜等遗物。

据有关文物专家称，文献记载，锯是鲁国的工匠鲁班发明的，而东周之前的锯是什么样子，还缺少考古资料证明。从中原地区嵩山一带的裴里岗文化观察，在距今约七八千年以前，已经出现了锯齿型镰刀，这种锯齿型镰刀，只可视作锯的原始形态或

> 雏形，并非是严格意义上的"锯"。而这次发现的这件石锯，可称之为"双柄石锯"，已经具备了锯的基本形态，堪称"中国最早的具有严格意义的锯"。它是仰韶文化先民的重大创造发明，为研究中国古代的生产力发展状况及科学技术等提供了珍贵的实物资料，具有重要的研究价值。

（二）取材的广泛性

中华民族在生产生活中善于观察和思考，善于通过各种各类器物进行广泛的联想，进一步将其应用于实际生产。例如，人们在生产生活中，可以用泥土进行制陶、用含铁的矿石进行冶铁铸造、用木头削制长矛、用植物纤维织绳结网、用动物骨头制鱼钩、用牛骨头制造纺锤等。此外，随着生产技术的提高，人们善于从大自然中巧妙地"借力"，用工具来借风力、水力，发明了水车、风车，借助自然力量来提高生产效率。

早在原始社会，人们不仅依靠打猎获取食物，而且通过动物骨头进一步制作工具，在铁器发明之前，就能够通过动物骨头来加工骨针、鱼钩。人们将动物身上最硬的骨头，在石头上面磨制成骨针，用于缝制衣物，磨制成鱼钩的形状捕鱼。

大自然为人类提供了无穷无尽的资源，冶炼技术的发明进一步推动农业社会生产力大幅提高，极大地促进了劳动工具的改进，也极大地提高了工具的制作范围。在我国西北地区的农村，至今仍广泛使用着一种传统的捕猎田鼠的简易机关，用树枝制成简易的弓，将钢条磨成锋利的箭，安在鼠穴洞口，田鼠出洞时会触发机关，被弓箭钉住。

随着生产力的发展以及生产技艺的提高，广大劳动人民不断总结经验，提高制作水平，生产工具的工艺水平也日益精良，工具的用途也更加广泛。封建社会各种战争频繁，人们在耕种与战争中，又逐渐将农具与兵器相结合使用，因此有些工具逐渐演变为兵器。

在农村，人们将谷物收获搬运到打麦场后，用一种称为"连枷"的农具，用于击打脱粒。宋代范成大有诗句"一夜连枷响到明"，生动地描述了这种劳动场景。后来连枷棍被用于武术和战争，在我国西北地区，流传着一种传统武术，就叫"连枷棍"，后来根据这种形状人们将其改良为"梢子棍"。"连枷棍"是一种很古老的兵器，据《墨子备城门》记载："二步置连挺、长斧、长椎各一物，枪二十枚。"唐代杜佑在《通典》中记载："连挺，如打禾连枷状，打女墙（即城墙上的矮墙，也叫城堞）外上城敌人。"意思是当攻城的敌人沿梯攀登到接近城堞时，守军居高临下，用连枷击打敌人。从以上文献记载中可以看出，"连枷棍"在春秋战国以后，就演变为常用的守城兵器。除此之外，还有将人力车改造后成为守城的铁滑车，将打猎用的掷石器演化改造成为链子锤，等等。

随着人们生产生活技能日益丰富，劳动工具制作与使用在选材上更加广泛，这都反映出中国人民伟大的劳动智慧。

二、劳动工具延续了农业文明

劳动工具的发明使用对中华民族的农业生产起到决定性作用，也对农业文明的延续做出了巨大贡献。在科技飞速发展的今天，我们仍然不能忽视劳动工具对农业文明的巨大推动作用，即使在农业机械化逐渐普及的情况下，劳动工具仍然对农业文明的延续起着重要作用。

人们在农业生产中使用到的各种不同工具和设施，如古代的锄头、镰刀等，近当代的手扶机、机耕机、收割机、拖拉机、喷雾器、机井、节水设施和棚架等，可从不同的角度进行不同的分类。

首先从劳动工具使用的复杂程度来划分，一类是简单工具，这类工具纯粹作为农业劳动主体手脚的延伸，靠手工操作，人力的增强服从或等同杠杆原理，不同体力的人使用效果不同，一般地，体力愈大使用效果愈好，如锄头、镰刀、扁担和水桶等；另一种是半机械工具，这类工具也作为劳动主体手脚的延伸，但并不纯粹靠手工，而是和机械同时作用，既服从杠杆原理，又服从机械原理，使用效果既取决于人力，又取决于机械力，如喷雾器、风车、水车和手摇井等。三是机械工具。这类工具也是劳动主体手脚的延伸，但主要依靠的并不是人力——手脚直接作用下的人力，而是机械力——手脚操作下的机械力，完全服从机械原理，使用效果几乎取决于机械力，如手扶机、拖拉机、机耕机和机井等。

随着劳动工具的复杂化、大型化、机械化，劳动工具会需要多人相互配合，产生更多劳动场景，使人与人之间的劳动协作更加紧密，进一步提高了劳动效率。

我国的劳动工具发明时间很早，使用时期长，这也是由我国幅员辽阔、地域广大、地形复杂、地区土地特征差异大导致的。特别是在人多地少、地形复杂，像西北与南方地区、中原与山区，广大劳动人民都因地制宜依赖传统的人力工具，所以这些依靠人力的非机械化或半机械化农具目前仍具有强大生命力，在实现农业现代化的过程中，它们仍然需要继续发挥作用，在农业生产中仍然占有重要地位。

延伸阅读： 认识常见的劳动工具

"民生在勤，勤则不匮。"古往今来，劳动人民在辛勤的劳动中，充分发挥自己的聪明才智，发明了各式各样的劳动工具，这些形式多样、适用广泛的劳动工具，无不闪耀着劳动人民智慧的光芒，砥砺着劳动精神不断传承。

第三节　劳动工具对经济社会的推动

中华民族对劳动工具的使用，对社会文明进步及政治经济社会的发展有着极大的推动作用。

一、劳动工具让社会分工更加科学

仔细分析各种生产工具，尤其是劳动工具，我们就会发现其功能指向十分明确：每个生产程序都有相应的配套工具，是用于犁地的？还是用于种植的？或是用于收获的？在人们的使用过程中，逐渐形成了分工明确的生产劳动，也为后来的商品经济社会奠定了基础。

劳动工具的功能一旦明确，人们就能围绕这一特定功能生产相应的劳动工具。例如，用于犁地的劳动工具，人们会根据水田或旱地，发明出不同类型的犁，而且根据拉犁牲口的种类，制造出双手扶或单手扶的犁身；用于种植的劳动工具，人们就生产用来插秧的插秧机或用来播种的播种机；用于收获的劳动工具，人们就生产靠人力收割的镰刀或靠机械力收割的收割机。

在宋应星所著的《天工开物》一书中，浇灌的水利器械（踏车、牛力转盘车、水力筒车等）等，都是根据不同的分工需要，进行相应的制作与使用，有效帮助劳动人民从大自然获取水资源，达到灌溉的目的。

明确劳动工具的功能，还要明确其各构件的功能，因为劳动工具是由若干个构件通过一定的形式组合而成的，并通过各构件的功能发挥来实现其功能的发挥。对锄头来说，锄柄的功能是运用杠杆原理，因此，就要考虑它的长度、粗度、适度和硬度；锄刀的功能是切入、锄碎土壤，因此，就要考虑它的硬度、宽度、厚度和弧度。这些都有力地推动了社会分工的进一步细化，促成了专业分工。

随着商业文明的兴起，人们在工具上的发明使用更加广泛，如秦始皇统一了度量衡之后，后世人们对衡器——秤的创造也出现了各种不同形态，农民之间粮食交易使用大杆秤，而在古代的中医馆，则用的是小戥星。这说明社会分工不同，使用的工具形态也不同，对社会阶层和职业结构的变化起到了推动作用。

拓展阅读： 《天工开物》

《天工开物》成书于我国明代，作者为宋应星。全书分上、中、下三卷，插图123幅，真实、全面、系统地记录和总结了我国明代中叶以前传统农业和手工业两大领域内的三十个生产部门的技术（包括130多项生产技术和工具）等各方面的卓越成就及当时最新的发明创造和新工艺，被誉为"中国十七世纪的工艺百科全书"。

该书采用了较为精确的数据，另外配上详细的图示，来展示各生产过程、操作流程及其结构、配比等，不仅便于读者理解和在实践中借鉴操作，也显示了明代手工业分工程度较高，各职业、行业、工种已经开始专门化。劳动分工代表劳动者从事某一生产活动的专门化，对提高劳动生产率和增进国民财富有巨大作用。由此可见，至明代中叶，农业和手工业、工业技术所代表的生产力已经发展到了较高水平。纵观我国古代流传下的典籍，这样详细、精确的记载并不多见，在作者宋应星所处的时代更是不可多得。该书不仅是对过去劳动人民农业技术、手工技术的总结整理，更是一种传承、一种技术观的载体。

在《天工开物》一书中，宋应星把具备巧夺天工之术的能工巧匠称之为"神人"，极力称赞劳动人民的精巧，强调了"人工"即有经验的劳动者在生产实践中所表现出来的认识和改造自然的能力，发挥出来的开发万物的技巧以及人的主观能动性和创造性。相关表述，如"工匠结花本者心计最精巧""水碓之法巧""钳锤之奏功""盖人巧造成异物也"。"神人"之称谓也反映了对辛勤劳作的劳动者的尊重，不像纨绔之子和"经生之家""以赭衣视笠蓑""以农夫为诟詈"，即把农民看作囚徒，把"农夫"二字当作骂人话。此外，具备高超技艺的"神人"以"由技入道"的方式完成了"人工"向"天工"的转化，实现了"天人合一"。"由技入道"中的"道"即为天道。在此转化的过程中，我们似乎能够体会到"天工开物"思想中的"技道合一"——在生产劳动过程中超越技术本身，有如庖丁解牛般的游刃有余所带来的身心超然洒脱的状态铸造了灿烂的中华文明瑰宝。

《天工开物》还有一大特色便是介绍了外国的生产技术。随着郑和下西洋和新航路的开辟，中外之间的交往相对密切，外国的一些技术经验传进了中国，宋应星在书中11次提到外国的生产工艺，涉及纺织、冶铸、锤锻、造纸、舟船等方面。例如，在记录国内的棉纺织技术时，提到了朝鲜的织造之法和东夷的倭缎技术；在介绍国内的铸钱技术时，对琉球国的铸钱工艺也进行了详细的记录，并且附有"倭国造银钱"的配图。

二、促进从劳动到体育、美育的"跨界"结合

　　每个人都需要在"德智体美劳"各方面全面发展，而在劳动工具的发明与演化过程中，人类也逐渐将其应用于体育运动，劳育与体育因劳动工具而实现"跨界"结合。在目前的一些体育竞赛项目中，我们从使用器具的外观与制作、练习方式来看，许多都是从古代的劳动工具中演化而来的，在国内和国际上演变成了人们喜闻乐见和易于接受的竞赛项目。

　　其实大多数的体育器械，其源头主要出现在劳动工具中，这是因为人们在早期的体育活动，大多是对劳动中一些常见动作的模仿，像原始时期的体育器材，主要原料也是劳动工具所使用的石头、木材等。人类最早使用的石镞、石刀、石矛以及刮削器械等生产生活器具，先民们以此为手段从事生产与狩猎活动，后来在劳动之余，人们聚集在一起娱乐游戏时，手执劳动工具，模仿生产劳动的场景进行活动，或者模仿动物的一些动作进行舞蹈，达到强身健体和提高技能的目的，这些劳动工具就成了最初的体育活动器材。

　　在漫长的生产劳动过程中，人们对工具日益进行改进与完善，与此同时也增强了人类的体能，提高了使用工具的技能，各民族在征服自然、改造自然的斗争中迈进了一大步。从这个意义上来说，劳动工具的发明与使用，也促进了体育的发展。劳动工具与体育运动的融合发展，可以进一步激发当代青年热爱劳动的意识，对强身健体起到积极作用。

　　目前在常规的体育竞赛中，我们常见的从劳动工具演化而来的体育运动，有射箭、标枪、铁饼、链球、皮划艇、杠铃等。例如，奥运会竞赛项目之一射箭比赛，已经为人们所耳熟能详，也受到广大观众的喜爱。在2008年北京奥运会上，山东青岛姑娘张娟娟夺得射箭冠军，这也是中国射箭项目首枚奥运金牌，打破了韩国24年来对奥运会女子射箭项目的垄断，创造了历史，实现了中国射箭历史上零的突破。这项运动的起源就在于人类最早发明的弓箭，本身是用于打猎的工具，帮助人们获取肉类食物，后来在人们的使用中演化为多种形式，并逐渐演化为一种休闲体育运动，最后走进奥运会，成为一种竞赛项目。

　　此外，像古代人们发明的投石索，可以远距离投石击打猎物，这就是现代的链球比赛的最初形态。这种抛掷石头的工具，掷出的石头很有力量，一般能掷上百米。再如现在的奥运会的竞赛项目标枪，也是通过人们捕猎时投掷长矛演化而来的。体育器材是体育运动的物质媒介，是保障体育运动不断发展的重要因素。许多证据表明，体育器材最早是由劳动工具直接或间接转化而来的。迄今为止，体育器材经历了一个从古代生产生活工具向近代社会的转化与发展、现代社会的创造和专门化的历史进程。

　　人们日常使用的生产工具，因为大多是就地取材，有普遍的适用性，因此可以方便地转化为体育锻炼的用具，如长矛标演化为标枪，纤绳演化为拔河绳。此外，体育类竞技项目也延伸到了武术竞赛项目中，如刀、叉、鞭、棍、镖、绳索等。由此我们可以看出，劳动人民生产生活的工具，演化为体育器械，发展为体育运动，充分说明生产劳动与体育锻炼同源同根，所以在"德智体美劳"全面发展过程中，劳育与体育更是有着密不可分的联系。

劳动教育通论

在漫长的发展历史中，广大劳动人民用自己的聪明才智，拓展了劳动工具在使用功能上的外延，有些劳动技能及劳动工具，即使没有发展为体育竞赛项目，但劳动人民同样对劳动工具进行改良，发展为丰富多彩的民俗活动。所以说，借鉴劳动工具，积极开展丰富多彩的体育活动，进行自制、改良、发明各种简易体育器材，能够培养青少年热爱劳动、艰苦奋斗的良好品质，也能进一步增进人们的身心健康，塑造健全的人格。

劳动既促进了体育的发展，也促进了美育的发展，在我国不少地区，人们在劳动场景之中，将生产劳动过程编排成为舞蹈、杂技，甚至戏曲。这些娱乐形式既促进了农业生产，也娱乐了人们的身心，这些编排精美的舞蹈配上动人的歌谣，表达了劳动人民对美好生活的向往。例如，我们熟悉的《采茶舞曲》，就描绘了勤劳的茶农采茶时的丰收场景："哥哥呀，你上畈下畈勤插秧；妹妹呀，你东山西山采茶忙。插秧插得喜洋洋，采茶采得心花放。插得秧来匀又快呀，采得茶来满山香。你追我赶不怕累呀，敢与老天争春光。"这首发源于浙江民间，后经现代加工的经典歌曲，旋律优美流畅，唱出人们对丰收的喜悦和对劳动的由衷赞美。

舞蹈与人类的生产生活息息相关，甚至有专家认为舞蹈本身就起源于古代人们的生产劳动。在我国西南少数民族地区，至今仍然传承着丰富的生产劳动舞蹈，在一些少数民族传统节日中，表演这种劳动舞蹈是必备的娱乐项目。这些劳动舞蹈最大特征是其动作与形式都展现人们的劳动场面，而且人人都可以自由参与，表达一种同劳同乐的喜庆气氛。例如，彝族世代相传的代表性的劳动舞蹈有《荞子舞》《插秧舞》《洋芋舞》《狩猎舞》《打铁舞》等，都是在劳动中逐渐形成并得以传承和发扬的宝贵舞蹈艺术。

除了音乐舞蹈，劳动人民在绘画艺术、民俗艺术、工艺品等各种美育形式中，都大量体现出与劳动有关的内容。如我国古代的岩画、敦煌的壁画，以及各种服饰、工艺品中，都体现出劳动的场景，展现劳动之美。

延伸阅读： 鲁班纪念馆

有一种历史悠久的木制玩具，完全凭借组件本身的凹凸结构紧密连接成一体，外观严丝合缝，内里暗藏乾坤，易拆难装。这种精巧的玩具，被称为鲁班锁，这种结构被称为榫卯结构。相传是由春秋时期鲁国人——鲁班发明的。

公元前507年，鲁班出生于一个世代工匠的家庭。鲁班在生产劳作中掌握了大量技能，积累了丰富的实践经验。相传，木工师傅们常用的锯子、曲尺、墨斗等工具，都是他在长期的生产实践中发明或改进的。因此，鲁班也被后人尊为中国土木工匠的祖师，成为中国古代劳动人民智慧的象征。

时光流转，两千多年后的今天，为纪念鲁班，传承鲁班文化，弘扬工匠精神，鲁班纪念馆于2011年5月建成并向社会免费开放。纪念馆位于山东省滕州市府前路龙泉广场，占地15.2亩，建设面积8600平方米，是目前全国建筑体量最大、功能最全的专门纪念鲁班的场馆。

鲁班纪念馆整体设计理念为"继承与发展",地下一层和一、二层为展览区,三层为办公区,四层建有中国墨子学会资料库、鲁班学堂、学术报告厅等。

为突出其"百工圣祖"的特点,鲁班纪念馆采用仿古式建筑风格,以鲁班发明的卯榫结构为主,混凝土框架为辅,构建出飞檐画栋、美仑美奂的现代建筑风貌,突出精巧典雅的灵性与特色。

展区设有祭拜大厅、木器馆、石器馆、鲁班庙会、今日班门等,展品三千余件。其中,鲁班堤是鲁班创新地使用碌碡砌成的堤坝。圆筒形的碌碡本是一种农具,但其形状特点让鲁班看到了新的价值,被用来修建堤坝后,能够有效分解水流的冲击力,减轻水流对堤坝的损坏。鲁班的这一发明,比都江堰的竹笼填石早了200多年。

相传,鲁班从滕州龙山上取下两块麻石后,在麻石上凿出密布的浅槽,而后将两块麻石合在一起,便形成了可以将粮食磨成粉的石磨。石磨的发明有效提升了磨粉的效率,对我国饮食结构产生深远影响。

鲁班纪念馆以鲁班发明的实物和相关文献资料为支撑,全面展示鲁班的生平事迹和传说,是一处极具人文特色的文化场馆。此外,纪念馆还着力提升形象性、可读性、可触性和互动性,通过现代多媒体技术和3D技术等新手段,将文物实物与视听手段结合布展,进一步提升了观众的参观体验。

2017年,滕州市鲁班纪念馆被中国侨联确认为中国华侨国际文化交流基地。

拓展阅读

1. 曾绪宜. 创造性劳动价值论［M］. 北京:中国经济出版社.

思考与实践

1. 请同学们以小组研学形式,寻找当地与生产生活有关的劳动工具,拍摄并制作一期短视频专题片,详细介绍劳动工具的特点、应用场景及使用方法。

2. 通过课后劳动实践活动,熟练掌握一种劳动工具的使用方法。

3. 探访本地与劳动有关的博物馆、纪念馆,总结劳动工具发展史上的科学性以及促进人类生产生活的重要意义。

第十章　劳动发明与劳动创造

本章思维导图

- 劳动发明与劳动创造
  - 劳动工具发明起源
    - 《诗经》中记载了大量的劳动工具及生产技艺
    - 各类文献中记载了如制陶、制漆等生产工艺
  - 劳动发明的创造性发展
    - 劳动工具的发明是古人智慧的结晶
    - 生产工具的发明提升了生产效率
    - 造纸术、印刷术、冶铁技术等
  - 劳动工具体现出的古人智慧
    - 劳动工具体现出高超的制作工艺和智慧
    - 劳动发明对经济、社会、文化、军事、科技等方面产生积极作用
  - 劳动人民是发明创造的主体
    - 我国劳动人民注重实干精神，是各类发明创造的主体
    - 劳动人民很早就懂得充分利用自然资源提升生产能力
    - 劳动人民在建筑、机械制造等方面表现出很高的智慧
  - 劳动发明的价值
    - 社会价值
      - 劳动发明提升了人们的生活质量
      - 劳动创造扩大了人们的生存空间
    - 经济价值
      - 奠定了良好的经济基础
      - 扩大了国际贸易的繁荣
    - 文化价值
      - 劳动与文化艺术的关系密不可分
      - 劳动催生了灿烂的文化成就
    - 科技价值
      - 促进我国科技进步
      - 构建起我国古代科技发展
    - 军事价值
      - 劳动促进了古代兵器制作技术发展
      - 兵器制作技术提升了古代军事功能

第十章　劳动发明与劳动创造

学习要点

从本质上来讲，人类历史就是一部发明创造史。勤劳勇敢的中华民族创造了令整个世界叹为观止的发明成就，我们既要传承这种发明创造精神，也要吸取古人智慧。

本章的学习要点在于，全面梳理劳动工具的衍进过程，以及其在社会生活各方面产生的积极作用，以及对人类文明的巨大推动作用。在学习教材内容的基础上，进一步拓展探究我国古人在劳动发明中所取得的伟大成就。

知识目标

1．了解工具的起源、发展及积极意义。
2．掌握工具发明与科学技术进步之间的联系。
3．掌握劳动发明所产生的社会价值。

能力目标

1．通过社会实践，认识更多的工具形态。
2．掌握几例劳动工具发明的原理及在社会生活中的应用。
3．培养创造发明素养。

思政目标

1．培育创新创造精神和勇于探索精神。
2．通过发明技术在全世界的交流与推广，从人类进步角度来感悟中西方科学技术交流互鉴的重要性。

> 我国古人对各类劳动工具的发明，体现出高超的制作工艺和智慧，经过几千年的发展，推动了社会的进步。在人类发展历史上，持续不断的发明使得人类文明程度有了大幅度提高，创造出了更加灿烂的社会发展成果。
>
> 劳动发明与劳动创造，在人类社会中产生了巨大的价值，主要体现在社会、经济、科技、文化、军事等各个方面。

第一节　劳动发明概述

著名的教育家陶行知说："在劳力上劳心，是一切发明之母"。中华民族历来是勤劳勇敢、富有创新精神和创新传统的民族，儒家经典《周礼·考工记》上说"烁金以为刃，凝土以为器，作车以行陆，作舟以行水，皆圣人之所作也"。

一、劳动工具发明探源

（扫二维码观看本节视频）

在长达五千多年的中华文明发展史上，中华民族创造了许多令整个世界叹为观止的科技成就，如我们熟知的造纸术、火药、印刷术、指南针四大发明。中国古代的这些灿若星河的发明与创造，揭示了中华民族自古以来非凡的生命力和创造力。19世纪英国文物专家、学者约翰·廷布斯（John Timbs）在其著作《令人惊奇的发明史》中，在探讨关于火药的发明和利用时，就充分承认中国的领先地位："据说中国早在公元85年就已经利用火药，其后关于火药的知识通过阿拉伯人传播到我们这里。"

中国古代的劳动发明，从有文字记载以来，在各类文献中都有相关记载。劳动人民在与大自然作斗争的过程中，就发明了取火的方法，用石燧敲击取火、钻木取火等，并发明了对火种的保存技术。后来在用火对食物的加工过程中，又发明了制陶技术，生产出了土陶、彩陶，并在一步步的技术革新中，又有了在全世界享有盛名的制瓷技术。

在我们熟知的《诗经》中，就可以探寻到我们祖先在劳动中的发明与创造。"树之榛栗，椅桐梓漆"（《诗经·鄘风·定之方中》）、"阪有漆，隰有栗"（《诗经·秦风·车邻》），在《周礼》中记载有"载师掌任土之法，近郊十一，远郊二十而三，甸、县皆无过十二。惟漆林之征，二十而五。以时征其赋。"这些史料表明，古人在商周时期就已经发现漆树可以作为重要的经济作物，而且也掌握了制漆技艺。由于制漆工艺的复杂，而且漆具有很高的经济价值，因此当时的统治者对漆树特别规定了较高的税额——"二十而五"。后来还开垦了专门的漆树种植园，有了以漆命名的人名和地名。到战国以后，统治者还设置了专门管理漆园的官吏，道家学派的代表人物庄周，就曾经担任过蒙园漆吏一职。从夏商以来，一直到明清，劳动人民在生产生活中，对漆的生产使用始终占据一定的地位，而且在此基础上逐渐扩大了漆的用途，将其从日常器具的使用中，延伸到了书写、绘画，工艺水平也日渐提高。

  当然，从我们的日常认知习惯中，感受最直观的仍然是劳动工具。劳动工具以不同的形态、功能和功效存在和发展，其发明特性可以体现在对"人类手脚延伸"的特性。这对简单工具来说十分明显，如我们日常使用的锄头，这一传统劳动工具，从原始社会就开始使用，尽管随着历史的变迁、时间的推移而不断改进，由石锄头演变成铁锄头，由不甚锋利演变成既锋利又坚硬，由款式单一演变成款式多样，但其基本原理是相同的——锄柄延伸手的长度，发挥杠杆的作用，锄头增强手掌的硬度和利度。

  与人类的其他技术发明一样，劳动工具的发明同样内含于人类本质的技巧、技艺，这是依托于人类个体而独特存在的，是人类智慧的展现，也是人类实现自我价值的工具。例如，在我国西南地区的怒江峡谷，其地形复杂，多为悬崖峭壁，下面江水湍急，人们出行不便，于是当地人就发明了"溜索"，这也成为当地历史上重要的交通设施之一。为了满足人们的生存、交往需求，当地山民们根据本地的物产条件，就地取材，砍竹制索，剥麻为绳，然后把拴在竹索上的麻绳条系在弩箭上，将麻绳射到对岸，再由对岸的人拉绳，后面的人推索，最后将竹索的两端分别在两岸系牢，"溜索"就这样被发明出来了。为了进一步提高安全系数，当地的怒族人民在长期的实践中还发明了"溜帮"及安全带。溜帮是用硬木挖成的，其下面有"槽"，卡住溜索，上面有眼孔，穿过安全带。过溜索时，将安全带在臀部、腰部各绕一圈，然后再将安全带挂于溜帮之上，溜时用手握紧溜帮，同时蹬一下溜柱，顺势下滑，转眼间便能飞跃江面，天堑也就变成了通途。

二、劳动发明的创造性发展

  我们所熟知的造纸术，是汉代蔡伦发明的，此后在人们的生产实践中，对纸的制造技术也有一个在使用中逐渐创新、提高的过程。到魏晋至唐以后，各类造纸的原料也更加丰富，制作技术不断提高，后来以皮纸代替麻纸成为社会上主要使用的纸品。纸的加工技术和造纸设备有了更多的制造方式，进一步提高了纸的质量和产量。纸张的大量生产，有力地促进了文化的发展和书籍的流通。

  随着造纸术的普及，另一个伟大的发明就是影响全球的印刷术。印刷术的发明极大地刺激了对纸张的需求，因此进一步促进了纸张的生产。印刷术经历了雕版印刷和活字印刷两个发展阶段，在唐代初年，在多种转印技术的基础上，中国发明了雕版印刷术，用墨将模版上的图文转印到纸上，逐渐代替了手抄、刻石等书籍制作方式，成为主要的印刷形式。两宋时期，官刻、私刻、民间刻书兴盛，雕版印刷进入黄金时代。活字印刷术的发明对世界文化的传播做出了重大贡献。

火药、指南针、造纸术等是全世界公认的伟大发明，极大地推动了世界近代历史的进程。除了我们传统意义上的"四大发明"，中国古代科技文明灿若星河，尤其在农业生产、冶铁铸造、土木建筑、兴修水利、园林艺术、航海领域、医学和药学等方面，都展现出古人创造和综合利用先进技术的非凡能力。

在劳动工具的发明使用上，自然离不开铁。我国古人很早就掌握了冶铁技术，并将其充分应用到日常生产工具以及武器的研制与使用中。我国一直非常重视钢铁生产，新中国成立以后更是将钢铁产量视为国家经济发展的重要指标，目前我们国家是世界上第一钢铁生产大国。

钢铁冶炼和铁器制作，同样是中国古代的伟大发明之一，其中的铸铁柔化术是中国古代钢铁业的一项重大发明。

三国时期，一位名叫蒲元（相传为制刀能手）的人，发明了淬火技术，使钢刀坚韧而且富有弹性。古代人们将铸铁刚炼制出来后，因缺乏韧性而不适合锻造优良的铁器。而适合锻造铁器的铸铁，因热处理的温度和方法的不同，分为白心可锻铸铁和黑心可锻铸铁两种。根据史书记载和考古发现提供的证据证明，中国比西方早近两千年就发明了这两种可锻铸铁的技术。

一段时期以来，西方人写的冶金史相关著作中都认为，这两种极其重要的并且极具实用价值的铸铁都是欧美国家的发明。但根据我国史料记载，在我国西汉时期，其实就已经有了成熟的"炒铁"技术。东汉的《太平经》中对此就有明确的记载，炒铁是古代中国钢铁冶炼的一个重大发明，是一种更加简便有效的炼铁术，其方法是把含碳量过高的可锻铸铁加热到半流体状态，再和铁矿石粉混合起来不断翻炒，让铸铁中所含碳元素不断渗出、氧化，从而得到中碳钢或低碳钢，再继续炒，就得到含碳更低的熟铁，铸造铁器。

三、劳动工具体现出的古人智慧

从各类历史文献记载可以看出，我国古人对各类劳动工具的发明，体现出高超的制作工艺和智慧，是劳动人民智慧的结晶。

劳动工具的发明，时时体现出我国古人的智慧。现收藏于山西历史博物馆的西汉雁鱼铜灯，制作精细，已表现出相当精致的镂刻技术。这盏雁鱼铜灯，如果以当时的眼光来审视，既能够体现出照明功能，还能体现出堪称时尚的环保理念：两灯罩可自由转动，能调节灯光照射方向，还能防御来风。在该灯的雁腹内部，可以盛水，灯烟进入雁腹会溶入水中，这样就可以减少油烟污染，是古代最环保的灯。雁鱼铜灯将实用功能、优美的造型与科学的环保原理有机地结合在一起，体现了当时人们的聪明才智与高雅的生活情趣。

另外，发明创造是人们为了满足社会需求，在已有技术的基础上，应用自然规律解决技术领域中的特有问题。在历史发展中，这些发明对我国的经济、社会、文化、军事、科技等方面产生了积极影响。

最接近现代的发明——青铜卡尺出现于汉代。透过现收藏于扬州博物馆的青铜卡尺，仍可以看出当时的先进技术。这种卡尺在当时是一种相当精密的测量工具，使用时，左手握住鱼形柄，右手牵动环形拉手，左右拉动，以测工件。用此量具既可测器物的直径，又可测其深度以及长、宽、厚度，比直尺方便、精确。令人惊奇的是，它与今天人们使用的卡尺的原理结构等惊人地相似。

此外，在秦陵出土的铜车马，同样结构合理、比例准确、铸造精致，其制作工艺中综合使用了铸造、焊接、嵌铸、镶嵌等多种机械连接技术，凝聚了2000多年前金属制造工艺方面的辉煌成就，被誉为世界"青铜之冠"。铜车马的令人惊叹之处在于伞柄：伞柄中空，暗藏利器。柄底多机关通过推拉组合，可以灵活控制伞柄在十字底座上滑动，从而使得伞盖可以根据太阳方向的不同而调整合适的倾斜方位。

延伸阅读：

据《中国文物报》报道：2008年北京奥运会期间，由国家文物局、中国科学技术协会联合主办的第一届反映"指南针计划"专项成果的展览"奇迹天工——中国古代发明创造文物展"在中国科学技术馆举办，展示了丝绸织染术、青铜铸造术、瓷器烧制术、造纸术和印刷术等中国古代重要发明创造的成果。

由国家文物局主办，浙江省博物馆承办，越国文化博物馆、中国茶叶博物馆、湖北省博物馆、浙江省文物考古研究所协办的"惠世天工——中国古代发明创造文物展"，是第二届反映"指南针计划"专项成果的展览。本次展览于2012年7月5日在浙江省博物馆武林馆区隆重开幕，展览共展出精品文物312件（组），以"百情重觞""芳茶远播""丹漆随梦""以铜为鉴"四个单元较全面地介绍了酒、茶、漆器、铜镜的起源、发展、文化、传播等。

来自陕西法门寺博物馆的一整套茶具是整个茶文化展览中引人注目的重点展品。展出的一组茶具共计八件，包括鎏金鸿雁纹银茶槽子及团花银碢轴、鎏金飞天仙鹤纹银茶罗子、鎏金飞鸿纹银匙、鎏金卷草纹长柄银匙、鎏金摩羯纹三足架银盐台、鎏金飞鸿球路纹银笼子、素面淡黄色带托琉璃茶盏、五瓣葵口圈足秘色瓷碗。整套茶具于1987年在陕西扶风法门寺真身宝塔唐代地宫出土，反映了唐代宫廷饮茶的奢华极致。宋代盛行点茶法，将茶末置于碗中，用汤瓶注点沸水，用茶筅击拂成茶汤。斗笠碗、汤瓶是标志宋代风行点茶法的典型茶具。由于茶色白，人们喜用黑釉盏以衬茶色，建窑的兔毫盏、鹧鸪斑盏被视为珍品。斗茶是宋代茶事活动之特色。从黑龙江省博物馆千里迢迢而来的一级文物——南宋无名氏《斗浆图》，生动反映了宋代都市街头巷尾为平民服务的小商贩斗茶的场面。明清时期饼茶为散茶所代替，碾末而饮的唐煮宋点饮法，变成了以沸水冲泡叶茶的撮泡法。撮泡法在明代的兴起，使茶味和茶具都发生了很大变化，茶汤追求原汁原味，碾、罗、筅等茶具废而不用，黑釉盏逐渐失势，莹白如玉的茶具被推崇，紫砂茶具异军突起。清代茶具器型多变，有盖碗、茶船、茶盘、茶叶罐、茶壶等。

第二节　劳动人民是发明创造的主体

一、劳动人民是发明创造的主体

在漫长的经济社会发展中，劳动人民创造了灿烂的历史文化，劳动人民才是劳动发明与创造的主体。

战国初年著名的墨家学派代表人物墨子，出生于平民，他对人民、人民的生产生活有深厚的感情。墨子集思想家、科技发明家、技术大师、教育家、军事家于一身，更是一位注重实践和实干的大家，"言行合一"。墨子既注重人文关怀，又注重科学技术，他的实干精神被后世所推崇。

墨子，名翟，鲁国人，生于公元前五世纪中叶（约公元前468年左右），卒于公元前四世纪前叶（约公元前376年左右），其思想与科技发明被后人整理编撰为《墨经》一书。墨子的发明思想对我国古代的思想和科技产生了重大影响，极大地推动了当时我国社会进步和生产力的发展，是我们的骄傲和自豪。

著名学者季羡林说："墨子在人类文明史上，代表了一个时代的高度，他在哲学、教育、科学、逻辑、军事防御等许多领域都有杰出贡献，是一位伟大的平民圣人"。

除墨子之外，在我国古代还有许多民间人士，也在劳动发明中创造了灿烂的文明。

晋朝葛洪的《西京杂记》记载："长安巧工丁缓者，为常满灯……又作卧褥香炉，一名被中香炉。本出房风，共法后绝，至缓始更为之。为机环转运四周，而炉体常平，可置之被褥，故以为名。"

这里所记载的香炉，是将点燃的香料放在一个镂空的球内，用两个机环架起来，利用相互垂直的转轴和香炉本身重量，在球体任意滚动时，香炉始终保持平稳不会倾洒，成功地解决了球绕三根相互垂直的轴线自由运动的问题，反映了当时人们已具备科学精神。

我国古代劳动人民因生产和生活的需要，在四千多年前就会利用水力和风力。风帆的使用和扇子的发明，都是人们利用空气动力和产生人造风的工具。早在夏禹时代（公元前2205—前2150年）帆和扇子就已经开始用于生产，经过不断实践和改进，出现了连续吹风的风扇，并用其加工农产品。汉末工匠丁缓制作了"七轮扇"。《太平御览》引《西京杂记》曰"汉长安巧工丁缓作七轮扇，连七轮，大皆径丈，相连续一人运之，则满堂寒战。"丁缓的七轮扇是利用扇叶连续转动来产生人造风，借齿轮增加扇叶旋转的速度，"一人运之，满堂寒战"。

二、劳动人民在发明创造中体现出非凡智慧

在社会发展中，中国人民的劳动智慧体现在各个方面。在建筑领域，能工巧匠也不断涌现，除我们耳熟能详的鲁班之外，到北宋初年又出现了一位建筑能手喻皓。

喻皓（亦称预浩）是中国五代末年、北宋初年的建筑师。他是继鲁班之后另一位最有代表性的建筑名师。据史书记载，喻皓出身低微，长年从事建筑工作，但他天资聪明，在长期的实践中积攒了大量经验，欧阳修称赞他为"国朝以来木工第一人"。他善于从中国各类建筑中采纳各种技术，并能够总结各类建筑技术经验，并将其仔细记录下来，最后汇集成为集建筑技术之大成的《木经》一书。该书促进了后世建筑学的发展，被公认为是建筑学的发源。喻皓设计了多种建筑，至今仍流传在世的被公认为最杰出的建筑是北宋国都汴梁（今河南省开封市）安远门内开宝寺中的灵感塔。可惜的是《木经》一书后来失传，在宋代沈括所著的《梦溪笔谈》中，摘录了其中的部分内容。

建武七年（公元31年），杜诗创造了利用水力鼓风铸铁的机械水排，以及这种钢材的制作方法。最初的鼓风设备称为人排，用人力鼓动。继而用畜力鼓动，因多用马，所以也称为马排。后来一位名叫杜诗的人又发明了水力鼓动，称为水排。三国时代的马钧，发明了龙骨水车（又称为翻车），实现了从河中连续提水的技术，他还发明了灌溉用的水机具——桔槔。这些发明都极大地提升了灌溉效率，提高了生产力。另外我们还熟知的桥梁设计师李春，他设计建造了著名的赵州桥，其首创了在主拱上设计小腹拱的敞肩式拱桥，成为中外建筑史上的奇迹。赵州桥至今仍保护完好，成为我国建筑史上的"活化石"。

正是中华民族在长期的劳动实践中、一代代的劳动接力中，对各类工具不断进行创造改进，才得以创造了中华民族灿烂而悠久的文明。

延伸阅读： 钻井技术

第三节　劳动发明的价值

社会的进步离不开劳动，也离不开劳动发明与劳动创造，在人类发展历史上，持续不断的发明使得人类文明程度有了大幅度提高，也极大地促进了科技的进步，创造出了更加灿烂的社会发展成果。

（扫二维码观看本节视频）

一、社会价值

纵观中国古人劳动发明，固然有闻名世界的四大发明，为推动人类文明的进步做出了巨大贡献，但有更多的发明浩如繁星，虽然没有惊天动地甚至没有引起人们的注意，却与人们的日常生活息息相关、密不可分，也成为人类生产生活的必要条件。这些与劳动有关的发明以及各类技能的传承与发展，极大地提升了人类生命的质量，丰富了生产生活的内容，扩大了人类生存的空间，也创造了巨大的社会财富，"润物细无声"地支撑了人类的繁衍，保障了社会的发展，推动了社会的进步。无论是巨型的宏伟的发明创造，还是我们身边的生活中常用的劳动小发明小创造，同样对当时社会产生了积极的影响，也进一步吸引我们从这些日常的生活用品中，去探寻博大精深的中华文明。

二、经济价值

我国古代劳动人民在日常生产生活中，积累起巨大的物质财富，创造了巨大的经济价值，尤其是通过劳动发明与创造，促进了世界贸易，进一步提升了劳动的经济价值。从农耕时代以来，勤劳的中国人民就在农业生产中逐渐培育各类经济作物，除稻谷、小麦等各种农作物可以交易之外，更形成了以专业的养蚕缫丝为代表的经济作物，为今天美丽富饶的中国，奠定了良好的经济基础。

例如，我们中国人引以为骄傲自豪的养蚕技术，就是经济发展的最典型代表。中国人从古代以来，在日常生活中，就与养蚕密不可分。在甲骨文文字中，就已经有"蚕""桑""丝""帛"等字，而且在古代的祭祀活动中，就有专门的祭祀"桑神"的活动，还专门派人察看蚕事的卜辞，这说明养蚕是人们赖以生存的一个重要条件，也进入人们的日常生活中。中国人民很早就发现蚕可以吐丝，丝可以用于纺织，制作衣物。中国人成功地将蚕这类昆虫，驯养成为"家蚕"，是最早将昆虫资源开发，为人类服务的最成功的范例。蚕本是以桑叶为食的野生昆虫，在被驯养之前，人们就掌握了利用野蚕抽丝的技能，但将野蚕驯养成为家蚕，也经历了一个漫长的过程。后来考古学家在石器时代的遗址中，发现了半个切割过的蚕茧，印证了早在5000多年前，古人就已经从事蚕茧抽丝的工作。

随着劳动人民一代代传承，养蚕技术日益精湛，也形成了一套比较系统的工艺方法。《礼记》中就有对蚕卵的消毒技术的介绍，指出人们可以用朱砂溶液、盐水、石灰水和其他具有消毒效果的消毒液浴洗卵面，对防治蚕病发生非常重要。

张骞通西域后，丝绸也成为中国主要的对外贸易产品。在养蚕技术上，起到巨大推动作用的是黄道婆，她进一步系统发扬了养蚕缫丝技术，在江南一带大规模进行养蚕推广，使得江南丝绸闻名全世界，也极大地促进了江南经济的贸易。养蚕事业直接促进了纺织绸缎技术的发展，形成了中国独一无二的丝绸纺织技术。一路领先的印染工艺，制作出五彩缤纷的花色、品种。正是中国丝绸技术的发明，造就了伟大的"丝绸之路"。

此外，中国人发明的酿酒技术，也促进了酒类食品的生产、贸易，创造了极大的酒类经济，并形成了独特的酒文化。中国人很早就发明研制出了丰富的、极有特色的曲种，也掌握了酿酒技术，在利用酒曲酿酒时，尝试加入不同的草药，酿制出不同风味的醇酒，使得酿酒技艺越来越精湛。中国在北宋时期，就已掌握了红曲的制作工艺，红曲不仅增加了我国东南沿海酿制红曲酒的生产规模，同时在此基础上还发展起造醋和制作腐乳的技术，进一步提升了我国制酱工艺和技术。目前中国也成为酱类制品最大的生产国和出口国，酱类调味品和酱菜不仅出口到邻近的日本、韩国等国家，还远销到欧洲、非洲等地区。中国的酿酒业经过历代传承与研发，生产工艺日益丰富，《天工开物》中记载了制作红曲的几项重大技术，《齐民要术》中记载有40多种酿酒方法，这些发明创造也代表了当时最先进最丰富的酿酒技术，极大地促进了酿酒业的蓬勃发展，也极大地促进了经济发展。

三、文化价值

现在我们一说起劳动，一般意义上认为是体力的消耗或付出，这只是人们狭义上的理解；从广义而科学的角度来理解，凡与人类生产有关的各类活动，都可以称之为劳动。尤其是在悠久的华夏文明中，由劳动创造的文化价值，值得挖掘与书写。

近年来，学者们也开始关注到劳动与艺术、劳动与文化的密切联系，通过古人的劳动发明去挖掘其中蕴含的巨大的文化价值。当我们走进任何一个博物馆，都能够从古人的发明创造中感受到古人的智慧。例如，收藏在湖北省博物馆的曾侯乙尊盘，被公认为是春秋战国时期最复杂、最精美的青铜器件，其制作工艺相当复杂。该器物多层透雕，表面彼此独立互不相连，由内层铜梗支撑，铜梗又分层联结，参差错落，数不清的透空蟠虺纹饰，令世人惊叹。很多学者都感叹，这件器皿是商周青铜文化的巅峰，如此精致的制作工艺，现在都难以复制。

此外，发明造纸术之后，中国人由此诞生的一系列与之有关的发明，衍生出相当惊人的文化成就，如中国的制笔技术、砚台文化、书法、绘画，再到后来的活字印刷术，都将中国的优秀传统文化推向一个又一个高峰。与劳动有关的优秀文化，也产生了与劳动有关的新的教育形式。自宋代以来，出现了以《劝农文》与《耕织图》为代表的劳动教育读本，以通俗的文字和简明的图画介绍农业劳动知识，达到普及劳动教育的目的。《劝农文》中有这样的句子："我生田间，习知稼穑；身居黄堂，以在阡陌。十日不雨，则忧干旱；五日之雨，又虞水患。"

四、科技价值

劳动发明促进了中国科技的进步，这一点早已为人们所公认，中国量子卫星"墨子号"发射，取"墨子号"命名，也是向墨子在中国历史上的发明创造功劳致敬。宋应星的《天工开物》一书中也记载了大量与科技有关的各类发明创造。宋应星非常注意各类发明创造以及各种工艺改进。在该书的《锤锻》一章中，他详细记述了锄的锻造技术，像铁类制品，从"溶化生铁淋口"再到"入水淬健"，"淬"这种技术至今仍然沿用。他还提出"锄重一斤者，淋生铁三钱为率，少则不坚，多则过刚而折"。从文献记载中可以看到，我国是世界上最早合成含锌合金并提炼出金属锌的国家。

人们都知道北宋天文学家郭守敬，他最早测定了黄赤交角，为我国的天文历法做出了重大贡献。郭守敬还是一个大发明家，他创制了高表、玲珑仪、观象台等16种仪表仪器，专门用于测量天体使用。他研制的简仪，现存紫金山天文台。北宋沈括所著的《梦溪笔谈》一书中，也记载了其发明的指南针，这门技术传到欧洲，促进了世界航海事业的发展。可以说，在我国几千年的历史长河中，在生产中产生了大量的科技，也构建起我国古代独特的科技发展史，我国历史上所诞生的杰出的科学家、发明家更是人才辈出，群星璀璨，构成了中国历史上一道亮丽的风景线。

延伸阅读： 量子卫星"墨子号"成功发射

五、军事价值

在人类发展历史上，兵器同样是人类最早的发明创造，也诞生了军事思想、军事文化及军事文明。中国古代石兵器、铜兵器、铁兵器以及火器等兵器成就斐然，有着自身的特定中国文化及中国价值。通过研究兵器本身可以发现，大多数的军事器械同样来自于古人的劳动智慧。

当下人们所热衷的"孔明灯"，也叫"祈天灯""许愿灯"，相传就是三国时期的孔明所发明的。相传孔明被围困于平阳，无法派兵出城求救，于是他算准风向，制成会飘浮的纸灯笼，系上求救的讯息放飞，最终脱险，因此后世就称这种灯笼为孔明灯。孔明灯后来多用于军事战争，作为打仗时的信号灯，现代人放孔明灯多作为祈福之用，在中秋节、元宵节等传统节日时放飞祈福。这种发明其实也是中国人最早利用热气球原理而发明的军事器具。

延伸阅读： 中秋习俗·放孔明灯

中秋佳节之际，有些地方家家户户都会放一盏孔明灯，在上会亲手写下祝福的心愿。孔明灯又叫天灯，俗称许愿灯，又称祈天灯，是一种古老的中国手工艺品，在古代多做军事用途。现代人放孔明灯多作为祈福之用。一般在元宵节、中秋节等重大节日施放。

我国民间自古以来就有中秋举办花灯会的习俗。北宋《武林旧事》中记载，中秋夜节俗中，就有将"一点红"灯放入江中漂流玩耍的活动。明清以来，中秋节的风俗更加盛行，许多地方都形成了树中秋、放天灯等习俗。花灯不仅种类繁多，而且还常常配有剪纸、书画、诗词等装饰，是我国民间传统手工工艺的一种展示。在广州、香港等地，"树中秋"活动就是将彩灯高竖起来之意，璀璨的彩灯不仅使节日的气氛更加浓厚，还成为城市独特的风景线。

劳动工具制成兵器，中国古代主要有石器、木器、青铜器、铁器等几种制作材料，尤其是古人掌握了青铜器的铸造技术之后，在兵器研制上迈进了一大步，发明了矛、戈等兵器。到掌握了冶铁技术之后，对兵器的研发更进一步，开始大规模生产弓箭、刀剑等武器，同时也有了防护的盔甲、用于军事防御的铁滑车等，进一步提高了军事的攻防技术，也极大地提高了古人的作战能力。因为军事技术的需要，兵器的研制反过来促进了中国人在铁器制作上的技术进步，如各类复杂的铸接、铸焊、机械连接、器械内部的支钉、芯撑等技术手段更加成熟。从中国古代科学技术发展的意义上分析，兵器创制与发展也吸收了《墨经》《考工记》等规范制造技术的实用功能，从而极大地提高了我国的军事能力，对兵器形制、构造、性能的制作技术和战术意义有重要的研究价值。

思考与实践

1. 请从人类社会发展的角度，简要概括劳动发明的意义。
2. 请查阅有关资料，分析中国古代的兵器有哪些是从劳动工具中演化而来的？并以小组形式，在课堂上进行分享。
3. 请观看央视纪录片频道中与生产劳动有关的影片，从中挑选出与劳动发明有关的科技镜头，进行课堂分享。
4. 以"劳动经济"为题，分析中国古代劳动创造如何促进了对外贸易。

第十一章　现代社会的劳动形态

本章思维导图

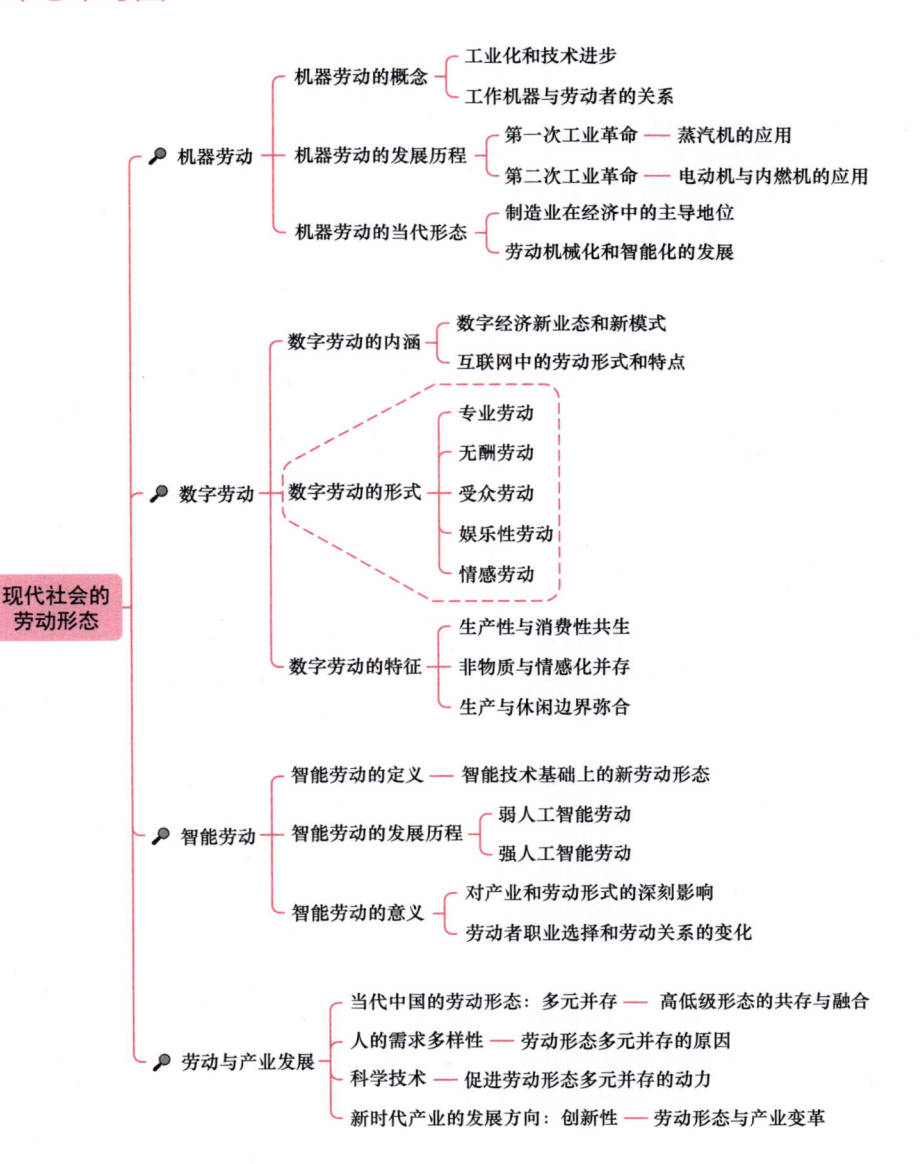

- 现代社会的劳动形态
  - 机器劳动
    - 机器劳动的概念
      - 工业化和技术进步
      - 工作机器与劳动者的关系
    - 机器劳动的发展历程
      - 第一次工业革命 —— 蒸汽机的应用
      - 第二次工业革命 —— 电动机与内燃机的应用
    - 机器劳动的当代形态
      - 制造业在经济中的主导地位
      - 劳动机械化和智能化的发展
  - 数字劳动
    - 数字劳动的内涵
      - 数字经济新业态和新模式
      - 互联网中的劳动形式和特点
    - 数字劳动的形式
      - 专业劳动
      - 无酬劳动
      - 受众劳动
      - 娱乐性劳动
      - 情感劳动
    - 数字劳动的特征
      - 生产性与消费性共生
      - 非物质与情感化并存
      - 生产与休闲边界弥合
  - 智能劳动
    - 智能劳动的定义 —— 智能技术基础上的新劳动形态
    - 智能劳动的发展历程
      - 弱人工智能劳动
      - 强人工智能劳动
    - 智能劳动的意义
      - 对产业和劳动形式的深刻影响
      - 劳动者职业选择和劳动关系的变化
  - 劳动与产业发展
    - 当代中国的劳动形态：多元并存 —— 高低级形态的共存与融合
    - 人的需求多样性 —— 劳动形态多元并存的原因
    - 科学技术 —— 促进劳动形态多元并存的动力
    - 新时代产业的发展方向：创新性 —— 劳动形态与产业变革

▶▶▶ 劳动教育通论

学习要点

劳动形态与劳动工具密切相关。随着劳动工具的不断发展，劳动的发展经历了手工劳动、机器劳动、数字劳动和智能劳动四种主要形态。新时代的劳动形态处在手工劳动向机器劳动、数字劳动、智能劳动迭代的进程之中，劳动呈现出持续迭代、新旧交融、多元并存的状态。推动劳动形态变迁的直接动因是科学技术的不断发展进步，主要原因在于人们日益增长的需求之丰富性和多样性。

新时代劳动形态要求劳动教育应坚持立德树人的根本任务，树立新旧兼容和不断发展的劳动教育观，坚持教育与生产劳动相结合的教育方法。

知识目标

1．了解劳动形态的历史发展，认识劳动教育在新时代的意义与角色。
2．理解劳动工具在劳动形态变迁中的重要作用。
3．掌握不同劳动形态的当代形态及发展趋势。

能力目标

1．能够分析和评价不同劳动形态的特点，以及它们在满足人们需求和推动社会进步中的作用。
2．学会运用数字智能工具，将理论知识与实际劳动实践相结合。

思政目标

1．培养对传统与现代劳动形态的辩证认识。
2．培养创新思维和跨学科的整合能力。
3．提升个人品德修养，培养吃苦耐劳、勇于担当的品质。

第十一章 现代社会的劳动形态

> 不同劳动形态的迭代与更新在本质上是科学技术积累的结果。从手工劳动到机器劳动，再到数字劳动、智能劳动，在劳动形态更新与共存的背后，是科学技术的不断进步。劳动形态的迭代发展，深刻影响了人们的生活方式，也对社会进步有着深远意义。

第一节 机器劳动

18世纪60年代，第一次工业革命率先从英国发起，工具机和蒸汽动力机的普及，开创了以机器劳动代替手工劳动的时代。一个世纪后，以电力和自动化为标志的第二次工业革命在德国、美国和英国迅猛发展，使人类社会从蒸汽时代迈进电气时代，是世界经济发展的又一次重大飞跃。伴随两次工业革命的兴起，社会生产力得到飞速发展，新型的经济组织——工厂制度普遍建立，给人类的政治、文化、国际关系等带来较大影响。从手工劳动到机器劳动的变革，使人们更有效地控制并利用自然力为自身服务，人们在征服自然方面取得了巨大的胜利。

（扫二维码观看本节视频）

一、机器劳动的概念

机器劳动在工业化意义上也称技术进步，是指"由看管工作机器的人来完成辅助作用"的劳动形态，劳动者运用技术与经验配合并协助机器实现其生产功能。这意味着技术越进步，手工劳动的成分就越小，机器生产的成分就越大。

机器劳动的基本特征体现在两方面。一是机器劳动是以工作机器为中介进行的劳动。手工劳动的劳动工具需要劳动者直接动手操作，如挥动锄头、控制牲畜、拉动弓弦等施加于物质资料的直接行为；而机器劳动的劳动工具——机械化工具本身具备了部分替代人类劳动器官的功能。如同马克思所揭示的：机器用极为简单的机械运动的复合，代替了劳动者的复杂技能，"使用机器的基本原则，在于以简单劳动代替熟练劳动"。在此过程中，劳动者通过旋转按钮、控制开关等方式，摆脱了对劳动工具的直接控制，实现了对劳动过程的一般控制，推动社会生产力和生产关系发展到机器时代。二是在机器劳动中，尽管机器劳动的主体依然是人，但人的作用由直接操作变为"看管"，在劳动中发挥的是"辅助"功能。劳动者由劳动过程的主导者转变为辅助者，人与机器的关系从手工劳动的柔性联系转变为刚性联系。

175

二、机器劳动的发展历程

机器劳动的发展大致经历了两个阶段。第一阶段是以18世纪60年代最先从英国发起的以蒸汽机的发明与使用为标志的第一次工业革命,开启了机器劳动取代手工劳动的序幕。第二阶段是以电力的发明与应用为标志的第二次工业革命,即机器劳动进入电气化阶段。

在第一阶段,劳动工具主要是以蒸汽机为动力基础,如瓦特改良的蒸汽机(见图11-1),大大提升了蒸汽机的热效率,带动了整个制造业的机器化,也标志着第一次工业革命的完成。第一次工业革命的迅速发展催生了以能源为动力的劳动工具的根本性变革,开创了机器代替手工劳动时代。在第二阶段,劳动工具主要是以电力为动力的电动机与以石油等化学能源为动力的内燃机。电动机和内燃机的广泛创造及应用,使金属、化学、电子等工业得到迅猛发展,劳动工具的运行逐渐趋向自动控制化,为生产自动化奠定了重要基础。

图11-1 瓦特改良的蒸汽机

机器劳动的不断发展也带来了劳动组织形式的变化。在机器劳动发展过程中,劳动组织形式由手工劳动时代的家庭手工作坊和手工工场转变为机器化大工厂。在此阶段,工厂制度成为最普遍的劳动组织形式。它将生产资料和工人集中在一起,通过使用机器进行大规模生产,改变了传统劳动形式和工作制度,重塑了劳动群体,手工工匠和底层劳工逐渐融合成现代意义上的工人阶级,以阶级结构为核心的资本主义社会结构日渐清晰。为保证工厂各个环节的正常运行以及更高经济效益的产出,工人必须严格控制劳动时间与劳动效率,受到严格的纪律约束。

机器劳动不仅是劳动发展史上的巨大进步,还给人类在生产关系、社会制度及社会生态等方面带来了巨大影响和挑战。一方面,机器劳动导致社会生产细分为农业、机械制造业、食品加工业、交通运输业等若干行业,使每个人即使素昧平生也需要他人生产的产品,人与人之间被紧密联系在一起。原有的地域界线和血缘关系逐渐淡化,人们由于从事共同的或相关联的社会工作而结成的知识拓展业缘关系（work related relations），如同事关系、师徒关系、同行关系等，发挥了越来越重要的作用。另一方面，机器取代了人力，将人从琐碎的劳动中解放了出来，却也导致大批从事手工劳动的劳动者破产，大批工人因需求的减少面临工资下跌甚至失业的困境，导致出现了著名的"卢德运动"（见图 11-2）。此外，机器劳动带来的挑战还表现为人与自然的关系渐趋紧张。机器劳动的发展不断使人摆脱自然的束缚，增强了人改造自然的能力，但同时造成了资源短缺、环境污染、生态破坏等问题。

图 11-2　漫画描述了"卢德分子"破坏工厂机器的场景

延伸阅读： "卢德运动"

工业革命时期，机器生产大量取代人工劳作，使大批手工业者破产，工人失业，工资下跌。当时工人把机器视为贫困的根源，用捣毁机器作为反对企业主、争取改善劳动条件的手段。

卢德运动（Luddite Movement）是 18 世纪末至 19 世纪初英国民间对抗工业革命、反对工厂主压迫和剥削的社会运动。在该运动中，常常发生毁坏纺织机器的事件。相传，莱斯特郡一个名叫卢德（Ludd）的工人，曾怒砸两台织布机，事后人们以讹传讹成所谓卢德将军或卢德王领导反抗工业化的运动，遂得此名。后世也将反对任何新科技的人称为卢德主义者。

1811 年，诺丁汉郡的袜商借助织袜机，生产一种低价的劣质长筒袜，大大冲击了织袜工人的正常收入。一些织工秘密组织起来，以"卢德将军"的名义捣毁织袜机，卢德运动开始形成高潮。在很短的时间内，运动迅速在英格兰蔓延，许多工厂及机器被焚毁。

> 1812年，英国国会通过《保障治安法案》，动用军警对付工人。1813年政府颁布《捣毁机器惩治法》，规定可用死刑惩治破坏机器的工人。1814年企业主成立了侦缉机器破坏者协会，残酷迫害工人，但卢德运动仍继续蔓延。1817年年初，卢德运动逐渐消退，工人阶级改为采取和平谈判的方式维护自身权益。卢德运动尽管最终未能阻止工业革命的发展，但引起了人们对工业化面前工人困境的关注，并最终促成了1819年《工厂法》的通过。
>
> 今天，人们经常用"卢德分子"一词来形容那些反对技术进步的人。针对如今部分年轻人面对社会、工作、生活、家庭的压力，选择不婚不育、宅、躺平、摆烂、低欲望等"消极对抗"现象，有人称之为当代年轻人被动的"卢德运动"。

三、机器劳动的当代形态

制造业是国民经济命脉所系，是立国之本、强国之基。当前，机器劳动仍然是我国劳动发展的主要形态，其中制造业极大地促进了我国经济的高速增长，在我国国民经济体系中发挥着极其重要的作用，创造了"中国制造"的奇迹。2010年我国成为世界"第一制造大国"。2012年至今，我国制造业持续保持世界第一的地位，是全世界唯一拥有联合国产业分类中全部工业门类的国家。在世界500多种主要工业产品当中，我国有220多种产量稳居全球首位。2023年3月1日，工业和信息化部部长金壮龙在国新办新闻发布会上表示："推进新型工业化，是实现中国式现代化的必然要求，是全面建成社会主义现代化强国的根本支撑，是构建大国竞争优势的迫切需要，是实现经济高质量发展的战略选择。"

不断提高劳动的机械化程度与机械化水平依然是当前劳动发展的方向。目前，机器劳动及与其相关的产业依然占据经济社会的主导地位。以农业为例，《农机装备发展行动方案（2016—2025）》提出：2025年我国农机装备品种达到7000种左右，关键零部件自给率达到70%以上，重点农机产品可靠性达到国际先进水平，形成3—5家具有国际影响力和较强国际竞争力的农机行业领军企业，全国主要农作物耕种收综合机械化率达到70%以上。

随着人类进入智能劳动时代，机器的智能化水平不断提高，机器劳动也面临新的发展机遇。机器劳动的智能化发展并不是简单地提高机器劳动的比重，而是通过现代技术与传统机器劳动相融合来提高复杂产品的制造能力以及满足消费者个性化需求的能力，赋予机器劳动新的竞争优势。未来，机器劳动不再只是"加工"产品，而是机器劳动不断向实现物体、数据、服务无缝连接的互联网（物联网、数据网和服务互联网）方向发展。

第二节　数字劳动

进入21世纪以后，作为信息社会更高形态的数字化时代悄然到来。2013年，在德国汉诺威工业博览会上，人们首次提出"工业4.0"的概念，数字劳动由此吹响高速发展的号角。

（扫二维码观看本节视频）

一、数字劳动的概念

数字劳动是随着21世纪数字技术革命而产生的新兴概念，是数字经济新业态和新模式下催生的一种新型劳动形态。这种劳动形态与传统劳动形态共存，成为一种重要的劳动范式，并成为推动经济社会发展的重要引擎。学界对数字劳动问题的探讨发端于2000年意大利学者齐亚纳·泰拉诺瓦（Tiziana Terranova）的著作《免费劳动：为数字经济生产文化》。在这本书中，泰拉诺瓦将数字劳动称为"网奴"，并将其归入"免费劳动"的范畴，认为它是发达资本主义社会中免费劳动的一种表现形式。

真正在严格意义上提出"数字劳动"这一术语的是英国学者克里斯蒂安·福克斯。2012年，福克斯指出，互联网时代的受众不仅是信息的被动接收者，更是内容的生产者。广告商不仅关注他们的在线时间，更对他们的人口资料、个人嗜好、浏览的网页、上传的数据等表现出浓厚的兴趣，这些数据都可以被当作商品出售给广告商。福克斯进一步阐述了商业资本如何通过强制、异化和个体生产与使用的合体双重化这三种方式来剥削"数字劳工"。2014年，福克斯又在其著作《数字劳动与卡尔·马克思》中，明确界定了数字劳动的概念：在数字化时代，个体或群体通过互联网平台，以创造、生产和分享数字内容为手段，实现价值创造的劳动形式。

从马克思主义劳动观来看，数字劳动的主体主要由两类构成：从异化劳动的视角来看，数字劳动的主体是指那些直接从事数字化工作的互联网从业者；而从受众商品论的角度出发，数字劳动的主体则是指那些在休闲和娱乐过程中产生价值的用户群体。尽管数字劳动代表着由数字资本推动的人类劳动新形态，但它仍然未能摆脱资本主义逻辑的束缚，其中不可避免地隐藏着剥削和异化的现象。

由此可见，数字劳动作为数字时代的产物，依然符合马克思劳动价值论，并体现了信息时代社会生产劳动的独特特点。准确理解数字劳动的科学内涵，对于数字劳动的理论研究和实际应用都具有深远的意义和价值。

二、数字劳动的形式

在信息技术时代，数字劳动涵盖了信息与传播技术以及整个数字技术产业链上的所有劳动，涉及数字媒体的生产、分发与使用过程中所需的各种体力和脑力劳动。其具体形式多样，主要可分为以下几种：

一是互联网产业的专业劳动。这类劳动主要由那些精通数字技术的专业人员承担，涉及网站设计、编程、应用软件开发等劳动形式，同时还包括非技术人员所进行的日常管理工作，这种劳动实质上是知识与技能在网络环境下的具体应用和价值实现。

二是无酬的数字劳动。这类劳动体现在普通在线用户的日常活动中，与传统的手工劳动及有偿专业劳动不同。在线用户通过撰写博客、发布视频、上传照片、参与社交媒体互动等行为，为媒介公司创造利润而通常得不到报酬。

三是受众劳动。这种劳动基于媒体和传播活动，主要包括用户在线消费行为，如网页、阅读文章、收听广播、观看视频等所产生的媒介消费活动。

四是娱乐性劳动，也称之为"玩乐劳动"。这类劳动是指人们在网络上进行的以娱乐为目的的娱乐活动，如欣赏音乐、玩电子游戏、观看影视节目、浏览短视频等。这些活动在为个人提供乐趣的同时，也创造了社会财富。

五是情感劳动。这类劳动指的是在数字化工作环境中，工作者为了达到工作要求而调整和管理自己的情绪表达，以满足组织或平台设定的情感标准。这种劳动形式在社交媒体管理、直播平台主播及在线客服等数字职业中尤为常见，互联网"粉丝经济"充分验证了这一点。

此外，数字劳动的范畴还涵盖了多种其他形式。例如，在在线教育平台，用户无论是作为教育内容的创作者还是学习者，其参与过程都构成了数字劳动的一部分。同样，一些非传统的互联网活动，如为他人提供游戏代练服务或作为网络水军参与线上舆论操作，也都被纳入了数字劳动的范畴。这些数字劳动形式共同构成了数字经济的基石，在不同的社会文化背景中创造出数字化的物质与精神财富，并呈现出多样化的特点和价值。

三、数字劳动的特征

互联网情境下，数字劳动具有几个鲜明的特征。

在劳动形式方面，生产性与消费性共生。数字劳动打破了传统生产与消费之间的界限，使得个体能够实时地创作和分发内容。当用户通过数字媒介进行互动时，他们所生产的信息内容常常无偿地为平台带来额外的价值。这种无偿信息生产具有双重性，即用户同时扮演着生产者与消费者的双重角色：一方面，作为内容的"生产者"，用户参与到创造性的劳动中，他们的原创内容、资源分享、社交动态更新，以及点赞、评论和转发等交互行为，不断为平台注入大量信息数据。这些数据成为平台运营和盈利的关键资源。另一方面，作为媒介的"消费者"，用户在满足个人需求的过程中进行的浏览网页、观看视频、在线购物等数字活动，都会产生有价值的数据和注意力，形成数字劳动。这些数据和注意力被互联网平台收集并用于商业开发。数字劳动中的这种生产性与消费性的融合，揭示了用户在数字平台上既是内容的贡献者也是服务的受益者，他们的每一次互动都有可能转化为平台的商业价值。

在劳动产品方面，非物质与情感化并存。与传统雇佣关系中劳动产品大多是物质形式不同，互联网下的数字劳动产品往往根植于个人生活体验、经历和兴趣分享，这些内容常常缺乏物质形态，却蕴含着丰富的情感色彩和个人主观性，因此更能引发情感共鸣。互联网用户的劳动过程不仅是任务完成的过程，也是其情感表达与交换的过程。在这一过程中，技术服务平台提供了必要的技术和资源支持，鼓励引导劳动主体积极地进行自我表达与情感投入，以便完成劳动产品的商品化与货币化。因此，数字劳动产品的价值在于其能够捕捉并传达劳动者的情感与个性，这种非物质的、情感充沛的产出方式，正在逐渐重塑我们对劳动及其成果的认识和评价。

在劳动时间方面，生产与休闲边界弥合。受马克思主义劳动力再生产理论的启发，学者达拉斯·斯麦兹认为人们即使在休闲放松时也在进行劳动力的再生产。传统观点认为，受众主动使用媒介来满足自己的需求。然而，当我们重新审视受众、劳动和平台之间的动态关系时，我们发现所谓的满足受众需求，往往实际上是平台为实现利益而引导受众构建的一种虚假欲望，并且通过情感连接的方式不断吸引受众再生产数据流量，并通过虚拟性的情感满足将受众纳入劳动生产过程。因此，当网民在寻求休闲娱乐或试图通过媒介实现自我价值和身份认同时，他们实际上已参与到互联网产业的信息生产劳动中。这一现象表明，数字劳动已经渗透到我们的日常生活中，生产活动与休闲活动的边界变得愈发模糊，从而重塑了我们对时间和劳动的认识。

与此同时，数字劳动也带来一些问题。在数字平台背后，存在信息不对称和资源不均衡、个体创作难以获得公平回报等问题。隐私泄露和版权问题也对数字劳动者构成威胁。

因此，在数字劳动时代，我们一方面享受数字技术带来的社交价值与便利，另一方面也应理性看待数字劳动的机遇和挑战，保持媒介素养和警惕，重视其背后的异化及剥削问题。政府和社会也应加强对数字劳动者权益的保护，推动数字劳动在更加公平、可持续的环境中发展，使其真正成为人类社会进步的力量。

延伸阅读： "数字劳工"

近年来，以云计算、物联网、数据挖掘为代表的互联网技术更新不断推动着信息交流形态的变革，同时，学校教育、购物消费、金融经济、医疗健康等现实生活世界被逐步迁移进网络世界，一个新型的"网络社会"正在逐步形成。而在这一蓬勃发展的数字景观背后，是越来越多的普罗大众开始被吸纳进互联网所建构的虚拟空间里，接受着商业意识形态的召唤，成为20世纪早期至今推动互联网产业发展的最勤劳的"数字劳工"。

数字劳工们在享受网络技术所带来的便捷与快感的同时，也"贡献"着代表商业网站价值的流量总数，并被迫阅听屏幕上五颜六色、不停闪烁的商业化广告。他们在互联网产业规范制度与分享机制尚未完善的情况下，便开始投身其中，成为社交媒体的内容生产者与传播者、视频网站的制作者与推广者、信息分享网站或文学网站的"写手"、网络游戏产业的"玩工"、国外影视字幕的翻译者与传播者……这些分布在世界各地、来自不同领域的"数字劳工"共同组成了推动互联网产业发展的中坚力量。

在互联网时代，数字劳工与传统劳工有着很大区别。首先是工作动机不同。传统劳工通常在身体或精神的压力与剥削下被迫投入劳动生产，而数字劳工往往出于个人兴趣和主动选择参与数字劳动，他们追求的是社群归属感、自我探索和个人需求的满足。其次是工作时间地点不同。对于传统劳工而言，他们的工作时间通常遵循固定的朝九晚五模式，并且工作地点通常受到严格限制。而在数字劳动环境中，这种固定工作时段和具体位置的约束正在逐渐消解。数字劳工的时间更加灵活和自由，远程工作成为可能，这意味着劳动者可以根据个人的生活节奏和工作习惯来调整工作时间，实现工作与生活的最佳平衡。最后是身份不同。传统时代的劳工仅仅只是产品的生产者，而Web2.0时代的社交媒体用户不再被动地消费媒体内容，而是成为内容的"产消者"，他们在创造内容的同时，也消费信息资本，为网络社会提供价值。数字劳工的兴起，对企业管理和劳动政策带来了新的挑战，同时也提供了创新机遇。

第三节　智能劳动

如今，物联网、人工智能、5G等技术的快速发展正在深刻改变着劳动的基本形态。智能技术的发展，标志着劳动形态开始向智能化转变。

（扫二维码观看本节视频）

一、智能劳动的定义

关于智能劳动的定义，目前学界尚未达成共识，但学者们普遍认为，智能劳动是随着劳动工具迭代升级到智能化阶段而逐渐发展起来的，以智能技术为基础、通过技术产业化而形成的新的劳动形态。具体来说，智能劳动就是运用物联网、大数据、云计算、移动互联等新一代信息技术和智能装备对劳动诸要素进行深入、广泛、持久的改造与提升，推动产品与设备的智能化、生产方式的智能化、管理的智能化和服务的智能化。从"人的劳动功能的物化"到"工具的人格化"这一劳动工具的发展过程来看，智能化劳动工具的发展相较于机械化劳动工具有了显著性的进步和本质性的差异。

二、智能劳动的发展历程

按照人工智能发展趋向进行划分，智能劳动大致有两种发展方向：弱人工智能劳动与强人工智能劳动。

弱人工智能劳动所使用的劳动工具仅是借鉴人类的智能行为，专注于在某些特定领域解决实际问题。目前，弱人工智能在劳动中的应用已经相对广泛。例如，在工业生产中，人们利用机器人生产线进行生产；在农业生产中，人们用无人机完成农药喷洒；在居家生活中，人们用智能家电完成家务劳动。

强人工智能劳动则试图使智能劳动工具代替人的技能，劳动工具甚至是具有超越人类某一智能水平的人造物，能够像人类一样进行学习、推理和解决各种问题。例如，AlphaGo Zero 从空白状态学起，在无任何人类输入的条件下，它能够迅速自学围棋，并以100∶0 的战绩击败"前辈"AlphaGo，为医疗、制造等领域实现机器人取代人工完成复杂工作任务奠定了基础。当前，强人工智能在劳动中的应用尚处于探索阶段。

智能劳动的不断发展，带来了劳动组织形式的变化。无论是工厂时代福特制的流水作业线，还是"泰罗制"的标准化作业管理模式，都是对劳动者在细致化分工基础上进行集中化管理。智能劳动工具的出现，促使劳动组织从集中走向集中与分散的统一。这是因为在智能时代，劳动者与劳动工具之间不再是传统的人与机器的刚性联系，而是一种弹性联系。随着智能化劳动工具的出现，劳动者可以通过智能技术从终端获取任务并在线完成，即劳动者与劳动组织在物理或时空上是分散的，但在信息或逻辑上是集中的，且这种趋势还在日益扩大。

延伸阅读 　　泰罗制——标准化作业

泰罗制（泰勒制）是美国工程师弗雷德里克·泰罗创造的一套测定时间和研究动作的工作方法。其基本内容和原则是：
- 管理的根本目的在于提高效率；
- 制定工作定额；

- 选择最好的工人；
- 实施标准化管理；
- 实施刺激性的付酬制度；
- 强调雇主与工人合作的"精神革命"；
- 主张计划职能与执行职能分开；
- 实行职能工长制；
- 管理控制上实行例外原则。

三、智能劳动的意义

劳动形态向智能劳动的发展，导致了生产、消费等各产业部门的重塑，对人的劳动方法、劳动习惯等产生了深刻的影响。智能劳动的发展水平成为影响劳动生产力发展的重要因素，也成为检验一个国家创新能力和核心竞争力的重要指标。

尽管当前人工智能技术还处于弱人工智能水平，但人工智能技术对机器劳动的工作任务乃至整个社会职业岗位产生着重大影响。智能劳动的出现催生了一大批新的职业形态，也对传统职业产生了剧烈的冲击。

智能劳动的发展，使越来越多的劳动者从枯燥、繁重、危险的劳动中进一步解放出来。借助智能化劳动工具，劳动者的生存状况得到持续改善，这也为劳动者的自由、全面发展创造了条件。劳动者职业选择的可能性正在不断增加，劳动形式的自由化程度不断提高，劳动关系更加灵活、更加具有弹性。部分劳动者从固定职业者转变为自由劳动者，劳动者选择、从事劳动越来越与个性发展相联系。

随着机器的智能越来越接近人的智能，智能化机器能够胜任的工作越来越多。机器劳动相关职业中常规性、机械性、重复性的工作任务将会逐步被交给弱人工智能，劳动者面临岗位转换、岗位升级的挑战。而且伴随强人工智能的发展，智能化劳动工具"自主意识"不断增强，甚至可以取代人在劳动活动中的地位。在此种情形下，人作为生产和创作的主体将受到严重挑战。

延伸阅读　　　　如何看待 ChatGPT？

2023 年上半年，ChatGPT（Chat Generative Pre-trained Transformer）成为大家讨论最热的话题。人类对人工智能已经畅想了几十年，但从来没有像此刻这样，感受到 ChatGPT 强大的同时，又有切身的茫然甚至是恐惧：ChatGPT 会取代人类吗？有多少人会失业？应该如何看待它可能带来的变化？

其实，纵观历史，一项新技术的发明，往往带来新的机遇，创造大量新的岗位。数码相机诞生，胶片巨头柯达轰然倒下，但也使照片储存更便捷更长久。网络兴起，导致了实体店的衰落，但同时也催生了更多新兴行业，创造了更多新的岗位。早在2019年，美国CNBC就曾报道："iPhone创造的新行业与其摧毁的行业一样多"。所以，ChatGPT到底是岗位的取代者还是社会发展的推动力，取决于我们如何去看。在ChatGPT推动下，我们确实看到很多行业都在"升级"。

例如，此前，你在酒店点外卖，外卖到了，通常情况下是由服务生送上来。服务生接到你的需求，再送到房间，可能最快也得3分钟。现在，酒店用机器人为你送上来，只要有人把外卖放到机器人的箱子里，给它输入你的房间号，然后接下来的一系列步骤就由机器人来实现了。机器人收到指令，径直走向电梯，按下电梯门，上电梯，到你门口，自动拨打你房间的电话，说"您的外卖到了，请开门！"你打开门之后它在门口等着你，说"请您按下OPEN键，就可以取走您的外卖了"。取走外卖之后，箱子自动关闭。最后，它还说，"如果您觉得服务好的话，请给我留言，给我留言的话，我妈妈会给我糖吃哦。"你看，它还会幽默地逗你一句。

这样的人工智能技术，确实会给客户提供很大便利，不易出错，还节约时间和人力成本。而作为服务生，不可能只会楼上楼下跑着送东西，可以借这个机会提升自己，做更有价值的工作。这样的话，人工智能就是我们成长的一个助缘、一个推动力，而不是一个取代者。

新事物带来新挑战，世人已经有所警觉。2023年3月29日，包括埃隆·马斯克、苹果联合创始人史蒂夫·沃兹尼亚克、Stability AI首席执行官伊马德·穆斯塔克在内的一千多人联合签署了一份公开信，呼吁暂停训练比GPT-4更强大的模型，至少6个月。几乎同时，英国政府也发布了一份关于人工智能的白皮书，要求不同的监管机构通过适用现有法律来监督各自领域对人工智能工具的使用。2023年3月31日，意大利也宣布了禁用ChatGPT，因为它在收集信息时没有尊重个人隐私。

ChatGPT是人们需求的结果兑现，同时也带来新机遇。其实，这个世界本就是生生不息不断变化的，千变万化之中，变化的规律始终不变。因此，把握住事物发展的规律，就能看清前进的方向，心中就有了定力，不会轻易地因外界变化摇摆。

《孟子》说，"虽有智慧，不如乘势"。我们心中有这样一份定力在，当面对新的变化的时候，我们每一个从业者都可以升级我们自己的认知，打开我们生存的边界。借助外力，乘势而上！

第四节　劳动与产业发展

一、当代中国的劳动形态：多元并存

（扫二维码观看本节视频）

一般而言，高级形态的劳动方式是从低一级的劳动方式中发展而来的。但是，高级劳动形态方式的出现并不意味着低级劳动形态的消失。相反，低一级的劳动形态在做出适应性的调整之后，可以与高一级的劳动形态交融并存。虽然新的劳动形态在某种程度上是对旧的劳动形态的革新，但手工劳动、机器劳动、数字劳动和智能劳动这四种主要劳动形态的"共存"与"融合"是新时代劳动形态的典型特征。

（一）人的需求多样性是劳动形态多元并存的重要原因

劳动起源于人的生存与发展的需要，而人的需求也成为推动劳动形态演变的关键动力。一方面，人具有满足自身物质生存的基本需求，这也成为推动劳动形态变化发展的重要推动力。例如，人们为了解放双腿发明了汽车，为了打破时空的局限发明了电话。而互联网的出现，也正是为了满足人们可以随时随地进行交往的需要。另一方面，人的需求不仅是物质需求，还包括精神需求。劳动形态的不断发展揭示了社会生产力的持续进步，而生产力不断提高的最终目的在于解放人，将人从劳动本身的消极性中解放出来，即将人从劳动所产生的劳累和折磨中解放出来。在今天，劳动在满足人精神需求方面的价值被持续发掘。例如，手工劳动在生产力不断发展的过程中逐渐消解其本身的消极性，而展现人的个体独特性、满足人自我发展需求等方面的价值不断凸显。也正是人的需求的多样性，使不同形态的劳动在迭代发展的过程中能够并行不悖、互为补充。

人一旦开始劳动，生活就已不再是自然物质世界的循环过程和必然过程，而是由人自觉参与、推动和提升的创造过程。当前，我国社会主要矛盾是人民日益增长的美好生活需要和不平衡不充分的发展之间的矛盾。这种发展的不平衡不充分，一方面揭示了当前我国劳动形态的迭代发展呈现多元并存、非均质性的特点，这是由不同生产力发展水平决定的；另一方面也表明了在不同生产力发展水平下，人的需求具有多样性与差异性，而劳动形态多元并存能满足不同发展水平下人的需求。因此，劳动形态的发展要满足人民群众的基本需求，又需要满足人民群众多样化、个性化的发展需求。也就是说，人们既需要批量化机器劳动创造的丰富物质生产生活资料，又需要数字劳动和智能劳动的不断发展带来产业结构的优化与升级，实现高水平、高质量、高效益发展，还需要手工劳动等不断满足其

个性化、多样性的物质需求与精神需求。

(二) 科学技术是促进劳动形态多元并存的直接动力

不同劳动形态的迭代与更新在本质上是科学技术积累的结果。从手工劳动到机器劳动再到数字劳动和智能劳动，在劳动形态更新与共存的背后，是科学技术的不断进步。

一方面，科学技术的积累是一个渐进的过程，不同劳动形态之间的彻底转化需要科学技术的积累。手工劳动中孕育着机器劳动的技术萌芽，机器劳动的不断发展为数字劳动和智能劳动的出现奠定了技术基础。

另一方面，科学技术的迭代与更新也为不同劳动形态进行发展与革新提供新的动力。手工劳动依靠科学技术的不断发展实现了劳动内容、外在表现形式的不断升级。例如，进行大数据对客户分析有利于企业根据市场需求来调整生产内容和销售渠道形成品牌效应。科技的不断发展也带来了不同形态劳动中脑力劳动比重的不断提升。例如，我国农业领域正在逐渐成为高科技的聚集地，在农业生产中脑力劳动的价值正不断凸显；在工业领域，自动化、智能化制造正逐渐成为主流；而新兴产业部门中脑力劳动的比重也在不断提高。

二、新时代产业的发展方向：创新劳动

根据钱纳里工业化阶段理论，一个经济体会从不发达到成熟通常会经历以下三个阶段：以初级产品制造为主的劳动密集型产业发展阶段、以重化工业为主的资本密集型产业发展阶段、后工业化阶段。

1995 年，美国经济学家钱纳里基于经济发展的长期过程，运用投入产出和一般均衡分析方法以及经济计量模型，考察了二战以后以工业化为主的发展中国家特别是其中的准工业国家（或地区）的发展经历，提出了著名的工业化阶段理论，他将不发达经济到成熟工业经济整个变化过程划分为三个阶段六个时期（见表 11-1），指出任何一个发展阶段向更高阶段的跃进都是通过劳动来推动的。

表 11-1 钱纳里工业化阶段划分

发展阶段	阶段名称	主导产业	产业特点
第一阶段	经济不发达时期	农业	没有或极少有现代工业，生产力水平很低
	工业化初期	初级制造业	初级产品生产，以劳动密集型产业为主
第二阶段	工业化中期	重型工业	由轻型工业向重型工业转变，以资本密集型产业为主
	工业化后期	第三产业	第一、二产业协调发展，第三产业高速增长
第三阶段	后工业化社会	制造业	由资本密集型产业向技术密集型产业转换
	现代化社会	知识密集型产业	由技术密集型产业向知识密集型产业转换

当前，各国在经历了劳动密集型、资本密集型主产业的发展阶段后，正转向以技术密

集型和知识密集型为主产业的发展阶段。现阶段，我国产业发展仍处于工业化进程中期阶段，多种类型产业并存，以劳动密集型产业发展为主，同时随着科学技术的迅速更迭、智能技术的飞速发展，不断催生了一系列新产业、新模式，例如《中国制造2025》的出台，带来了制造业自动化、数字化、智能化的转型升级，使机器人行业进入高速发展期，这也对人力资本提出了更高的要求。

与此同时，生产与技术、信息与文化、时间与空间等劳动条件的耦合变得更加复杂，带来了劳动组织形式、生产管理方式的改变，推动社会经济、政治体制的改革，以及人的思维方式、生活方式的持续变革。例如，数字经济正逐渐走进大众视野，很多行业出现了人机协同的局面。在人工智能时代，各种就业岗位将更会进一步细分，例如快递业的自动拣货系统、工厂里安装零件的机械臂的上线，不仅大大提高了工作效率，而且能降低运营成本。但一些创造性的、需要情感维系的岗位如网络直播销售、个性设计、健康护理等是不可取代的，毕竟，冷冰冰、缺少创新思维的机器人难以提供人类所需要的温情和关爱。

值得注意的是，在新社会环境下，人口红利拐点已经到来，一方面产业发展所需的人力资源总量缺口较大，我国劳动人口的绝对量和相对量呈趋势性下降，尤其劳动密集型产业青壮年劳动力逐渐减少，劳动力年龄结构存在不合理现象；另一方面，劳动力就业存在"离制造业""离高等教育"趋势，这意味着需要构建与劳力结构相匹配的产业体系，尤其是劳动密集型产业发展需强化创新意识。

创新劳动是指一切能够创造出满足人们新需要的新型使用价值的劳动，包括技术创新、产品创新、工艺创新、设计创新、营销创新等。创新劳动是驱动产业升级和经济持续健康发展、推进我国经济持续增长的强大动力。

在中国式现代化建设进程中，需要以创新劳动为抓手，重构未来的产业、劳动与社会形态。一是推动传统企业技术、管理和服务模式的创新，提升传统产业的生产力水平，推动我国由"制造大国"向"创造大国"转变；二是增加劳动者技能培训力度，通过专业能力培训、技术资金引进等方式来提升劳动者技能水平进而起到优化产业结构的作用；三是要健全劳动市场供需体系，出台与之相匹配的劳动薪酬管理体系，使劳动力能够在各区域内自由流动、带动产业发展、实现产业升级。

总之，每个时代都有相应的经济社会结构，都有与之相匹配的就业岗位和技能要求。我们要将劳动教育纳入人才培养的体系中，广大青年学子要紧跟时代步伐，瞄准社会需求，掌握必备技能，就一定会有用武之地。

思考与实践

1. 结合自身专业，思考人工智能的产生与发展会对所学专业有何影响。
2. 根据所学专业知识与社会观察，预测未来10年在自己专业领域会有哪些新职业诞生。

第十二章　新时代劳动文明实践

本章思维导图

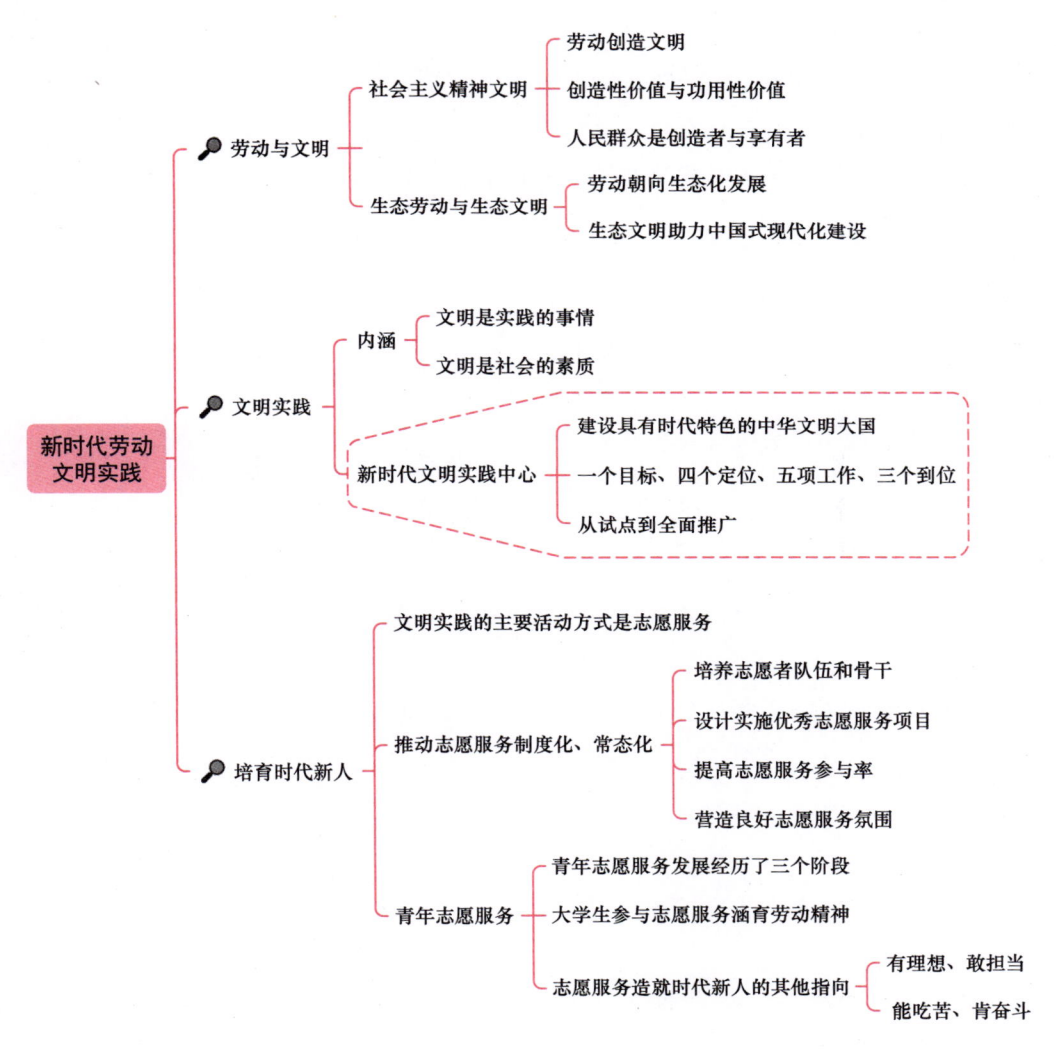

- 新时代劳动文明实践
  - 劳动与文明
    - 社会主义精神文明
      - 劳动创造文明
      - 创造性价值与功用性价值
      - 人民群众是创造者与享有者
    - 生态劳动与生态文明
      - 劳动朝向生态化发展
      - 生态文明助力中国式现代化建设
  - 文明实践
    - 内涵
      - 文明是实践的事情
      - 文明是社会的素质
    - 新时代文明实践中心
      - 建设具有时代特色的中华文明大国
      - 一个目标、四个定位、五项工作、三个到位
      - 从试点到全面推广
  - 培育时代新人
    - 文明实践的主要活动方式是志愿服务
    - 推动志愿服务制度化、常态化
      - 培养志愿者队伍和骨干
      - 设计实施优秀志愿服务项目
      - 提高志愿服务参与率
      - 营造良好志愿服务氛围
    - 青年志愿服务
      - 青年志愿服务发展经历了三个阶段
      - 大学生参与志愿服务涵育劳动精神
      - 志愿服务造就时代新人的其他指向
        - 有理想、敢担当
        - 能吃苦、肯奋斗

▶▶▶ 劳动教育通论

学习要点

劳动创造文明，是人类文明发展的基石。社会主义精神文明推动社会主义现代化建设，也为中华民族的伟大复兴提供巨大的精神力量。生态劳动和生态文明的发展，促进了人类与自然的和谐共生，推动着中国式现代化不断取得新的成就。

在新时代，我们要依靠广大人民，广泛发动群众，加强新时代文明实践中心建设，倡导志愿服务，推动精神文明建设落到实处。

志愿服务是新时代文明实践的主要形式，主力军是青年大学生。在不断强化志愿服务的实践中，涵养青年大学生的劳动精神，培育新时代新人。

知识目标

1. 理解社会主义精神文明的价值和生态劳动、生态文明的内涵。
2. 理解文明的实践性和社会性。掌握新时代文明实践中心的发展历程、目标任务。
3. 掌握志愿服务的特点与建设路径、培育青年大学生成为时代新人的指向。

能力目标

1. 准确阐述社会主义精神文明的作用。
2. 总结新时代文明实践中心的特点和经验。
3. 分析志愿服务与文明实践的关系，准确描述志愿服务对时代新人的塑造作用。

思政目标

1. 自觉践行社会主义核心价值观，不断提高文明素养，内化为精神追求、外化为自觉行动。
2. 在志愿服务中增强文明意识和劳动素质，加强品德修养。

> 党的二十大报告指出，"统筹推动文明培育、文明实践、文明创建，推进城乡精神文明建设融合发展，在全社会弘扬劳动精神、奋斗精神、奉献精神、创造精神、勤俭节约精神，培育时代新风新貌。"

第一节 劳动与文明

文明是人类所创造的全部成果，包括物质文明和精神文明。这些成果是通过作为人的本源性存在方式的劳动所创造的。正是在劳动的过程中，类人猿才打造出第一块石器，自此，人类迎来了自己的历史，逐步迈向文明。

一、劳动与精神文明

恩格斯说，"劳动创造了人本身"。没有劳动，人类不可能产生，更不可能有自己的历史、自己的文明。他把人类文明进程概括为"两次提升"，即"在物种方面把人从其余的动物中提升出来"和"在社会方面把人从其余的动物中提升出来"。这两次提升都离不开劳动，因为"发展着自己的物质生产和物质交往的人们，在改变自己的这个现实的同时也改变着自己的思维和思维的产物"。就此而言，文明内在地包含物质文明和精神文明的双重结构。也就是说，文明有内在和外在两个方面：内在方面是人性的自我完善，外在方面是人类的创造物。

劳动产生的精神文明贯穿人类历史，从原始社会、奴隶社会、封建社会、资本主义社会到社会主义社会，每个阶段都有自己的精神文明形态。从人类文明史的角度来看，社会主义精神文明是人类精神文明发展的新阶段。

社会主义精神文明作为劳动的结果，在人类精神文明史上有着重大的意义。从实现人的全面发展的角度来说，"思维着的精神是地球上最美丽的花朵"，高度发达的精神文明可以使人类社会的素质得到更好的提高，推动人类走向自由而全面的发展。

从创造性价值来看，精神文明作为人类社会所独有的一项创造性活动，体现着人类智慧的结晶和对真善美的追求。这种创造性价值可以推动人类社会的历史发展进程，以此创造出更加宝贵的物质和精神财富，促使人们不断开拓奋进。

从功用性价值来看，社会主义精神文明为社会主义现代化建设提供精神动力、智力支持和思想保证，它能激发人们进行社会主义建设的积极性和主动性。精神文明建设的力度越大，效果越好，社会主义现代化事业就越兴旺发达。

"随着历史活动的深入，必将是群众队伍的扩大"。人民群众是物质文明和精神文明的创造主体。在马克思主义语境下，形象地把劳动者称为"现代文明的支柱"，充分揭示了人民群众在创造文明中的物质支持和精神支撑作用。

新中国成立以来，在中国共产党的带领下，广大人民群众用勤劳与智慧创造了物质文明发展的世界奇迹，也收获了精神文明发展的丰硕成果。物质文明和精神文明均衡发展、相互促进，不仅是全面建成小康社会的应有之义，也是实现中国梦的必由之路。

党的十八大以来，以习近平同志为核心的党中央高度重视精神文明建设，十八届五中全会更是对推动"两个文明"的协调发展做了专门部署，这标志着精神文明向更高水平跃升的新阶段已经到来。

在新征程上，社会主义精神文明建设要坚持人民主体地位，尊重人民首创精神，最大限度发挥人民群众的积极性和创造性，使全体人民都满腔热情地投身到建设中华民族现代文明的伟大进程中去。

人民群众是文明的创造者，也应当是文明的享有者。增强社会主义精神文明建设的实效，首要的是要坚持以人为本，实现好、维护好、发展好最广大人民的根本利益，这是精神文明建设的根本出发点和落脚点。其次，要实现物质文明与精神文明更高水平的辩证统一和动态平衡。最后，要弘扬时代精神，创新内容方法，增强社会主义精神文明建设的活力；传承中华文脉，弘扬中国精神，推动中华文化走向现代化。

二、劳动与生态文明

劳动与文明的关系本质在于劳动的创造性，这一创造性表现在人与劳动对象的关系中。马克思在《资本论》中指出："劳动首先是人和自然之间的过程，是人以自身的活动来中介、调整和控制人和自然之间的物质变换的过程。"

客观存在的自然界是人类一切实践活动的基础和前提，人类创造文明的实践活动不能脱离自然界。在文明的各个发展阶段中，人类对自然界的实践呈现出不同的面貌，也造就了不同的结果。资本主义文明创造了极为丰富的物质文明，也造成了极为严重的生态破坏。从哲学的角度来看，人类劳动在资本主义制度下使自然界变成了人的异己的存在物，造成了人与自然关系的疏离，形成了劳动的生态异化。

人与自然的关系在人类生存与发展中居于基础地位，人类欲求更好生存与发展，就要通过劳动在利用自然、创造财富的同时葆有自然活力、绵延自然生机。劳动异化与生态危机决定了劳动要朝着生态劳动的方向发展，这也意味着生态劳动的出场具有必然的历史逻辑、理论逻辑、现实逻辑。也就是说，人类的劳动活动作为改变自然界的物质力量不能够再破坏自然界，必须通过劳动将蕴含在自然中的美丽释放出来，成为人对待自然的行动指南。

在此背景下，生态劳动这一概念登场。生态劳动克服了传统劳动样态所带来的劳动异化问题，强调劳动主体在认知与行为上的生态化，规定了人与自然之间要实现良性的物质变换，通过劳动使人类在生存发展过程中所产生的消化物有效返回大自然，进而使得人与自然可以获得永续发展。

关于生态劳动的内涵，有研究指其是能够实现人与自然之间良性物质变换的劳动，是自然养育人类和人类护育自然的双向活动。也有研究关注中介性在生态劳动中的双重意义，指其既包括人与自然之间的显性物质、信息和能量交换，也包括人与自然之间的隐性本质力量交换。还有研究从中国实践语境出发，认为生态劳动可以界定为顺应人类劳动发展进程，遵循生态本性和规律，体现人民主体地位和生态福祉，依靠生态智能科技创新、拓展绿色产品和生态产品，契合中国式现代化不断发展所需要的劳动新形态。

生态文明是在生态劳动的基础上得以生成的，是实现人与自然和谐发展的新要求。劳动的生态化或生态劳动的逐渐实现，也是社会主义生态文明建设不断推进的现实基础。社会主义生态文明建设目标的实现，归根到底要靠最广大生态劳动主体的辛勤的生态劳动。

生态劳动创造生态文明，不断推进社会主义生态文明建设需要加强生态劳动教育。其中，对劳动主体而言要加强生态素养的涵育，着力提高劳动者的生态劳动素养；劳动工具在劳动资料中的核心地位以及人工智能的发展，决定了劳动资料生态化变革的主攻方向在于劳动工具的智能生态升级；劳动对象归根到底出自自然界，要保护和永续利用自然资源，就要实行自然资源的生态化使用。

在新征程上，我们要从劳动的结构要素及其系统特征入手，依靠生态科技和人工智能技术的融合创新驱动，全面推进劳动主体的生态素养涵育、劳动工具的生态化变革、劳动对象的生态化使用和劳动系统的生态化协同，加快推进新时代生态文明和人与自然和谐共生的现代化。

延伸阅读： 数字化赋能生态文明建设

2023年7月17至18日，全国生态环境保护大会在北京召开，强调"深化人工智能等数字技术应用，构建美丽中国数字化治理体系，建设绿色智慧的数字生态文明。"怎样认识数字化、智能化为生态文明建设提供新路径？2023年12月1日，人民日报·观察版刊登了中国工程院院士、哈尔滨工业大学教授任南琪的文章，解读数字化和生态文明的关系。任南琪院士认为，数字化、智能化为生态文明建设提供了新路径，可以使天更蓝、地更绿、水更清，万里河山更加多姿多彩，不断提升人民群众生态环境获得感、幸福感、安全感。

第二节　新时代文明实践

劳动创造文明，也就是说文明是在人类认识和改造世界的实践中形成的。脱离人类的实践活动，一切文明都是空谈。恩格斯指出，"文明是实践的事情，是社会的素质"。这一论断揭示出人类文明的发展史，不仅是以实践为基础的人类自我认识和自我解放的历史，还是以实践为基础的人类社会变迁和社会发展的历史。

一、文明实践的内涵

在马克思主义语境中，"实践"与"社会"都不是某种实体，而是与人的存在本质内在契合的诸"关系"集合。也就是说，文明属于实践的范畴，并以社会性为基本内涵。

（扫二维码观看本节视频）

文明首先具有实践性。在文明的演进过程中，人是文明的主体和创造者，文明始终是围绕着人的实践活动而发展的。马克思称这种实践是"本来意义上的文化"，恩格斯也认为"文明是实践的事情"。也就是说，文明是人类实践活动创造的成果，是人类为了自身生存和发展而进行的长期的劳动创造的结果。因此，文明的进步也是以社会物质生产实践的发展、进步为基础。

"文明是实践的事情"，绝不意味着文明是一种单纯的物质生产活动，它同时还是一种价值理想，是"社会的素质"。一方面，文明实践使人们压抑住自己作为动物的本能并且与动物区分开来，让人们的思维方式发生进化与改变，告别野蛮，进化成为现代意义上更为高级的"人"。另一方面，人总是在各种社会关系中展开实践，实现自身的发展。当个体的人在社会交往中通过参与各领域、各层次的实践，与这个社会产生丰富的物质和精神交换，社会关系就此产生，精神文明等也随之发展，并推动个人实现其自身的发展。马克思主义的文明实践观内蕴了每个人自由全面发展的价值理想，是一种整体性的、利他的、超越性的自觉的文明实践活动。

今天，我国物质文明、政治文明、精神文明、社会文明、生态文明协调发展，经济实力、科技实力、综合国力跃上新台阶。我们坚持和发展中国特色社会主义，创造了中国式现代化新道路。

现代化是人类文明进步的重要标志。中国式现代化"是一种全新的人类文明形态"。也可以说，中国式现代化就是当代中国的文明实践。

二、新时代文明实践中心

步入新时代，人们对文明的期望值越来越高。新时代文明实践中心的提出，是精神文明建设的应有之义，是文明创建、文明程度提高的应有之义。在新时代文明实践中心这个语境下的"文明"，不是简单的开展文明创建、文体活动，而是以精神文明建设为核心，加强基层群众思想道德建设、满足基层群众的精神需求、推进乡风文明发展的"文明"，是加强社会主义思想凝聚力的"文明"。这里的"文明"把社会主义核心价值观贯穿其中，在基层群众间去传播科学理论、强化道德修养、提升文明素养，倡导通过这一"文明"实践，建设具有时代特色和标识的中华文明大国。

新时代文明实践中心的出现，把人们零散的、抽象的意识进行了整合，凝结为共同的意识，增强了对创建美好生活的共同理想。新时代文明实践中心让民众有了一致的目标并且付诸实践，让文明在实践中实现，让文明大国的构建在全体人民的共同期待中达成。

中国特色社会主义进入新时代为实现"两个百年"奋斗目标提供了坚强思想保证和强大精神力量。新时代文明实践中心建设正是在这样的背景下推出的一项重大改革举措。它是建设具有强大凝聚力、引领力的社会主义意识形态的重要工程，是建设具有强大生命力、创造力的社会主义精神文明的有效载体。

推动党的创新理论"飞入寻常百姓家"，让习近平新时代中国特色社会主义思想在城乡基层深入人心、落地生根，是新时代文明实践中心的首要政治任务。

"一个目标、四个定位、五项工作、三个到位"是建设新时代文明实践中心的基本定位和目标任务，也是工作的总要求。一个目标，即"着眼于凝聚群众、引导群众，以文化人、成风化俗，调动各方力量，整合各种资源，创新方式方法，用中国特色社会主义文化、社会主义思想道德牢牢占领农村思想文化阵地，动员和激励广大农村群众积极投身社会主义现代化建设。"四个定位，即高举思想旗帜，把中心建设成为学习传播科学理论的大众平台；落实政治责任，把中心建设成为加强基层思想政治工作的坚强阵地；围绕立德树人，把中心建设成为培养时代新人、弘扬时代新风的精神家园；完善运行机制，把中心建设成为开展中国特色志愿服务的广阔舞台。五项工作，即学习实践科学理论、宣传宣讲党的政策、培育践行主流价值、丰富活跃文化生活、持续深入移风易俗。三个到位，即阵地资源整合到位、体制机制健全到位、服务群众精准到位。

文明实践中心建设是新时代加强基层宣传思想文化工作和农村精神文明建设的顶层设计，是更好服务群众、凝聚群众的迫切需要，也是推进城乡文明一体化、打造文明高地的重大机遇，为开展工作提供了新阵地、新平台、新载体。自试点以来，围绕文明实践的目标任务，把人民日益增长的美好精神文化生活需要作为着力点，坚持以科学理论培树群众信仰，以社会主义核心价值观画好最大同心圆，不断满足人民群众精神文化需要，着力提升群众文明素养和精神风貌，推动新时代文明实践中心有效发挥强信心、聚民心、暖人心、筑同心的重要作用，进一步夯实和巩固了党长期执政的群众基础。

2018年7月6日，在中央全面深化改革委员会第三次会议上审议通过了《关于建设新时代文明实践中心试点工作的指导意见》，新时代文明实践中心的概念第一次被明确提出。

2018年8月24日，中共中央办公厅印发《关于建设新时代文明实践中心试点工作的指导意见》，在全国12个省（市）的50个县（市、区）开展试点工作，从2018年8月开始到2019年8月共计一年，在县、街（乡镇）、社区（村）三级层面分别成立新时代文明实践中心、所、站，通过试点工作的开展，形成可以复制、便于推广的经验。

2019年10月11日，中央文明委印发了《关于深化拓展新时代文明实践中心建设试点工作的实施方案》，把试点规模由原来50个进一步扩大到500个，试点工作开始进新的发展阶段。

中共中央宣传部、中央文明办在2020年6月印发《关于扎实推进建设新时代文明实践中心试点工作的通知》，从"凝聚群众、引导群众，以文化人、成风化俗"四个方面出发，对试点工作提出了更为具体全面的要求。

截至2022年10月，全国共建成新时代文明实践中心2817个，新时代文明实践所3.8万多个，新时代文明实践站58万多个，基本实现全覆盖。各地新时代文明实践中心逐渐成为宣传理论政策的讲台、丰富文化生活的舞台、倡导移风易俗的平台，真正打通了服务群众的"最后一公里"。

延伸阅读： 新时代职工文明实践案例

2020年9月1日，火红的"劳模志愿服务总队大旗"在全国劳模李祥斌的手上高高挥舞，拉开了首场省职工文明实践活动大幕。当日，安徽省总工会新时代职工文明实践基地启用。

聚沙成塔，积水成海。从劳模工匠到普通工人，从民营企业家到公交车驾驶员，来自各行各业的职工志愿者，都是推动职工文明实践遍地开花的中坚力量。全国劳模、安徽省新时代职工文明实践劳模志愿服务总队副队长潘苗苗宣读倡议书，号召全省职工共同参与到新时代职工文明实践中。

省总工会新时代职工文明实践基地坚持彰显"工"字特色，以职工群众为中心，以劳模先进典型为标杆，对准职工群众生产生活需求、痛点、难点，精准化、常态化、便利化开展职工文明实践活动，充分履行传播理论、指导实践、服务职工三大职能，打造职工精神文化的新家园和凝聚职工力量的主阵地。

在马鞍山，劳模工匠志愿团、职工党员志愿团、法律援助志愿团、职工帮扶志愿团、科技教育志愿团、文化引领志愿团组成的"新时代职工文明志愿团"作为新时代职工文明实践中心的活动主体，创新开展职工文明实践活动，将劳模精神、工匠精神送到职工身边。在淮北，53家新时代职工文明实践中心、400家职工之家、职工书屋连点组网、统筹使用，举办600余场各类文明实践活动，吸引了22万名职工通过在线直播参与活动。从南到北，新时代文明实践的种子遍撒江淮之间。

在安徽省总工会统筹推进下，全省职工文明实践活动正在稳步开展。省总工会精心构建省—市—县（区）总工会三级组织体系，因地制宜建设各类活动阵地，延伸文明实践活动到企业、到车间、到班组，面向广大职工开展学习实践科学理论、宣传宣讲党的政策、培育践行主流价值、丰富活跃文化生活四大类文明实践活动，整合各级各类工会阵地资源服务职工群众，劳模先进、"最美职工"引领组建省级新时代职工文明实践志愿服务队伍，全面提升职工文明实践水平，形成了全省工会上下同频共振的良好局面。

——摘编自《安徽工人日报》等

第三节　文明实践与时代新人

　　劳动，这个平凡而伟大的词汇自古以来就是人类文明的基石，它创造了丰富的物质财富和物质文明，也创造了无数精神产品和辉煌的精神文明。青年大学生要建功火热新时代，就必须积极进行文明实践，将崇尚劳动、热爱劳动、辛勤劳动、诚实劳动的劳动精神内化于心、外化于行，用实干书写精彩华章。志愿者是文明实践的主力军，而青年大学生则是志愿服务的生力军。在新时代的文明实践中，青年大学生将担负起弘扬时代新风的重任，努力锻炼自己，争做时代新人。

（扫二维码观看本节视频）

一、文明实践与志愿服务

　　"'文明大篷车'这个做法好！送政策、演节目，传播新思想、带来新风尚，这种送上门的好服务，我们老百姓非常欢迎。"陕西省志丹县广大群众向志愿者们竖起了大拇指。根据当地群众居住分散、人口不易聚集和志愿服务活动召集难、发动难、互动难的现状，志丹县打造"文明大篷车"志愿服务品牌，统筹各类宣传直通车、阵地资源和志愿力量，推出32类180个志愿服务项目，利用重要节日、农村集市，开展"流动式"上门服务。

　　志愿服务是新形势下推动精神文明建设的有效路径，精准把握和分析志愿服务在文明实践中的能力塑造，是深刻理解新时代精神文明建设的基点。《关于建设新时代文明实践中心试点工作的指导意见》明确，"新时代文明实践中心（所、站）的主体力量是志愿者，主要活动方式是志愿服务。"

各试点地方广泛发动和组织群众积极参与文明实践，推动志愿服务活动在城乡基层蓬勃发展。"志愿楼长"是山东省青岛市城阳区的"明星"，他们在家门口宣传宣讲党的政策，挨家挨户收集居民需求、汇集民意，协调帮助解决居民实际困难，成为群众身边常驻的志愿小分队。

浙江省诸暨市、广东省博罗县设立新时代文明实践基金，以财政支持的"种子资金"和企业支持的"公益资金"为主要来源，重点扶持志愿服务项目运行、专业培训、品牌建设和典型表彰，完善志愿服务积分兑换、星级认定、礼遇关爱等激励措施。

有困难找志愿者，有时间做志愿者。广大志愿者倾力付出、倾情投入，正推动着新时代文明实践志愿服务精准化、常态化、便利化、品牌化，助力新时代文明实践中心建设迈上新台阶。

据中国志愿服务网统计，截至2023年5月25日，全国已有实名志愿者2.31亿人、志愿服务队伍135万支、发布志愿服务项目1096万个、志愿服务时间总数达531814万小时。我国志愿服务从无到有、由小到大一路探索前行，志愿者们开展多种类型的服务来实现建设工作的各项任务和指标，取得了举世瞩目的发展成绩。

当前，新时代文明实践中心建设正处于深化拓展的关键阶段。志愿服务工作的成效是衡量新时代文明实践中心建设水平的重要标准，必须以机制创新为牵引，推动志愿服务制度化、常态化，让文明实践中心进一步动起来、活起来、实起来，在服务百姓生活、解决实际问题中凝聚群众、引领群众。

首先，推出骨干志愿者队伍和志愿服务团队培养计划。一名骨干志愿者可以带动一群人参加志愿服务，一群骨干志愿者可以带动整个区域形成浓厚的志愿服务文化氛围。政治素养高、业务素质硬的管理型骨干志愿者是推进新时代文明实践中心的主要力量。应出台政策鼓励更多能人组建志愿服务团队，鼓励党员和团员发起志愿服务项目，鼓励支持有公益情怀的企业家成立志愿服务团队，鼓励单位对职工从事志愿服务给予支持，引导更多理想信念坚定，有文化、有技能的人士从事志愿服务。

其次，扎实设计实施一批优秀志愿服务项目。志愿服务项目是推动志愿服务走向规范化、常态化、专业化、品牌化的抓手。在设计志愿服务项目前，一方面要深入了解群众的困难和需求，把可以用志愿服务形式满足的需求设计为志愿服务项目；另一方面要充分利用本地资源开展志愿服务。项目应以党政所急、百姓所想、社会所需、志愿者能为为原则，建议围绕国家工作重点和农村实际需求设计志愿服务项目，上接中央政策，下连百姓需求。项目设计要紧扣新时代文明实践中心的宗旨，让群众喜闻乐见，注重服务实效。

再次，提高志愿服务参与率。志愿服务参与率由三个因素决定：志愿服务意愿、志愿服务能力和志愿服务可为性，把这三个因素融入志愿服务的前、中、后三个阶段，每个阶段都有提高志愿服务参与率的方法。在志愿服务项目实施前要广泛宣传让群众知晓，招募适合岗位需求、时间适合的志愿者。项目设计时应听取群众意见，请基层干部、能人等参与，发布范围和渠道要广泛，让更多人知晓志愿服务活动。在志愿服务过程中，要让志愿者有良好的体验感、归属感、价值感和获得感，志愿服务工作结束后则要有激励。

最后，营造良好的志愿服务氛围。需注重志愿文化建设，加强宣传力度，在全社会营造志愿服务的文化氛围。除了在每年的国际志愿者日和学雷锋日开展宣传，也要加强日常的宣传引导，让更多的人了解、认同志愿文化，了解参与志愿服务的渠道，自觉成为志愿文化的传播者和践行者，形成人人参与、人人尽力、人人享有的良好氛围。

文明实践志愿服务不是一阵风，不能运动式、扎堆式搞活动。要着眼形成长效运行机制，按照项目化运作、规范化管理、常态化开展的思路，对志愿服务做出制度性安排，让文明实践活动天天见、日日新，长流水、不断线。要推动志愿服务项目化，建立项目孵化培育机制，不断挖掘出效果好、口碑好的志愿服务活动加以扶持，帮助其成长为志愿服务品牌项目。要完善志愿服务流程，加强全程监测，了解意见建议，不断充实服务内容、改进服务方式，使文明实践志愿服务受欢迎、能持续。

二、劳动精神与青年志愿服务

青年志愿者是文明创建、文明实践的活跃力量，在社会转型发展的过程中发挥着重要的作用。中华人民共和国成立以来，青年志愿服务的发展经历了新中国青年志愿服务的发端、新时期青年志愿服务的崛起、新时代青年志愿服务的发展三个阶段。在新时代，文明实践中心汇聚了丰富的时代新人培育要素、资源和条件，能够以春风化雨的行动、发人深省的活动、润物无声的氛围，使青年在潜移默化中受到洗礼、得到教育，成为时代新人。

新中国成立初期的青年服务和奉献，主要体现为"青年突击队""青年义务劳动""青年学雷锋运动"等形式，具有志愿服务的无偿奉献特点，也具有社会强力推动和集体组织参与的特征；改革开放后青年志愿服务从群体性的"青年志愿者行动"，到区域性的"社区志愿服务"，再到全民参与的"社会志愿服务"，逐渐成为青年一代的生活时尚；在新时代，从文明生活的倡导到扶贫助困的服务、从社区民生的改善到生态环保的服务、从青少年成长的陪伴到应急救援的服务，青年志愿者成为国家的新力量，志愿服务成为国家的新元素，成为社会经济发展的"添加剂""润滑剂"。

大学生是青年志愿服务的生力军。志愿服务以亲身体验为核心，可以让青年大学生亲身感受劳动带来的幸福，养成热爱劳动的习惯，实现理论和实践的有效结合；在帮助他人和服务社会的实践中升华劳动情感、体悟劳动精神，将劳动精神内化于心、外化于行，做到知行合一。

从内在价值追求和外在实践形式来看，志愿服务所弘扬的志愿精神与劳动精神具有高度的契合性和关联性，两者在文化传承上同源共流、在价值取向上同心同德、在总体指向上同向同行。因此，以志愿服务为载体对大学生进行劳动精神培育，实现劳动精神从"隐"到"显"的转化，有利于发挥志愿服务的教育资源价值，有利于学生掌握基本的劳动技能，提升劳动教育的吸引力和感染力，着力培养担当民族复兴大任的时代新人。

对高校而言，要从打造志愿服务项目品牌、建立志愿服务长效机制、完善志愿服务评价体系等方面发挥志愿服务的育人功能，促进大学生对劳动精神的价值认同、情感认同和实践认同。

除了劳动精神的培养，志愿服务造就新时代好青年还有其他指向，具体包括4个方面。

一是有理想。青春之舟需要理想之舵，青年坚定理想信念，就是坚持马克思主义信仰、共产主义远大理想和中国特色社会主义共同理想。志愿精神的核心是服务、团结的理想和共同使这个世界更加美好的信念。青年在参与志愿服务活动中自觉践行理想信念，坚决贯彻党中央部署，在思想上政治上行动上与党中央保持高度一致。唯有如此，才能有基本的遵循，也才能在世界百年未有之大变局中站得稳、立得住、走得远。

二是敢担当。马克思主义信仰、共产主义远大理想、中国特色社会主义共同理想的共性就是实践性，它们的意义不仅在于说明世界，更为重要的在于改造世界。志愿服务是培育和践行社会主义核心价值观，推进社会主义精神文明建设的生动实践。青年人的精神追求在担当作为中生根发芽，在奉献过程中敢站出来说话、敢表明态度，磨砺意志，坚持原则。

三是能吃苦。通过志愿服务和劳动实践，青年群体在感情上站在广大人民群众这一边，也能在这一基础上涵养出吃苦耐劳的优良品质，敢吃苦、能吃苦，勤于奉献自己，为大公、求大我。新时代青年吃苦的形式虽然有了改变，但吃苦精神的实质没有变，也不能丢。青年自愿参与志愿服务，勇于面对志愿服务中的各种挑战，从而达到磨炼意志、提高本领的目的。

四是肯奋斗。在中国共产党的领导下，一代代中国青年把青春奋斗融入党和人民的事业，成为实现中华民族伟大复兴的先锋力量。新时代以习近平同志为核心的党中央将志愿服务纳入国家治理与现代化建设的整体格局中，青年人更要与百年奋斗目标同行，通过参加志愿服务与国家同呼吸、与人民共命运、与时代同频，在实现自身社会价值的同时提升自身、成就自身，发挥稳定社会基础、促进社会和谐、追求社会进步的重要作用。

延伸阅读： 智慧助农，筑梦田野——服务乡村振兴志愿行动

　　第六届中国青年志愿服务项目大赛全国赛终评于 2022 年 11 月 12 日至 13 日在北京和山东济南举办。中国农业大学"'智慧助农，筑梦田野'——服务乡村振兴志愿行动"项目荣获全国金奖。

　　该项目是中国农大立足服务乡村振兴战略，培养知农爱农新型人才，自 2016 年起精心打造的实践育人品牌项目。项目搭建支持大学生志愿服务团体助力乡村振兴战略的一站式服务平台，充分整合校内外资源，依托"个十百千万"聚力乡村振兴行动、科技小院、"农博士在线"行动等平台，系统化、常态化组织师生志愿者到乡村开展针对性助农服务。项目社会影响广泛，育人实效显著，在全校营造了良好的助农志愿氛围。

　　中国青年志愿服务项目大赛是目前国内志愿服务领域最权威、规格最高、公众认可度最高、关注度最高的赛事之一。赛会由共青团中央、中央文明办、民政部、水利部、文化和旅游部、国家卫生健康委员会、中国残疾人联合会联合有关省（区、市）党委、政府联合主办。

思考与实践

1. 调研一处你身边的新时代文明实践中心（站、所），谈谈你的看法和建议。
2. 结合自己的专业特长，策划设计一项志愿服务。
3. 谈谈你对时代新风貌和劳动精神的关系的理解。

结语 未来劳动新发展

一、新型劳动工具

在时代变化的过程中，劳动工具随着时代的发展逐渐智能化，从蒸汽时代劳动工具的机械化，到电气时代劳动工具的电气化，再到人工智能时代的科学技术使劳动工具智能化，都从根本上改变了人类的劳动方式。

首先，新型劳动工具能够在劳动过程中扩大人的感知能力，人类能够更加真实地接收到外部信息，再由智能机器进行信息处理。例如，从事危险工作的勘探劳动者并不需要亲自进行探查，也不是通过摄像等探测设备进行探查，而是通过智能化设备进行模拟勘探，事实上只是机器进行了真实的劳动。现如今，VR 设备就能够集成更多的人工智能技术，运用到劳动中，使劳动变得更加真实，准确，成为人类劳动强有力的劳动手段。

其次，新型劳动工具开始具有分析能力，最突出的具有分析问题能力的劳动工具就是计算机。与传统的劳动工具不同，计算机可以将数据转化为人类能理解的结果，使人类能更好地分析和理解。强人工智能时代的计算机将成为具有超强分析计算能力的智能计算机，就像人类大脑的延伸，能够自由输出想用的信息，还具有庞大的储存空间，能够在内部进行思考并得出结论，根据实际情况自行调整，并生成人类想得到的结果。

最后，劳动工具智能化使人与智能机器的衔接将更加自然。当前，人们的劳动方式更多是应用肢体来操控劳动工具，人工智能会突破传统智能设备的局限，运用语言、图像或者肢体语言的方式发出指令，使劳动方式更加高效自然。

总之，以劳动工具为基础的智能科技将进一步促使劳动方式智能化，人类劳动的感知能力、分析解决问题能力以及指挥智能机器的劳动能力都会得到加强，进而促使劳动者能够更加真实且便捷地获取信息，并脱离固有劳动流程的限制。

二、新型劳动形式

（一）平台用工

平台用工是指基于互联网平台，通过与传统产业进行资源融合并整合各种资源，依托互联网平台进行高效资源配置的用工形式。这种用工模式利用大数据提供线上线下信息，或是直接指派合适的劳动者；或是将需要的信息通过平台进一步分享下去，通过制定竞争规则，由劳动者"抢单"竞争从而获得业务；再或者是扮演信息媒介的角色，由劳动者们上传与工作相关的信息，供互联网平台使用者进行查看，选择合适的劳动者。同时，互联网平台能通过智能化识别进行管理和监控，也利用移动支付改变了传统的劳动报酬支付形式，使得互联网平台用工在劳动管理报酬支付等方面出现了许多新的特点。

平台用工的具体形式包括但不限于"平台自营模式"、"信息服务模式"、"新型共享模式"和"多元混合模式"。其中，"新型共享模式"和"多元混合模式"在现实中存在较大争议，主要涉及平台和从业人员呈现合作特征，但从业人员在一定程度上仍接受平台规则的管理。这些模式共同构成了互联网平台用工的多样性。

（二）灵活用工

灵活用工是一种随着市场经济形势不断变化而兴起的新型用工方式，它与传统的固定刚性的全职用工方式相对。灵活用工具有更大的灵活性和便捷性，使企业能够更快地应对销售旺季和生产高峰等临时性需求。在数字经济时代，灵活用工开始进入高速发展期，尤其得益于互联网技术的飞速发展和数字经济的成熟。

2020年，《灵活用工行业研究报告》将"灵活用工"定义为一种区别于传统固定用工模式的新型弹性用工模式，其表现为劳动者工作时间和工作场所的灵活、企业雇佣形式和管理方式的灵活、服务商服务形态的灵活等。其本质是用工关系的灵活，个人与组织的关系从传统的劳动关系变为广泛的劳务合作关系。

（三）共享用工

共享用工是企业之间进行用工余缺调剂合作的一种有效方式，是"员工富余企业"与劳动合同制劳动者协商一致，在一定期限内将劳动者调剂到"缺工企业"工作，不改变"员工富余企业"与劳动者之间劳动关系的合作用工模式。劳动者不是由其用人企业安排而自行到其他企业工作的，不属于共享用工情形。

共享用工是特殊时期"员工富余企业""缺工企业"和劳动者三方共赢的合作用工模式。"员工富余企业"通过共享用工，一方面减轻了工资等负担，降低人工成本；另一方面稳定了员工队伍，一旦企业恢复生产，调剂的员工可以返回企业工作，增加了用工的灵活性。"缺工企业"通过共享用工，一方面可以直接使用成熟的劳动力，降低了招聘、培训等成本；另一方面可以解决临时性、季节性缺工难题，用工的灵活性更高。劳动者通过共享用工，不仅解决了就业问题，保证了工资收入，而且社会保险、职业能力提升等合法权益得到持续保障。

（四）居家办公

居家办公是一种新型的工作方式，主要指员工可以在家中进行办公，无须到公司去上班。这种方式通常需要使用一些远程协作和办公软件，如视频会议、在线办公软件等。通过这些工具，员工可以与同事和领导进行沟通和协作，完成工作任务。

与传统的工作方式相比，居家办公具有许多优势。首先，这种方式可以大大节省通勤时间，让员工有更多的时间来处理其他事情。其次，居家办公可以减少不必要的社交活动和通勤烦恼，提高工作效率和工作质量。同时，员工在家中可以更好地利用时间和空间来提高工作舒适度，更加专注地完成工作任务。此外，居家办公还可能减轻城市交通拥堵等问题，减少环境污染和能源消耗。

三、新兴职业

在新一轮技术革命的推进以及新经济业态、新产业模式的迭代升级背景下，伴随着互联网技术和数字产业不断发展，大量新职业和新岗位被创造出来。2023年全国总工会发布的《第九次全国职工队伍状况调查总报告》显示，全国职工总数4.02亿人左右，其中新就业形态劳动者约有8400万人。

（一）新兴职业不断涌现

从2019年开始，我国人力资源和社会保障部先后发布了六批新兴职业，共计93个。在众多新产业催生的新职业机会中，电子竞技员/电子竞技运营师、以互联网营销师为代表的网络主播、人工智能科技人才三类可谓是当前的高热度新职业。除此以外，民宿管家、外卖运营师、调饮师、数字孪生应用技术员、陪诊师等新职业也让更多的年轻人看到在传统赛道之外丰富多样的选择。

第一批的13个新兴职业分别为：人工智能工程技术人员、物联网工程技术人员、大数据工程技术人员、云计算工程技术人员、数字化管理师、建筑信息模型技术员、电子竞技运营师、电子竞技员、无人机驾驶员、农业经理人、物联网安装调试员、工业机器人系统操作员、工业机器人系统运维员。

第二批的16个新兴职业分别为：智能制造工程技术人员、工业互联网工程技术人员、虚拟现实工程技术人员、连锁经营管理师、供应链管理师、网约配送员、人工智能训练师、电气电子产品环保检测员、全媒体运营师、健康照护师、呼吸治疗师、出生缺陷防控咨询师、康复辅助技术咨询师、无人机装调检修工、铁路综合维修工、装配式建筑施工员。

第三批的9个新兴职业分别为：区块链工程技术人员、城市管理网格员、互联网营销师、信息安全测试员、区块链应用操作员、在线学习服务师、社群健康助理员、老年人能

结语　未来劳动新发展

力评估师、增材制造设备操作员。

第四批的18个新兴职业分别为：集成电路工程技术人员、企业合规师、公司金融顾问、易货师、二手车经纪人、汽车救援员、调饮师、食品安全管理师、服务机器人应用技术员、电子数据取证分析师、职业培训师、密码技术应用员、建筑幕墙设计师、碳排放管理员、管廊运维员、酒体设计师、智能硬件装调员、工业视觉系统运维员。

第五批的18个新兴职业分别为：机器人工程技术人员、增材制造工程技术人员、数据安全工程技术人员、退役军人事务员、数字化解决方案设计师、数据库运行管理员、信息系统适配验证师、数字孪生应用技术员、商务数据分析师、碳汇计量评估师、建筑节能减排咨询师、综合能源服务员、家庭教育指导师、研学旅行指导师、民宿管家、农业数字化技术员、煤提质工、城市轨道交通检修工。

第六批的19个新兴职业分别为：生物工程技术人员、口腔卫生技师、网络安全等级保护测评师、云网智能运维员、生成式人工智能系统应用员、工业互联网运维员、智能网联汽车测试员、有色金属现货交易员、用户增长运营师、布展搭建师、文创产品策划运营师、储能电站运维管理员、电能质量管理员、版权经纪人、网络主播、滑雪巡救员、氢基直接还原炼铁工、智能制造系统运维员、智能网联汽车装调运维员。

（二）新兴职业新特点

新兴职业随社会发展应时而生，因岗位的不同而有着不同的特征。从分布领域来看，新兴职业主要集中在以数字经济为代表的新经济领域。一是新技术领域，如大数据、物联网、云计算、人工智能等实现产业化应用的高新技术领域；二是新产业领域，如工业机器人、数字化和信息化管理等传统产业智能化升级领域；三是新业态、新模式领域，主要是顺应消费升级需求，个性化、特色化的家政、旅游、养老、健身等服务业领域。

从年龄特征看，新兴职业更受年轻人青睐。《青年新职业指南》调研显示，超过50%的年轻人都希望尝试新兴职业，更有近20%的年轻人已经开始从事相关职业。以电子商务职业为例，该职业相较2020年同期增长47%，而高达40%以上的从业者都是高校毕业生。探其原因，这与年轻人在接受新事物、创造新事物上有独特优势有关。同时，自由的工作状态、将兴趣与职业融合、足够实现个人价值等特点，使新兴职业倾向年轻化。

从发展趋势来看，新兴职业催生出大量新的工作岗位与就业机会。根据《2021年中国数字经济就业发展研究报告》，从数字经济的招聘岗位来看，产业数字化领域面向消费端的第三产业就业岗位占比高达60.2%，人才需求远超第一、第二产业，对包括新媒体、自媒体、直播、视频等领域的人才展现出较强的就业吸纳能力。据《2021年新兴职业趋势报告》数据显示，电子商务、内容营销、软件开发和工程等自带数字化基因的职位正在成为新的风口，新兴就业需求被释放，就业规模不断扩大。随着我国经济结构调整和人才需求变化，未来还会涌现出更多的新兴职业类型。

新兴职业的新特点对人们就业观念转变也提出了新要求。对于大学生来说，应热情拥抱新职业，主动适应和推进产业行业的转型升级。作为未来的劳动者，应当调整自身的择业观，一方面要主动应对职业领域的新变化，增强应对职业危机与挑战的意识和能力，在行业转变与职业变革的过程中找准个人定位，热情拥抱新职业，主动适应和推进产业行业的转型升级。另一方面也要慎重，并非新兴职业就代表"一夜暴富""全网爆红"。无论选择什么职业，唯有在专业水准、专业能力与专业技能等方面持之以恒地提升自我，才能在以后的职业生涯中行稳致远。

参考文献

[1] 中共中央国务院关于全面加强新时代大中小学劳动教育的意见 [N]. 人民日报，2020-03-27(1).

[2] 马克思恩格斯全集：第 3 卷 [M]. 北京：人民出版社，2002.

[3] 马克思恩格斯文集：第 5 卷 [M]. 北京：人民出版社，2009.

[4] 中共中央马克思恩格斯列宁斯大林著作编译局. 马克思恩格斯选集：第 1 卷 [M]. 北京：人民出版社，2012.

[5] 毛泽东. 毛泽东选集 [M]. 北京：人民出版社，1991.

[6] 毛泽东论教育 [M]. 北京：人民教育出版社，2008.

[7] 邓小平. 邓小平文选（第二卷）[M]. 北京：人民出版社，1994.

[8] 中共中央文献研究室. 邓小平论教育 [M]. 北京：人民教育出版社，2004.

[9] 曲建武，黄磊. 中国共产党劳动教育政策的演变及启示 [J]. 教育科学，2022,38(05):1-7.

[10] 王洪晶，曲铁华. 中国共产党百年劳动教育政策：历程、经验与展望 [J]. 中国教育学刊，2021,40(08):1-7.

[11] 曲霞，刘向兵. 新时代高校劳动教育的内涵辨析与体系建构 [J]. 中国高教研究，2019,306(02):73-77. DOI:10.16298/j.cnki.1004-3667.2019.02.13.

[12] 李珂，曲霞. 1949 年以来劳动教育在党的教育方针中的历史演变与省思 [J]. 教育学报，2018,14(05):63-72.DOI:10.14082/j.cnki.1673-1298.2018.05.008.

[13] 刘向兵，赵明霏. 构建新时代高校劳动教育体系的理论逻辑与实践路径——基于知识整体理论的视角 [J]. 中国高教研究，2020, 324(08):62-66.

[14] 李岁月. 习近平劳动观的理论蕴含及其时代价值 [J]. 学术探索，2022, 273(08):16-22.

[15] 胡君进，檀传宝. 马克思主义的劳动价值观与劳动教育观——经典文献的研析 [J]. 教育研究，2018, 39(05):9-15+26.

[16] 卓晴君. 我国中小学劳动教育发展历程概述（上）——新中国成立至改革开放前的历史时期 [J]. 基础教育课程，2020,281(17):19-28.

[17] 卓晴君. 我国中小学劳动教育发展历程概述（下）——改革开放后的历史时期 [J]. 基础教育课程，2020,283(19):17-28.

[18] 方亮. 劳动教育的历史变迁与时代内涵 [J]. 清华大学教育研究，2022,43(05):114-120.

[19] 何东昌. 中华人民共和国重要教育文献 [M]. 海口：海南出版社，1998.

[20] 胡静. 新民主主义革命时期中国共产党领导的竞赛活动研究 [D]. 贵州师范大学，2022.DOI:10.27048/d.cnki.ggzsu.2022.000003.

[21] 郑金洲. "教育与生产劳动相结合" 释义 [J]. 北京大学教育评论，2022,20(02):21-30+187.

[22] 张敏. 我国劳动教育政策变迁的轨迹、机制与成效 [J]. 湖南农业大学学报（社会科学版），2023, 24(02):93-100.

[23] 杨忠虎，张用建. 陕甘宁边区劳模运动 [M]. 北京：中央文献出版社，2016 年。

[24] 朱鸿亮，郭鑫. 延安时期自力更生、艰苦奋斗精神的当代价值 [J]. 西北大学学报（哲学社会科学版），2020,50(06):23-29.

[25] 曾妮. "教劳结合"的概念考证与实践流变 [J]. 北京大学教育评论，2022,20(02):31-48+187-188.

[26] 艾兴，李佳. 新中国中小学劳动教育课程设置：演变、特征与趋势 [J]. 教育科学研究，2020(01):18-24.

[27] 周石峰，施承成. 历史、理论、实践：新时代弘扬劳动精神的三重逻辑 [J]. 理论探讨，2023,232(03):23-30.

[28] 邹坤萍，李全海，肖俊茹. 新时代应用型本科高校劳动教育的探索与实践——以山东管理学院为例 [J]. 山东工会论坛，2021,27(04):1-9.

[29] 张梅，王玥. 新时代劳动精神的生成逻辑 [J]. 社会主义核心价值观研究，2022,8(06):59-66.

[30] 谢敏敏，蔺海沣. 全球视野下劳动教育的研究脉络与前沿演进——基于大中小学全学段的可视化分析 [J]. 比较教育学报，2023,No.344(02):92-105.

[31] 白冰. 从"劳心者治人"到"劳力者治人"：五四前后李大钊、陈独秀对"劳心劳力"的认知转变 [J]. 山东社会科学，2022,No.323(07):107-118.

[32] 孙会平，宁本涛. 五育融合视野下劳动教育的中国经验与未来展望 [J]. 教育科学，2020(1):29-34.

[33] 党印，刘丽红，张诺. 教育与生产劳动相结合：理论溯源、历史演进与现实方向 [J]. 中国劳动关系学院学报，2022,36(02):8-18.

[34] 乐晓蓉，胡蕾. 新时代高校劳动教育的价值考量与整体推进 [J]. 思想理论教育，2020,No.493(05):96-101.

[35] 赵利平，吴晓英，郑勤红. 走向"新现代性"：数字革命下中国式劳动教育新道路 [J]. 教育理论与实践，2023,43(10):8-15.

[36] 袁振国. 教育政策学 [M]. 南京：江苏教育出版社，2001.

[37] 范先佐，李祖民. 中国共产党教育经济思想：百年演进、理论自觉与中国特色 [J]. 华中师范大学学报（人文社会科学版），2021,60(04):1-14.

[38] 焦晓云. 习近平关于劳模精神重要论述及其时代价值 [J]. 湖南师范大学社会科学学报，2023,52(01):16-22.

[39] 王豪杰，李怡. 数字劳动教育：革新、风险与实践 [J]. 重庆高教研究，2023,11(02):43-51.

[40] 黄斌欢. 新发展格局下的劳动、产业与社会形态转变 [J]. 社会科学，2021,495(11):87-96.

[41] 董志勇，包云娜，李成明. 人工智能时代劳教结合的政治经济学意涵 [J]. 西北大学学报（哲学社会科学版），2023,53(03):5-15.

[42] 彭维锋. 新时代劳模精神、劳动精神、工匠精神的理论内涵与实践导向 [J]. 江西社会科学，2021,41(05):208-217+256.

[43] Timbs, J., A History of Wonderful Inventions: from the Mariner's Compass to the Electric Telegraph Cable[M].London: George Routledge and Sons, 1868.

[44] 潜伟. 中国古代发明创造的评价 [J]. 自然辩证法通讯，2014,36(04):116-118.DOI:10.15994/j.1000-0763.2014.04.052.

[45] 陆敬严. 古代的立轴式大风车 [J]. 寻根，1999(03):40-42.

[46] 唐雁琳. 劳动工具革命史 [J]. 十几岁，2021,No.130(15):11.

[47] 李倍雷. 基于"艺术列传"窥探《天工开物》造物艺术的体系 [J]. 湖南包装，2019,34(01):63-68.

[48] 李梦飘. 从《天工开物·陶埏》看宋应星对传统手工艺的态度 [J]. 现代装饰（理论），2015,(12):160-161.

[49] 生蕾. 劳动工具智能化趋势下的创造主体普遍化发展 [J]. 劳动哲学研究，2022,(01):279-289.

[50] 王师勤. 劳动工具演化论 [J]. 上海社会科学院学术季刊，1986,(04):51-56.

[51] 劳动精神篇：弘扬优秀劳动文化——摘自《劳动教育箴言》[J]. 工会博览，2023,(09):47-48.

[52] 周守印. 试论劳动工具的性质及其发展 [J]. 新疆石油教育学院学报，1990,(02):57-59+53.

[53] 田勇，刘树勇.挖掘古代经典，打造科普精品——评《天工开物:给孩子的中国古代科技百科全书》[J].科普创作评论,2022,2(03):92-96.

[54] 罗凯.农业劳动工具的使用性与舒适性相结合问题[J].现代农业装备,2011,(08):61-63.

[55] 陈沛酉,刘建豪.技能型社会建设的精神向度：以劳动精神、工匠精神、劳模精神为分析中心[J].职教通讯,2022,(08):11-17.

[56] 贺文静.新时代劳动精神培育的价值意蕴及其实现路径[J].经济师,2022,(07):261-263.

[57] 郑敏.论我国古代四大发明的西传与西方现代文明的关系[J].考试周刊,2008,(22):171-172.

[58] 刘昌宇.古代诗人笔下的劳动[J].工会信息，2016,(14):14.

[59] 潜伟,梁宏刚.中国古代发明创造的界定与评价刍议[J].中国文物科学研究,2012,(01):40-44.

[60] 中国古代重要发明创造八十八项目录[N].科技日报,2016-07-15(003).